国际教育前沿丛书

刘宝存　主编

日本创建世界一流大学
卓越研究中心政策研究

李润华　著

山西出版传媒集团　山西教育出版社

图书在版编目（CIP）数据

日本创建世界一流大学卓越研究中心政策研究 / 李润华著. — 太原：山西教育出版社，2018.8
（国际教育前沿丛书 / 刘宝存主编）
ISBN 978-7-5440-9969-1

Ⅰ. ①日… Ⅱ. ①李… Ⅲ. ①高等学校—建设—研究—日本 Ⅳ. ①G649.313

中国版本图书馆 CIP 数据核字（2018）第 175863 号

日本创建世界一流大学卓越研究中心政策研究

RIBEN CHUANGJIAN SHIJIE YILIU DAXUE ZHUOYUE YANJIU ZHONGXIN ZHENGCE YANJIU

选题策划 薛海斌
责任编辑 张 平
复　　审 康 健
终　　审 郭志强
装帧设计 薛 菲
印装监制 蔡 洁

出版发行 山西出版传媒集团·山西教育出版社
（太原市水西门街馒头巷 7 号 电话：0351-4729801 邮编：030002）
印　　装 山西康全印刷有限公司
开　　本 720 mm×1020 mm 1/16
印　　张 14
字　　数 221 千字
版　　次 2019 年 7 月第 1 版 2019 年 7 月山西第 1 次印刷
书　　号 ISBN 978-7-5440-9969-1
定　　价 42.00 元

总　序

一

当今世界正处在大发展、大变革、大调整时期，主要表现为以下四个方面。一是国际竞争的加剧。在“冷战”结束以后，世界格局发生了重大变化，世界上一些主要国家都在调整国家目标，力图在急剧变化的世界中为自己定位。各国为了实现国家目标，在新世纪的国际竞争中取得战略有利地位，纷纷把教育改革作为国家整体战略的一部分，作为提高民族素质、增强国际竞争力的战略举措。二是知识经济的发展。世界经济的发展经历了农业经济和工业经济之后，正在进入知识经济阶段。与建立在土地和人口基础上的农业经济、建立在资本和资源基础上的工业经济不同，知识经济是建立在知识和信息的生产、分配和使用基础之上的经济。在知识经济时代，知识、技术和信息成为推动经济发展最重要的因素。知识、技术和信息发展靠创新、靠人才，归根结底要靠教育。因此，教育成为各国应对知识经济挑战的首要途径。三是全球化进程的深入。在经济全球化的影响下，世界各国在政治、经济、文化、教育和社会生活等方面的联系、影响、依赖程度不断增强。全球化同时也加剧了国家之间、地区之间乃至学校之间的竞争，世界各国都把创建世界一流的学校、提升教育的全球竞争力作为战略目标。四是信息技术和人工智能的挑战。信息技术和人工智能的发展正改变着我们的生活方式、工作方式、学习方式、思维方式、价值观念及其物质载体，也为教育的改革与发展提供了更为广阔的空间。国际社会大变革把教育推向社会经济发展舞台的中心，优先发展教育、深化教育改革成为世界性的运动，而提高教育质量、促进教育公平则是这场教育改革运动的主旋律。

如果从历史的角度来考察，20世纪80年代以来世界范围的教育改革，不仅是对当代世界政治、经济、科学技术和文化的大发展、大变革、大调整所带来的挑战的应对，也是基于教育自身发展和改革的需要。纵观风云变幻的20世纪，世界教育经历了前所未有的挑战和改革。20世纪30年代，工业化、城市化所推动的社会全面变革引发了以进步主义教育运动为标志的世界性教育改革运动。进步主义教育直接向传统教育宣战，强调把儿童的兴趣作为教育的出发点，重视职业教育、工业教育、科学教育，倡导以解决问题为核心的教学方法，注重培养学生的合作精神和社会责任感。进步主义教育改革运动使人们反思传统与变革、人文与科学、社会与个人之间的关系，并尝试建立一种新的平衡，但并没有取得预期的效果。20世纪五六十年代，在科技进步、经济发展、民主运动、人口剧增和"冷战"加剧等因素的推动下，以1957年苏联人造卫星的发射为导火线，爆发了新一轮世界性的教育运动。世界各国开始重新审视一度给教育带来一缕新风的进步主义教育思想及其改革运动，结构主义、要素主义教育理论逐渐取代进步主义教育理论取得支配地位，促进中等教育的普及化和高等教育的大众化，改革基础教育课程和教学方法，加强大学的科技人才培养和科学研究，成为国际社会教育改革的主旋律。特别是人力资本理论和终身教育思想的提出，使教育的地位空前提高，改变了人们的价值观念。这一轮的教育改革因70年代的经济萧条戛然而止。因此，20世纪80年代以来的世界教育运动是上一轮教育改革运动在新的社会经济背景下的发展。在中小学教育实现了普及化、高等教育实现了大众化甚至普及化的背景下，世界教育改革的主旋律变成了促进公平、提高质量，也就是为每一个人提供高质量的教育。在新的社会经济背景下，世界各国纷纷把教育放在优先发展的战略地位，打造世界一流的教育体系，确立以培养创新人才为核心的培养目标，改革课程体系和教学模式，加强教育与社会生活的联系，提高教师的待遇和专业化水平，建构终身教育体系，推进教育信息化、教育国际化进程，建立更加灵活、高效的管理机制。与以前的局部改革不同，这是一场关于教育的全面改革，涉及从学前教育到高等教育、从课程教学到管理体制等教育的方方面面；与以前阶段性的教育改革不同，这更是一场长期的教育改革，已经持续30多年的教育改革仍呈方兴未艾之势。

二

自改革开放以来，中国社会发生了翻天覆地的变化。改革开放40年的经济快速增长，使中国从一个经济处于崩溃边缘的穷国一跃而成为世界第二大经济体，人民生活水平大幅度提高，综合国力不断增强。同时，中国也从一个传统社会转变为现代社会，在经济、社会、政治方面实现转型，工业化、城镇化、民主化进程不断加快。经过40年的改革开放，我国社会经济发展进入新阶段。我国面临着国际社会大变革和国内各种社会经济问题凸显的双重压力，既处于新的改革发展战略机遇期，也处于改革的攻坚期和“深水区”。正如《国家中长期教育改革与发展规划纲要（2010—2020年）》所总结的，“我国正处在改革发展的关键阶段，经济建设、政治建设、文化建设、社会建设以及生态文明建设全面推进，工业化、信息化、城镇化、市场化、国际化深入发展，人口、资源、环境压力日益加大，经济发展方式加快转变”。党的十九大明确提出要实现社会主义现代化和中华民族伟大复兴，在全面建成小康社会的基础上，分两步走，在本世纪中叶建成富强民主文明和谐美丽的社会主义现代化强国。从现在到2020年，是全面建成小康社会决胜期。要按照十六大、十七大、十八大提出的全面建成小康社会各项要求，紧扣我国社会主要矛盾变化，统筹推进经济建设、政治建设、文化建设、社会建设、生态文明建设，坚定实施科教兴国战略、人才强国战略、创新驱动发展战略、乡村振兴战略、区域协调发展战略、可持续发展战略、军民融合发展战略，突出抓重点、补短板、强弱项，特别是要坚决打好防范化解重大风险、精准脱贫、污染防治的攻坚战，使全面建成小康社会得到人民认可、经得起历史检验。综合分析国际国内形势和我国发展条件，从2020年到本世纪中叶可以分两个阶段来安排。第一个阶段，从2020年到2035年，在全面建成小康社会的基础上，再奋斗十五年，基本实现社会主义现代化。第二个阶段，从2035年到本世纪中叶，在基本实现现代化的基础上，再奋斗十五年，把我国建成富强民主文明和谐美丽的社会主义现代化强国。这一系列战略目标的实现，意味着中国社会将迎来更大的变革，意味着一个真正强国的崛起，也意味着我们必须重新审视我国教育，探讨教育如何适应国家战略的调整，积极改革创新，为国家整体战略服务。

与国际社会的教育改革大势相一致，中国教育以1985年《中共中央关于教育体制改革的决定》为标志开始了前所未有的全面改革。在新的世纪，面对新问题、新矛盾、新挑战，我国在2010年颁布了《国家中长期教育改革与发展规划纲要（2010—2020年）》，对中国教育的发展提出了新的要求：加快从教育大国向教育强国、从人力资源大国向人力资源强国迈进；到2020年，基本实现教育现代化，基本形成学习型社会，进入人力资源强国行列，办出具有中国特色、世界水平的现代教育。教育规划纲要的颁布，宣告了我国新一轮教育改革运动的开始，我国教育进入大改革、大发展、大变化时期。党的十九大报告把建设教育强国作为中华民族伟大复兴的基础工程，要求必须把教育事业放在优先位置，深化教育改革，加快教育现代化，办好人民满意的教育。无论是当前的社会变革还是教育变革，在我国历史上都没有现成的经验可以借鉴，必须从国际社会寻找可供借鉴的理论、经验和发展路径，并在此基础上实现教育理论创新、实践创新和制度创新。一方面，我国教育科学虽然已经有了很长的历史，但是对于教育改革与发展中的许多问题仍然没有一致的认识。因此，当前我国教育研究特别是比较教育研究的一个重要使命就是围绕世界和我国教育改革与发展的重大理论、政策和实践前沿问题开展研究，探索教育发展的规律，把握国际教育发展的趋势，为我国教育改革与发展提供理论支撑。另一方面，在经过40年的改革开放之后，我国教育改革已经进入“深水区”和攻坚阶段，在我国历史上既没有相应的经验可以借鉴，也不可能完全依靠“摸着石头过河”去探索未知的领域。因此，我们必须把视野扩大到国际社会，研究世界各国教育改革与发展的基本理念、政策措施、得失成败，研究世界教育改革发展的基本脉络和发展趋势，尤其是针对我国教育改革发展中的重大问题和紧迫问题，在世界范围内寻求相应的经验，特别是研究发达国家已经走过的道路和经验教训，并根据我国实际探索适合我国国情的政策措施。

三

北京师范大学国际与比较教育研究院创立于1961年，是中华人民共和国成立后设立最早的国际与比较教育研究机构。1981年，被国务院学位委员会批准为比较教育学专业全国第一批硕士学位授权点。1983年，被国务院学位委员会批准为比较教育学专业全国第一批博士学位授权点。1988年，被国家教委（现教育部）确定为国家重点学科，是比较教育领域中唯一的国家重点学科。1999年12月，成为第一批入选教育部普通高等学校人文社会科学重点研究基地的15家科研机构之一，是比较教育学科唯一的重点研究基地。2011年秋季，招收第一届全英文教学国际硕士研究生，开创了我国比较教育学专业国际硕士教育的先河。2012年，与奥地利、德国、芬兰等国大学联合开设欧盟伊拉斯莫（Erasmus Mundus）“高等教育研究与创新”硕士项目，这是我国高校第一次以全面合作伙伴（full-partners）身份全面参与伊拉斯莫项目的招生、教学和管理工作。2012年，入选教育部国别区域问题研究基地，成为教育部国际教育研究中心之一。2013年，在成功举办全英文教学国际硕士项目的基础上，全英文教学国际博士项目顺利招生，成为我国比较教育学专业乃至教育学科第一个开设国际博士教育项目的机构。2017年，加入教育部高校高端智库联盟，成为教育领域首批入选的两家智库之一。

北京师范大学国际与比较教育研究院的基本使命是：1. 围绕世界和我国教育改革与发展的重大理论、政策和实践前沿问题开展研究，探索教育发展的规律，把握国际教育发展的趋势，为我国教育改革与发展提供理论支撑；2. 为文化教育部门和相关部门培养具有国际视野、通晓国际规则、能够参与国际事务和国际竞争的高层次国际化人才；3. 积极开展教育政策研究与咨询服务工作，为中央和地方政府的重大教育决策提供智力支撑，为区域教育创新和各级各类学校的改革试验提供咨询服务；4. 积极开展国际文化教育交流与合作，引进和传播国际先进理念和教育经验，把我国教育改革发展的先进经验和教育研究的新发现推向世界，成为中外文化教育交流的桥梁和平台。

经过50多年的发展，北京师范大学国际与比较教育研究院已经成为我国规模最大、语种最全的国际与比较教育研究机构，语种涵盖英语、俄语、法语、德语、日语、朝鲜语、葡萄牙语、西班牙语等世界主要语种，研究对象包括美国、英国、法国、德国、俄罗斯、日本、韩国、印度、澳大利亚、加拿大、新加坡、芬兰等国家以及联合国教科文组织、世界银行、联合国儿童基金会、欧盟、经济合作与发展组织、亚太经济合作组织等国际组织，研究领域包括比较教育的理论与方法、基础教育比较、高等教育比较、教育政策与管理比较、教育思想比较、文化与教育发展比较、国际教育等比较教育研究的主要领域。

50多年来，北京师范大学国际与比较教育研究院一直是我国国际与比较教育研究的重镇。该院以“立足中国，放眼世界”为指导思想，根据我国社会主义现代化建设和教育改革发展的需要，积极承担起国家重大教育研究任务，取得了一大批高水平的研究成果。这套《国际教育前沿丛书》就是近年该院承担的部分国家级和省部级科研项目的研究成果，我们衷心希望这套丛书的出版能够帮助读者了解国际教育改革与发展的前沿，为我国教育改革与发展提供一些借鉴与启示。

北京师范大学把《国际教育前沿丛书》列为“985工程”重点项目予以支持，山西教育出版社在丛书编辑和出版过程中给予了很大支持，在此特别表示感谢。

刘宝存

2018年2月于北京

前　言

迈入21世纪，伴随着世界各国经济技术合作的加强，全球化趋势愈益明显。以知识的生产和应用为特征的知识经济，呈现出蓬勃发展之势。在高度信息化的先进产业社会中，科技实力和创新能力成为经济实力、综合国力竞争的决定性因素，大规模的科学研究活动以及其所创造的新知识，业已成为经济发展的主要驱动力。高新科学技术正以前所未有的深度和广度决定着世界生产力发展走向和国际竞争格局。在世界范围内的贸易竞争和国与国之间经济实力的较量日趋白热化的今天，一个国家只有坚持以科技进步和知识创新为先导，才能促进生产力发展实现质的飞跃，才能在激烈的国际竞争中占有一席之地。而加快高等教育的发展，创建世界一流大学和高水平的研究型大学，则是迅速提升人力资源水平和科技创新能力的关键，是保证一个国家尽快跻身世界发达国家行列，并在激烈的国际竞争中占据主动地位的战略性措施。

建设世界一流大学是亚洲许多国家大学发展的共同愿景。为了实现这一目标，日本文部科学省先后于2002年、2007年实施了“21世纪COE计划”和“全球COE计划”，把关系国家综合国力强盛与否的世界一流大学建设工程切实提升到国家战略层面予以考虑和推动。

“科学技术创造立国”战略的出台（1995年）、全球化背景下日趋激烈的国际竞争、新自由主义思潮的盛行、日本战后第三次国家行政体制改革的推行（1996年）、基础科研能力相对薄弱与科技体制改革滞后等因素都直接或间接地推动了日本“21世纪COE计划”的出台。为了推进具有国际竞争力的世界最高水平大学的确立，日本政府从提升本国国际竞争力的迫切需要出发，结合本国高等教育的发展实际，由文部科学省于2002年出台了“21世纪COE计划：为了形成世界性研究教育基地而实施的重点支援项目”。该计划以《大学结构改革方针：作为构建充满活力、富有国际竞争力的国公私立大学的一环》（通称“远山计划”，2001年）为政策依据，作为文部科学省的“卓越研究中心建设费补助基金制度”的一项改革措施，于2002年起正式开始实施。“21世纪COE计划”（2002—2006）突出了资助重点，向具有世界最高水平的研究教育中心倾斜，引导和促进各大学发挥自身优势、个性和特色，创建具有国际竞争力的特色鲜明的世界最高水平的大学。在“21世纪COE计划”取得积极成果的基础上，日本政府又于2007年启动了作为其后续计划的“全球COE计划”。从日本建设世界一流大学政策的出台背景可以看出，“21世纪COE计划”和“全球COE计划”的出台并不是一件孤立的、偶然的事件，它们体现了“后发外生型现代化”的日本为实现可持续发展、确保国际竞争优势的战略性思考，与整个国家的宏观政策目标是一致的。

“21世纪COE计划”和“全球COE计划”是在高等教育市场化背景下，日本政府为创建具备国际竞争力的世界最高水平大学而实施的科研基地建设资助金计划。它是通过第三方评价和对资源的竞争性调配，将市场机制引入高等教育领域的日本大学教育管理体制改革的一项重要举措。

日本创建世界最高水平大学的思路，是从创建一批世界最高水平的卓越学科基地开始着手的。将建设一流大学的任务下放到设置博士课程的研究生院，并以博士学位专业点分类分学科进行评价和重点资助，遴选出各大学中具有国际竞争力、具有巨大发展潜力的卓越学科。“21世纪COE计划”和“全球COE计划”采取公开招标的方式，为日本所有的国立、公立、私立大学提供了一个公平竞争的平台，依据第三方评价机构对各大学的研究活动的绩效评价考核结果，采取倾斜式的资源分配方式，确定一批具有明显发展潜力的优势学科或专业作为高等教育的“发展极”，建设若干个具有世界最高水平的研究教育基地，引导和促进有关大学发挥自身优势、个性和特色，提高日本大学的学术研究水平，培养能够引导世界研究潮流的创新型人才，最终达到全面提升大学综合实力和国际竞争力的目标。与此同时，为提高学科建设的针对性和有效性，“21世纪COE计划”和“全球COE计划”还明确规定了生命科学、信息电气电子类、化学与材料科学、人文科学、医学类、数学·物理学·地球科学、机械·土木·建筑及其他工学、社会科学、交叉学科·复合学科·新兴学科和创新·前沿科学等10大学科领域。从日本创建大学卓越研究中心政策的经验可以看出，在教育资源有限的情况下，日本政府坚持“效率优先、兼顾公平”的原则，采取了大学重点发展战略，集中力量建设优势学科，推动研究教育活动的“卓越化”发展，使之脱颖而出，并进而跃居某一领域或某一学科的世界最高峰，增强日本在科学研究核心领域的竞争力。

与此同时，当竞争和市场观念被引入大学建设时，为避免造成大学之间的盲目竞争和重复建设，使有限的公共财政投入能够发挥最大的效用，日本政府借鉴了诸如释放权责、引入第三方评价机制等新公共管理的某些有价值的见解和做法。首先，在整个COE评审过程中，身为政策制定者的文部科学省并没有直接参与COE评审工作，而是采用委托代理方式，将COE的评审权、裁决权、执行权下放给独立行政法人日本学术振兴会，由第三方评价机构代替政府扮演评价、审议的角色。此举不仅避免了管理者和被管理者之间的矛盾冲突，为摆脱行政部门的直接干预创造了先决条件，而且还加大了社会参与度，尽可能地保证了评审结果的公正性和权威性，提升了社会公信力。其次，在COE各学科群评审委员会的人员构成上，注重了委员构成的多样性。委员会人选的这种制度性安排具有其合理性，避免了由于出身名校的委员过多所导致的相互庇护和内部利益均沾行为的发生，有利于保证评审的客观公正性。最后，“21世纪COE计划”和“全球COE计划”在传统评价机制的基础上，通过把过程监控、成果测量等方法有机结合起来而形成综合的反馈机制。由“21世纪COE计划委员会”和“全球COE计划委员会”实施的评价活动包括事前评价、中期评价和事后评价。其第三方评价体系的运行机制如下：为国立、公立、私立大学之间展开公平竞争搭建平台→第三方评价机构对各大学提交的竞标资料进行书面评价→通过公开听证会·合议评价与各大学进行面谈→公布评价结果→根据评价结果分配预算→全程评价过程中的中期评估考核→根据中期评价结果适度调整COE资助经费→评价过程结束后的事后评价。其中，委员会将中期评价结果与卓越研究中心建设费补助基金的拨付挂钩，进行了有效的过程监控。

毋庸讳言，日本创建大学卓越研究中心政策也遭到了来自教育界、产业界等社会各阶层的质疑甚至批评。例如政策只针对大学的科研活动，导致大学职能向科研严重倾斜；政策资助的研究时限过短，不利于基础性以及中长期的学术研究的开展，有急功近利之嫌；教育资源向科研实力雄厚的大学集中，导致科研实力薄弱的大学面临资金瓶颈，发展受到严重制约；等等。

如今，日本创建大学卓越研究中心政策指引下的改革初见成效。“21世纪COE计划”和“全球COE计划”的相继出台对于提升大学核心竞争力、促进大学准确定位、培养具有国际竞争力的创新人才、提高教育投资效率、加大评价过程的社会参与度等具有积极的推动作用。当然，由于日本实施创建大学卓越研究中心政策时日尚短，在现阶段对其进行终期评价还略显为时过早。无论如何，对于一种实践中的高等教育发展政策，研究其出台背景及动因、主要内容及具体措施、实施效果与存在问题、政策调整与补充等，对于我国建设世界一流大学，提升大学的国际竞争力仍然具有一定的参考价值。

目录

导　论

加快高等教育的发展，创建世界一流大学和高水平研究型大学，是迅速提升人力资源水平和科技创新能力的关键，是保证一个国家在当今知识经济时代激烈的国际竞争中占据主动地位的战略性措施。在亚洲地区，我国的“985工程”（1998年）和“双一流”建设战略（2015年），日本的“21世纪COE计划”（21st Century COE Program，21世纪卓越研究中心计划，2002—2006）、“全球COE计划”（Global COE Program，全球卓越研究中心计划，2007—2009）和“全球顶尖大学建设支援项目”（Top Global University Project，2014年），均是把关系国家综合国力强盛与否的世界一流大学建设工程切实提升到国家战略层面来予以考虑和推动的。两国政策在建设愿景与目标、组织与实施、资助对象与重点建设学科领域、实施周期与建设经费、评价与绩效考核等方面既有相似之处，又有很大的差异。无论是从日本创建大学卓越研究中心政策的指导思想、主要内容和具体措施的战略性、前瞻性，还是从其政策运作的方式及其成效来看，日本的世界一流水平大学建设对我国都不乏可借鉴之处。基于此，本书拟从比较教育学的学科视角出发，运用新公共管理理论，采用文献法、比较法、个案分析法和政策分析法，重点对日本创建大学卓越研究中心政策的历史沿革、出台背景及具体措施、实施状况与效果等进行论述与分析，进而提出一些完善和改进我国建设世界一流大学政策的建议。

第一节　选题缘起与研究意义

一、选题缘起

（一）创建世界一流大学的世界性趋势

当今世界，科学技术迅猛发展，知识经济初露端倪。随着经济全球化的日益深入和以创新为社会主要驱动力的知识经济社会的到来，以优秀人才和高新技术的竞争为核心的时代特点逐渐表现出来，世界各国综合国力的竞争也日趋激烈。2008年爆发的全球性金融危机进一步凸显了培养创新型人才和科技创新的重要性和紧迫性。为顺应时代潮流，适应社会发展需要，大学特别是高水平研究型大学，作为培养高级专门人才、发展科学技术文化的主战场，逐渐从社会经济发展舞台的边缘走向中心。在整个高等教育系统中，高水平研究型大学不仅成为社会经济发展的“轴心机构”、动力源、发动机，而且成为国家创新体系和创新型国家建设中的核心因素。创建世界一流大学能够提高高等教育的教学和科研质量，更为重要的是，高等学校通过获取、加工、创造高深知识能够增强自身在全球化高等教育市场上的竞争力，进而抢占高等教育国际竞争的制高点。因此，对于许多国家的政府来说，确保本国的一流大学在人才培养和科学研究方面能雄踞世界前列是当务之急。于是，世界各国纷纷调整和制定高等教育发展战略，选择把“赶超一流”“追求卓越”作为21世纪高等教育改革的着力点。在20世纪90年代末至21世纪初这一历史阶段，在全球范围内展开了新一轮高等教育改革，创建世界一流大学成为各国高等教育政策中呈现出来的强势话语。可以说，各国争先恐后创建一流大学的行为已经超越了高等教育自身改革与发展的范畴，而上升成为一种世界性的促进国家发展的重要战略举措。

在全球范围内的世界一流大学建设热潮中，如何建设世界一流大学业已成为困扰各国政府的一个世界性难题。菲利普·G.阿特巴赫（Philip G. Altbach）曾说过：“每个国家都希望拥有，却没有人知道它究竟是什么，也没有人知道如何建成世界一流大学。”[①]的确，创建世界一流大

① 菲利普·G·阿特巴赫，覃文珍.世界一流大学的成本与收益［J］.北京大学教育评论，2004（1）：28.

学既没有捷径，也没有万能公式可套用，不同的国家有不同的国情，不同的学校也应有其不同的发展模式。从政府层面来看，创建世界一流大学大体有三种基本策略可供借鉴：(1) 择优建设少数现有的具有一流潜质的大学；(2) 鼓励现有的一些大学合并，通过协同合作做大做强，发展成为世界一流大学；(3) 从头创建新型大学，争创世界一流的模式。①

现有的国际经验表明，采取集中有限的公共资源，重点投资扶持科研力量雄厚的高校及优势科研项目的“择优式”政策手段最为普遍。即各国政府有意识地通过政策导向及财政激励等措施宏观引导高等教育的发展，集约化利用现有的优质教育资源，着眼于建设少数最具发展潜力的精英大学，以期实现大学的跨越式发展。例如中国的“国家重点实验室计划”(1984年)、“211工程”(1993年)、“985工程”(1998年)；英国的“卓越科研基金计划”(1996年)；中国香港地区的“卓越学科领域计划”(1998年)；中国台湾地区的“大学学术追求卓越发展计划”(1999年)；韩国的“BK21工程”(Brain Korea 21，1999年) 和“世界一流大学项目”(2008年)；德国的“联邦与各州促进德国高校科学与研究的卓越计划”(2006年)；丹麦的“全球化基金项目”(2006年)；日本的“21世纪COE计划”(2002年) 和“全球COE计划”(2007年)；法国的“顶尖大学计划”(2008年)；等等。上述国家和地区的“卓越计划”无一例外都充分体现出为实现可持续发展、确保国际竞争优势的战略性思考。

(二) 日本创建世界高水平大学的尝试

在第二次世界大战后半个多世纪的历史进程中，与科技发展战略和经济发展战略相适应的日本高等教育体系成为其经济社会发展的原动力，对于日本经济的繁荣具有不可估量的推动作用。但是，日本的科研体制是民间主导型，大部分的科研活动是在工业部门进行，大学并不是进行科研活动的主体。科学研究的天平向与产品生产密切相关的新技术的研发上倾斜，政府对发挥担负基础科研任务的大学的科研创新能力重视不够，对大学科研经费的投入严重不足。重技术、轻科学的战略选择使得周期长、见效慢又难以在短期内产生经济效益的基础科学研究在日

① 萨米 (Jamil Salmi). 世界一流大学：挑战与途径［M］. 孙薇，王琪，译. 上海：上海交通大学出版社，2009：7.

本备受冷落。这种状况直接导致日本的基础性、前瞻性和独创性的研究与西方发达国家拉开了差距，亦成为制约日本高等教育发展的瓶颈所在。①为推动科学技术发展模式的转型，日本科学技术的发展由引进、应用向重视基础性、独创性研究的方向转变，提升大学的科学研究实力逐渐成为一个热门议题，且引起社会各界的广泛关注。

20世纪90年代，日本政府确立了“科学技术创造立国”的政策理念，把发展科学研究的着眼点聚焦在大力推进适应社会和经济需要的新技术的研发、探求物质的根源及发现新规律、新原理的纯科学和基础科学的研究上。随后，在“科学技术创造立国”战略的指导下，日本文部省采纳其咨询机构大学审议会提交的《关于大学教育研究的高度化、个性化及活性化的具体对策》（1987年）、《关于研究生院的充实整备》（1990年）等一系列咨询报告中的建议，自2000年开始对以东京大学为首的12所科研实力雄厚的大学实行了为期10年的研究生院重点化改革政策。该政策的目的是为了提高研究生院的学术研究水平、建立卓越研究中心（COE）和强化研究型大学的管理体制，促使日本大学从传统的本科教育中心主义开始向研究优先主义转变。

迈入21世纪以后，针对日本科学技术研究中存在的研究经费不足、研究生院教育薄弱等问题，日本政府开始加快推进科学技术发展的步伐，增加对高等教育体系的研究经费支援，以期推动大学内部基础研究的发展，进一步提高大学的科技创新能力与国际竞争力。2001年6月，日本文部科学省发表了《大学（国立大学）结构改革方针》（又称“远山计划”），全面阐述了21世纪日本高等教育改革的总体方针与具体内容。该方针的核心内容是通过采取第三方评价等评价手段，逐步在大学中引进竞争机制。具体体现在减少公共财政拨款，增加竞争性科研经费，对国立、公立、私立大学通过中立机构的绩效评价实行倾斜式的重点科研项目优先拨款等方面。作为推进“远山计划”的主要措施之一，日本文部科学省从2002年度起实施了“21世纪COE计划”。随后，又于2007年推出了作为其后续计划的“全球COE计划”。“COE计划”依据独立于政府和大学之外的第三方评价机构对国立、公立、私立大学的绩效评价考核的结果，采取竞争性、重点性的资源分配方式，拨发科研资助

① 吴忠魁.论日本21世纪国家发展战略与教改对策［J］.比较教育研究，2001（1）：1—7.

经费。其目的是通过实行倾斜式的重点科研项目优先拨款，引导和促进各大学发挥自身优势、个性和特色，创建具有国际竞争力的、特色鲜明的世界最高水平的大学①。

就政策研究本身而言，从日本政府围绕创建世界最高水平的大学的一系列政策的相继出台可以看出，其政策决策是一个不断修正的渐进式过程，不同时期的政策之间存在着一定的内在逻辑关系与延续性。首先，“21世纪COE计划”及其后续的“全球COE计划”都是以“建设卓越研究中心（COE）”计划（1995年）为基础，强调政策基本思路和理念的继承性。其次，“21世纪COE计划”与“全球COE计划”的制订是建立在研究先前政策缺陷的基础之上，注重渐进式的修修补补以弥补现行政策的缺陷。最后，两者皆强调目标与方案之间的相互调试，在不断试探和摸索中前进，在既有的政策基础上进行了变革与创新，完善了政策体系。这一系列政策具有的共同特征是以创建特色鲜明且具有国际竞争力的世界最高水平的大学为目标定位，建设的重点倾向于具有强大科学技术研究发展潜力的、设置博士课程的学科，政策的有效性都体现在正、负两个层面，都经历了最初由国家力量推动制订、实施，尔后各大学为了自身发展主动提出各项发展规划的过程，最终形成国家政策与大学发展内在需要的模式。鉴于日本与我国无论是在经济环境上、文化背景上，还是在高等教育管理体制上同质性较高，故而研究日本创建大学卓越研究中心政策，对于我国正在进行的世界一流大学建设具有重要的借鉴意义。

（三）我国创建世界一流大学的成效与问题

伴随着大学在社会中所处地位的转变，我国政府日益重视高等教育领域，高等教育在我国政府的议事日程上也占据着重要的位置。为实现建设世界一流大学的目标，我国从20世纪五六十年代开始就采取重点投资扶持的方式，先后实施了一系列有针对性的大学改革和科研发展计划。如20世纪五六十年代的重点大学建设；1984年启动的旨在支持我国高水平基础研究、应用基础研究和培养高层次人才的“国家重点实验

---

① 在日本的“21世纪COE计划”和“全球COE计划”等大学重点发展计划中并没有“世界一流大学”（world-class university或first-class university）的提法，取而代之的是“世界最高水平的大学”（top-class university或top-level university），日文是“世界最高水準の大学”。

室计划”；1993年开始的以重点大学和重点学科建设为核心的“211工程”和1998年启动的以创建世界一流大学为目标的“985工程”等。我国采用“择优式”重点大学建设策略，逐渐走出一条基于中国国情的高水平大学建设之路，有力地促进了一批重点高等学校的跨越式发展，显著提高了这些学校的整体实力，缩小了它们与世界一流大学的差距。通过数十年的建设，我国重点大学在学科建设、科学研究、人才培养、师资队伍建设等方面都取得了骄人的成绩，整体实力和学术声誉日益提高。但是，受高等教育系统自身特殊性和社会大环境的双重影响，我国在创建世界一流大学的过程中也存在着诸多问题与不足。

当前，我国创建世界一流大学的政策在制定、运作、实施过程中存在的问题集中体现在以下几个方面：（1）缺乏有效的社会参与决策机制。我国创建世界一流大学的政策是一种理想导向型的政策，是由政府主导的、自上而下的政策决策模式。这种政策决策模式的优点在于时间短、成本低，缺点在于政府难以对复杂的社会需求与大学内在需求进行准确的判断分析；（2）缺乏可靠的政策监督机制。无论是“国家重点实验室计划”，还是“211工程”“985工程”，都采取了自上而下的政策执行模式，即大学先根据政府的有关方针自主制订自身的发展规划，然后通过政府的审查确定建设对象及进行支援的方式。由于政策决策部门与政策执行主体利益相冲突，以及政策本身的缺陷、执行主体对政策认知偏差等原因，政策信息经过层层官僚机构，在自上而下信息传递过程中容易发生信息被误解、截留、增删与替换的现象。只有加强对政策执行过程切实有效的监督，才能保障政策的公正性和有效性①；（3）缺乏合理的拨款机制。我国政府对大学的拨款主要是以学校的类型、规模和层次为基准，既没有把对大学的拨款与对大学的评价结果结合起来，也没有把学校的办学水平和社会效益结合起来。虽然“211工程”和“985工程”一期和二期建设投入了不少的经费，但经费更多地用于硬件建设和人头费，对学科发展重视不够，对科研能力和服务社会、解决问题的能力的提升重视不够，对人才培养模式改革和教学过程的投入不够，影响了有限资金投入的使用效益，并在一定程度上造成了浪费。如此一来，既不利于调动高校的办学积极性，也无法构建高校间合理、良好的竞争

① 胡炳仙.中国重点大学政策：历史演变与未来走向——基于新制度主义的政策分析［D］.武汉：华中科技大学教育科学研究院，2006：85—86.

环境。

本书从国际比较的角度出发，将研究集中在日本创建大学卓越研究中心政策上，对日本的相关政策做了一个比较深入而系统的研究。本书旨在通过梳理创建世界最高水平大学卓越研究中心政策的历史沿革、运作方式、内容、成效及其后续补充政策，认真思考并解答以下若干问题：日本创建世界最高水平大学卓越研究中心政策的政策决策模式是怎样的？在创建世界最高水平大学卓越研究中心的过程中，日本政府与大学分别扮演着怎样的角色？日本政府如何从经费上保障大学卓越研究中心的建设？采用了何种教育资源配置方式和财政经费拨款机制？采用了怎样的监督评价系统、成果指标和问责机制以确保大学卓越研究中心有更好的投入与产出？

二、研究意义

日本创建大学卓越研究中心政策的实施不仅对于提高日本大学的科研水平和国家的科研实力、促进大学的目标定位、培养顶尖科研人才、增强产业竞争力等具有积极的推动作用，其政策的运作方式、内容及成效也将对我国的世界一流大学建设提供重要参考。因此，对日本创建大学卓越研究中心政策的研究既具有理论意义，又具有实践意义。

国内学界在日本创建大学卓越研究中心政策的研究方面虽然已经结出了丰硕的成果，但其中大部分论文都停留在对于该政策的政策文本分析和实施过程的阐述上，缺少更广泛更深刻的理论层面的分析与研究。从理论上看，本书尝试从新公共管理的视角出发，考察日本创建大学卓越研究中心政策的有效性及其理论依据，从日本创建大学卓越研究中心政策实施过程中凸显的新公共管理理论的特征着手，对政策的功能进行深度剖析。基于此，本书在拓展了学界对该领域研究的同时，也为教育政策研究提供了一个更加全面、综合的知识框架和新的视角。此外，从日本建设世界最高水平大学的发展历程来看，其属于起步较晚、迅速做强的“后发外生型”。对日本创建大学卓越研究中心政策进行考察与解析，总结日本在世界最高水平大学建设过程中所蕴藏的成功经验，找出差距，制定对策，对于我国世界一流大学的建设既具有参考价值，也具有指导意义。故而，从比较教育学的角度出发，本书能够为我国世界一流大学建设提供理论参考。

从实践上看，本书从国际比较的角度出发，对日本创建大学卓越研究中心政策体系进行系统性梳理，紧密跟踪日本创建大学卓越研究中心政策实施的实际情况，对不同时期出台的政策进行描述与阐释，分析其经验与教训，借鉴其理论、方法及政策决策模式中的合理因素，从而为我国创建世界一流大学的相关政策制定提供参考和借鉴，具有重要的实践意义。

第二节　概念界定

概念是逻辑思维的最基本单位。对基本概念的界定与阐释是开展研究活动的一项基础性工作。"COE""第三方评价"和"基于评价的拨款机制"是本研究的核心概念，在此首先对其予以解释和说明。

一、COE

所谓"COE"，即"Center of Excellence"的缩写，可译为"卓越研究中心""英才培养中心"或"重点科研基地"。根据1996年7月日本文部省学术审议会的界定，"COE"是指"富于创造性的从事世界最尖端学术研究的高水平科研基地"。本研究中的"COE"主要是指日本政府先后于2002年和2007年推出的"21世纪COE计划"（21st Century COE Program）和"全球COE计划"（Global COE Program）。"21世纪COE计划"和"全球COE计划"是日本政府为建设具有世界最高水平的大学，培养创新型学科带头人，依据独立于政府和大学之外的第三方评价机构对国立、公立、私立大学的绩效评价考核的结果，采取竞争性、重点性的资源分配方式，拨发科研经费资助与扶持具有发展潜力的专业与学科的一项重要举措。其最终目的是通过建设若干个世界最高水平的研究基地来引导和促进有关大学发挥自身优势、个性和特色，使其成为富有国际竞争力的、具有独特个性的世界最高水平大学。①

---

① 独立行政法人日本学術振興会.21世紀COEプログラム［EB/OL］.［2016-03-10］http：//www.jsps.go.jp/j-21coe/index.html.

二、第三方评价

第三方评价是指由非大学、非政府的第三方社会评价机构组织实施的政策评价。日本文部省的咨询机构大学审议会（1987—2000）在《关于高等教育更进一步的改善》（1997年）、《21世纪的大学与今后的改革对策——在竞争环境中闪耀个性的大学》（1998年）的咨询报告中均提出由政府创设第三方评价机构，建立多元评价体系，开展“客观”兼“多元”的评价活动的建议。2001年6月，文部科学省在《大学（国立大学）结构改革方针》中提出引入竞争机制，实施第三方评价的改革方针，并在中央教育审议会大学分科会上进行了集中审议。2002年8月，中央教育审议会在《关于构建大学质量保障相关新制度》的咨询报告中，再次提出重新评价设置认可和引入第三方评价制度并使其义务化的建议。报告将日本现有的大学评价机构和大学基准协会的机能视为“第三方评价”，认为必须“完善或能够尽可能用这些机构的新的评价体系”，而第三方评价机构必须是“接受了国家认证的机构，即认证评价机构”。国立、公立、私立大学同等成为“接受了国家认证”的第三方评价机构的评价对象。①同年10月，在日本国会增修的《学校教育法》〔2002年，法律第118号〕中提到今后的大学质量管理需要系统化的策略。例如作为对其质量的保障，在大学的教育与科研过程中，以引入第三方评价的形式，将“事前管制”用“事后检查评价”来代替。如此一来，《学校教育法》就将大学评价事项提升到法律层次，且将第三方评价及其结果的报告和公布作为各大学必须履行的义务之一被制度化，将懈怠评价视为违法行为。自2004年起，日本文部科学省正式在高等教育领域导入第三方评价制度，即由独立于政府和大学之外的第三方评价机构对大学内部的教育、研究、社会服务等不同领域进行检测和评价，将评价结果与大学资源分配挂钩，引入竞争机制，促使大学为提升教育质量而努力，同时还将评价结果、财务状况、教育科研等信息对社会公开。

日本政府在高等教育机构实施第三方评价的目的主要包括：（1）提高大学教育与研究质量；（2）为有效配置经费资源提供依据。目前，获

① 文部科学省.中央教育審議会「大学の質の保証に係る新たなシステムの構築について（答申）」［EB/OL］.［2016-03-10］http: //www.mext.go.jp/b_menu/shingi/chukyo/chukyo0/toushin/020801.htm.

得文部科学大臣批准的、以高等教育领域为评价对象的第三方评价机构包括：财团法人大学基准协会、独立行政法人大学评价·学位授予机构、财团法人日本高等教育评价机构、短期大学基准协会、公益财团法人日本律师联合法务研究财团等。

三、基于评价的拨款机制

基于评价的拨款机制，又称成果评价拨款机制，是指仿效市场的一些功能，改变传统模式对大学的单一资助体制，制订不同的资助方案。与以往经由日本政府召开科学技术会议等形式，按照大学归属来分配政府的资金重点资助科研基地建设项目不同的是，“21世纪COE计划”和“全球COE计划”主要是依据独立于政府和院校之外的第三方评价机构——独立行政法人日本学术振兴会对提出COE申报的各大学科研实绩评价考核的结果，来分配政府的预算——卓越研究中心建设费补助基金，强调竞争性原则。强化评价和拨款的联系，使评价结果与拨款挂钩。评价机构的评价结果是竞争性资金拨款的依据，明确地将评价与资源的有效配置相结合，关注拨款使用的绩效，增加拨款的透明度，从而提高资金的利用效率。

第三节　文献综述

近年来，在高等教育多元化、卓越化、自主化、国际化的发展潮流中，日本在国际社会上的地位越来越重要。作为一项改变日本大学科研体制与学科发展方向的重要举措，日本创建大学卓越研究中心政策也越来越受到国内外学者的关注。

从文献资料来看，国外关于日本创建大学卓越研究中心政策的研究并不多见，较集中于政策文本。本研究采用的日本创建大学卓越研究中心的政策文本主要来自第二期《科学技术基本计划》（文部科学省，2001年）、《21世纪教育新生计划》（彩虹计划）（文部科学省，2001年）、《文部科学省白皮书》（文部科学省，2003年）、《我国高等教育的未来愿景》（文部科学省，2005年）、《新时代的研究生教育——面向构建具有国际魅力的研究生教育》（文部科学省，2005年）、《研究生教育振兴施策要纲》（文部科学省，2006年）、第三期《科学技术基本计划》（文部科学省，2006年）等。国内学界关于此类的研究则多是围绕“21世纪COE计划”展开的，且多集中在期刊学术论文领域。在博硕学位论文方面，有龚兴英、左雪丽分别撰写的硕士学位论文《日本“21世纪COE计划”》《日本“21世纪COE计划”研究》。此外，张春浩的硕士学位论文《中日韩建设世界一流大学政策比较研究》和胡炳仙的博士学位论文《中国重点大学政策：历史演变与未来走向——基于新制度主义的政策分析》也用一定篇幅对“21世纪COE计划”进行了介绍。在学术专著方面，徐小洲和王家平合著的《卓越与效益——大学重点发展战略研究》中，对中国、日本、韩国的大学重点发展政策进行了系统的介绍，该书第五章对日本“21世纪COE计划”进行了较为详细的述评，从“21世纪COE计划”的形成背景与政策制定过程、内容及立项状况分析、实施状况的评价等三个方面进行了研究。

总体来说，国内外对日本创建大学卓越研究中心政策的相关研究主要集中在以下几个方面。

一、关于日本研究生教育改革的研究

20世纪90年代以来，从日本政府陆续出台的一系列创建世界最高水平大学卓越研究中心的政策可以看出，资助与重点扶持对象都是具有博士学位授予权的学科或专业及大学附属的研究所、研究中心。并且，在日本学术界，无论是“21世纪COE计划”抑或是其延续性事业“全球COE计划”，都被视为充实研究生教育的措施。因此，在探究日本创建大学卓越研究中心政策的历史沿革时，必须把日本研究生教育改革纳入研究视野。

从20世纪80年代末开始，日本受国内外诸多因素的影响，在国内掀起了研究生教育改革的高潮，其改革的进展与成效引人关注。日本研究生教育改革在改革理念上定位为“科学技术创造立国”；在改革路径上致力于从“模仿”到“创造”，形成独特的研究生教育模式；在改革目标上努力造就闪烁个性光辉的大学。改革落实在具体政策和措施上主要表现为研究生教育制度“弹性化”、研究生院类型“多样化”和研究生院“重点化”。

近年来，我国高等教育学术界一直密切关注着日本研究生教育改革的动向，并形成了许多颇具价值的研究成果。①

熊庆年侧重考察了日本自1987年大学审议会成立以来研究生教育改革的进程、政府的具体政策及取得的成果，总结了15年来日本研究生教育改革的成功经验，分析了其所面临的实际问题。②

胡炳仙认为日本重点大学政策自20世纪90年代开始实施，其指导纲领是《科学技术创造立国论》，先后经历了政策前身——“研究生院重点化”政策、政策雏形——“TOP30”、日本版211工程——“21世纪COE计划”三个阶段，主要内容包括基地评审与经费配置。通过实施重点大学建设政策，一方面极大地提升了日本大学的科研实力与国际竞争力，另一方面也加速了日本大学管理体制改革，使日本大学结构更趋合理，办学特色更加鲜明。日本创建最高水平大学卓越研究中心政策对我国实施重点大学政策的启示在于：（1）日本政府行政管理体制改革是日本重点大学建设政策的重要背景；（2）提高政策决策的合法性是重点大学建设政策由方案进入实施阶段的关键环节；（3）政策内容的科学性事关政策的效率；（4）政策评价的有效性是政策能否成功的关键；（5）在政策实施过程中实现国家意志与社会参与的平衡。③

王威分析了日本研究生教育政策出台的背景，归纳总结了政策的主要内容，考察了研究生教育政策的基本特征及实施效果，探讨了一系列

① 代表性论文有：胡建华.20世纪末叶日本研究生教育改革述评［J］.有色金属高教研究，2001（2）：52—57；熊庆年.日本研究生教育改革十五年［J］.学位与研究生教育，2004（11）：56—59；高益民.日本专业学位研究生教育的初步发展［J］.比较教育研究，2007（5）：33—37；张秀红.1990年以来日本研究生教育改革与发展趋势［J］.教育与考试，2008（5）：75—80；王威.20世纪80年代末以来日本研究生教育政策研究［J］.比较教育研究，2008（11）：37—41；李振玉.日本研究生教育的“三化”改革述评［J］.比较教育研究，2009（3）：35—39；高益民.创新人才培养与新世纪日本研究生教育改革［J］.比较教育研究，2009（11）：46—52。

② 熊庆年.日本研究生教育改革十五年［J］.学位与研究生教育，2004（11）：56—59.

③ 胡炳仙.日本重点大学建设政策：过程分析与启示［J］.高等教育研究，2006（8）：97—102.

政策引发的问题及其未来走向。①

李振玉对日本研究生教育改革的主要政策措施进行了研究，他认为这些政策措施不仅引发了日本大学组织机制的变革，而且伴随着“国公私TOP30方案”“21世纪COE计划”和“全球COE计划”等一系列研究生院重点化的实质性措施的实施，激发了各大学对基础研究和跨学科交叉领域研究的兴趣，推动了日本建设世界最高水平大学的进程，促进了高端人才的成长和科学技术的发展。②

汪辉将研究重点放在作为日本研究生教育改革具体政策之一的研究生院“重点化”上，分析了该政策产生的背景及过程，探讨了该政策对大学组织结构及功能的影响，认为该政策通过研究生院实体化，强化了大学的研究功能并使其组织结构趋于合理，从而推动了日本大学从本科教学为主向研究主导型的研究型大学的转变。③

张秀红在详细考察日本研究生教育改革的基础上，重点探讨了日本研究生教育质量保障及其发展趋势。④

作为高等教育的最高层次，研究生教育担负着为国家培养高层次专门人才和创新人才的重要使命。面对21世纪知识经济的挑战和国家创新能力的不足，日本政府加强了创新人才培养的力度，并将创新人才培养视为日本研究生教育改革的重要目标之一。高益民在《创新人才培养与新世纪日本研究生教育改革》一文中对日本21世纪以后公布的与研究生教育改革密切相关的政策文本进行了分析研究，梳理与归纳了日本政府对“创新人才”的基本认识，总结了日本对研究生教育创新人才培养能力不足的反思及提高研究生教育创新人才培养能力的新思路。⑤王文利和林巍主要从以下几个方面探讨了日本研究生教育在提高研究生创新能

---

① 王威.20世纪80年代末以来日本研究生教育政策研究［J］.比较教育研究，2008（11）：37—41.

② 李振玉.日本研究生教育的“三化”改革述评［J］.比较教育研究，2009（3）：35—39.

③ 汪辉.日本研究生院重点化政策及其对大学组织结构的影响［J］.比较教育研究，2004（12）：62—66.

④ 张秀红.1990年以来日本研究生教育改革与发展趋势［J］.教育与考试，2008，（5）：75—80.

⑤ 高益民.创新人才培养与新世纪日本研究生教育改革［J］.比较教育研究，2009（11）：46—52.

力方面的经验与做法：（1）创新研究生培养机制，促进科学研究与人才培养的高度统一；（2）改革课程设置，优化培养方式，强化研究生创新能力的培养；（3）以科学研究为牵引，注重课题探索能力的培养；（4）实施“博士（后）万人支援计划”，造就高层次创新型人才。①

二、关于“21世纪COE计划”的专题研究

“21世纪COE计划”和“全球COE计划”是日本文部科学省在21世纪初为创建世界最高水平大学而实施的重点学科建设资助金项目。由于后者是前者的后续事业，且在目标定位、招募对象、评审程序、监督机制等方面与前者具有类同性，因此，国内学术界较少涉猎有关“全球COE计划”的研究。在此仅将搜集到的专题介绍“21世纪COE计划”的资料归纳为以下几个方面。

（一）关于政策沿革过程的研究

自1995年起，日本政府正式拉开了建设“卓越研究中心（COE）”计划的序幕。此举标志着日本高校科研发展方向开始向注重创造性与卓越性、追求高度化和国际化方向的转变。聂长顺在《日本高校COE建设述评》一文中对COE的概念进行了界定，对COE建设的动因进行了剖析，对日本高校COE建设的发展历程进行了梳理与归纳。他认为日本关于建设高校COE的动议，最早见于1992年7月日本文部省学术审议会所作的咨询报告《关于展望21世纪学术研究综合推进方案》。②袁韶莹以“国立综合研究大学院大学”为例介绍了日本高校COE建设的实施状况及经验。③

（二）关于政策出台背景的研究

影响教育政策制定的主要因素包括教育政策制定环境与教育政策制定主体两方面。其中教育政策制定环境主要由国际环境、国内环境（自

---

① 王文利，林巍.创新能力的培养——21世纪日本研究生教育改革与发展的主题［J］.日本问题研究，2008（2）：29—32.

② 聂长顺.日本高校COE建设述评［J］.外国教育研究，1998（4）：44—48.

③ 袁韶莹.知识经济时代呼唤着中国的COE［J］.电子科技大学学报社科版，2000（1）：34—36.

然环境和社会环境）构成。①“21世纪COE计划”作为21世纪伊始日本政府大力推行的以国立大学为龙头的“大学结构改革”的重要落脚点之一，国内外学者们将其出台背景大致归纳为以下几点：（1）经济发展萎靡不振。进入20世纪90年代以后，随着日本泡沫经济的崩溃和自民党一党长期执政局面的终结，日本社会经济发展陷于停滞。“制度疲劳”、“金权政治”、对外经济封闭和信息化、经济全球化浪潮的冲击等固然是造成经济停滞不前的内外因素，但究其根源在于教育。日本在第二次世界大战后推行的高等教育体制已日趋老化，缺乏创新的动力，已经不能适应知识化、个体化和多样化等社会经济发展的需求。因此，高等教育体制改革势在必行，时代呼唤COE。②（2）全球化与知识经济的挑战。20世纪90年代开始的科技发展战略的转型及高等教育的改革在推动日本政府加大对大学科研，特别是基础性、独创性研究投入的同时，也促使其在科研经费分配方面越来越多地通过评价手段，实行倾斜式重点项目优先投资。③随后，20世纪90年代中期制订的两期《科学技术基本计划》强调了科学技术与教育、学术研究的关系，突出了高等教育资源配置的国际化和市场化两大特点。④这些都对“21世纪COE计划”的形成产生了直接的影响。（3）生源危机带来的高等教育结构变化。20世纪80年代，一方面，日本开始步入少子化时代，接受高等教育的适龄人口呈现逐年递减态势。另一方面，日本高等教育进入大众化阶段，出现高等教育招生规模的日渐庞大及升学率不断攀升的现象。适龄人口逐年递减势必加剧各大学间的生源竞争，因此，导入竞争机制，逐渐淘汰、兼并、重组、整合质量低下的大学，营造良好的行业竞争环境成为必然。⑤（4）提高国际地位的需要。近年来，日本政治的保守化倾向有所抬头，日本国民的大国意识日益增强。为赢得各国人民的尊敬与信赖，

---

① 孙绵涛.教育政策学［M］.北京：中国人民大学出版社，2009：131—134.

② 杨栋梁.日本推行高等教育改革的新举措——《21世纪COE计划》评述［J］.日本学刊，2003（5）：120—121.

③ 汪辉,田正平.日本的重点学科建设计划：21世纪COE计划的特点与意义［J］，大学（研究与评价），2006（2）：52—57.

④ 阎广芬，张玉琴.日本科技创新“立国论”与高等教育资源配置重点的转移［J］.比较教育研究，2003（9）：22—26.

⑤ 龚兴英，陈时见.日本“21世纪COE计划”：背景、内容及意义［J］.比较教育研究，2007（7）：52—57.

提高日本的国际地位，日本渴望能够像西欧、北美发达国家一样为人类发展贡献出一批世界级的科学家和科研成果。而催生科学巨匠和重大科技成果，必须扶持一批大学的重点学科和优秀学者，因此，“21世纪COE计划”应运而生。①（5）日本大学缺乏活力和竞争力。日本大学科研水平与发达国家之间的差距越来越大，2000年瑞士IMD《世界竞争力白皮书》表明，日本大学竞争力在世界47个国家中位列末席，这引起了日本有识之士与政府高层的担忧。他们认为，如果不改变日本大学僵化、缺乏活力的现状，“日本有沉没的危险”。②

（三）关于政策基本特征与实施状况的研究

国内学者们对于“21世纪COE计划”相关政策的基本特征持不同见解。杨栋梁认为，日本创建大学卓越研究中心政策强调评审程序的客观性和民主性；卓越研究中心的建立以学科方向为重点；新领域、独特性和领先性是卓越研究中心评审的核心内容；卓越研究中心具有开放式运作和动态管理的特征。③项纯认为该政策注重重点学科建设，鼓励强强联合；经费资助分配更集中，力度更大；采用第三方评价方式，推进了大学间公平竞争。④周程通过对2003年度“21世纪COE计划”首批通过评审的50所大学的116个学科点的情况进行深入分析后得出以下结论：（1）具有悠久历史传统的九所综合性大学占据了优势；（2）富有鲜明个性特色的地方行业大学获得了肯定；（3）拥有国际知名学者的普通私立大学受到了重视；（4）文科类学科所获得的援助规模和力度比较大。⑤

（四）关于政策保障机制的研究

为了保障“21世纪COE计划”的顺利实施，日本文部科学省设立了以日本学术振兴会为中心的“21世纪COE计划委员会”作为实施该计划

---

① 周程.日本创建世界一流的研究教育基地——启动“21世纪卓越基地”项目评述［J］.科学学研究，2003（4）：185—190.

② 胡炳仙.日本重点大学建设政策：过程分析与启示［J］.高等教育研究，2006（8）：99.

③ 杨栋梁.日本推行高等教育改革的新举措——《21世纪COE计划》评述［J］.日本学刊，2003（5）：125—127.

④ 项纯.日本“21世纪卓越科研基地计划”述评［J］.大学（研究与评价），2008（2）：88.

⑤ 周程.日本创建世界一流的研究教育基地——启动“21世纪卓越基地”项目评述［J］.科学学研究，2003（4）：186—188.

的重要组织，制定了详细的卓越研究中心建设费补助基金制度，确立了严密的评价审查程序，形成了完善有效的保障机制。左雪丽重点就其组织保障、制度保障与程序保障等方面进行了分析研究。①

（五）关于政策评价机制的研究

政策评价是根据特定的评价标准对政策进行衡量、检查和评价，以判断其优劣性的一项工作。它主要包括执行评价、影响评价和效率评价三种类型。徐小洲和王家平主要从以下三个方面对“21世纪COE计划”实施状况的评价进行了较为详尽的阐述：（1）受益大学的自我评价。以广岛大学高等教育研究中心为例，自2002年度设置COE起，在研究出版、对外学术交流、年轻学者培养等方面都取得了显著的成绩。同时，在COE的课题研究过程中大量聘任有任期限制的教师，也大大冲击了国立大学教师终身制的固有观念，有效地促进了大学教师的流动与交流。此外，对大学教师形成市场竞争意识也产生了积极影响。（2）文部科学省的评价。文部科学省是在COE计划实施两年后对其实施状况进行中期考核的。中期考核主要侧重于卓越研究中心的研究和教育实绩及大学未来的发展规划等方面。由于对COE中期评审的结果基本满意，因此增加了下一年度总体资助金额。（3）社会舆论的评价。2002年度COE首批卓越研究中心名单公布后，日本各大报社发表社论，就COE计划存在的问题归纳如下：COE的设置集中于国立大学，特别是旧帝国大学，强化了大学固有的等级构造体制的现状；COE计划的评审过程不透明，信息不公开；现行评审基准不利于地方公立大学发挥特色，忽略了地域间平衡的问题。此外，各专业学术团体也对COE计划提出了一些批评意见和建议。总体而言，在“21世纪COE计划”实施初期，社会舆论对于该政策基本持不乐观与质疑的态度。②

项纯认为，“21世纪COE计划”的实施导致了政府和大学的关系发生了变化；致使大学的教员们致力于研究的时间减少，基础研究被忽视；过于激烈的自由竞争必然导致优胜劣汰，强者自然更强，弱小的学

① 左雪丽.日本“21世纪COE计划”研究［D］.长春：吉林大学高等教育研究所，2009：18—25.

② 徐小洲，王家平.卓越与效益——大学重点发展战略研究［M］.杭州：浙江教育出版社，2007：157—166.

校可能面临倒闭。①

（六）关于政策意义及启示的研究

徐小洲和王家平认为“21世纪COE计划”通过重点项目中心化及科研组织的重组，提高了日本大学学科建设与整体科研水平，对日本大学的科研体制与学科发展产生了重大影响，具有重大的战略意义。具体体现为：（1）提高了日本大学科研水平和国家的整体科研实力；（2）促进了大学目标定位的明确化；（3）促进了顶尖科研人才的培养；（4）增强了产业竞争力。②

周程认为日本的“21世纪COE计划”对我国的启示主要体现在以下几个方面：（1）日本创建世界最高水平大学的思路，即先从创建卓越学科基地开始着手，然后再由点到面，积少成多，顺势建成一批具有国际竞争力的世界最高水平大学的想法值得我们深思；（2）日本将有限的教育资源用于重点扶持富有个性特点的学科、具有比较优势的学科，以增强大学的内部活力和国际竞争力的做法值得我们借鉴；（3）日本大学的卓越研究中心不惜花重金将国际知名或年轻有为的学者请进来，并支持自己的教师走出去，以及掌握学科发展前沿动态和扩大自身国际影响的举措值得我国效仿。③此外，方勇认为“COE计划”确定资助的卓越研究中心不仅设在国立和公立大学，还设在私立大学，这一点有别于我国“985工程”，“985工程”高校均属于中央部委直属高校。④

三、关于世界各国一流大学建设政策的比较研究

（一）关于“21世纪COE计划”与中国的“211工程”“985工程”的比较研究

胡炳仙从以下几个方面对日本“21世纪COE计划”与我国创建世界一流大学政策进行了比较分析：（1）公共行政制度改革的成功与否是影

① 项纯.日本“21世纪卓越科研基地计划”述评［J］.大学（研究与评价），2008（2）：89.

② 徐小洲，王家平.卓越与效益——大学重点发展战略研究［M］.杭州：浙江教育出版社，2007：168—170.

③ 周程.日本创建世界一流的研究教育基地——启动“21世纪卓越基地”项目评述［J］.科学学研究，2003（4）：189.

④ 方勇.日本COE计划及其对我国的启示［N］.科学时报，2009-09-22（3）.

响政策质量的核心因素。他认为日本“21世纪COE计划”的实施是与日本行政管理改革进程同步的，行政效率的提高为日本实施该计划提供了良好的外部政策环境。相比之下，我国政治体制改革较经济体制改革明显滞后，行政能力和行政机制的权限，造成政策决策与政策隔离的现象。（2）政府决策的合法性是政策方案能否实施的关键。“21世纪COE计划”是由文部科学省以提案的形式提请国会通过的，因而它成为一项法令，具有最高的强制性和权威性。此外，在程序与政策内容方面，由于该计划在政策决策时，充分考虑了各利益相关者的立场与利益，政策较公平公正，得到了社会的广泛认可，因而大大提高了政策的合法性。反观我国在这一方面并没有实施到位。（3）政策内容的科学性是政策是否合理的重要依据。“COE计划”的最终目标并不是为建设某些重点大学而制定建设某些大学，而是将建设一流大学的任务下放到研究生院或者某些学科之中，是以博士学位专业点分类分学科进行评价和资助的，因而具有针对性强、效率高的特点。我国的“211工程”虽然强调评审和建设以“重点学科的建设为龙头”，但是在实际操作过程中仍然按照大学行政级别进行资助和建设。（4）政策评价的有效性是政策能否成功的关键。在政策评价过程中，“COE计划”除了政府部门主导的检查评价与大学自我评价之外，还引入了第三方评价方式。这种评价方式既保证了权威性和有效性，也保证了评价的公正性。在我国，由于社会团体缺乏独立性，导致教育政策评价工作只能由政府部门代劳。我国教育政策评价工作的有效性亟待提升。①

（二）关于“研究生院重点化”“国公私TOP30”方案与韩国的“BK21”、中国的“211工程”“985工程”的比较研究

张春浩选择日本的“研究生院重点化”政策和“国公私TOP30”方案与中国的“211工程”、韩国的“BK21”进行了比较。文章以北京大学、东京大学、汉城大学为例进行了个案研究，经过比较分析，最终得出以下结论：（1）政策决策部门特征与政策推进主体的不同，影响教育与科研一体化的实现；（2）建设世界一流大学政策对本国名牌大学产生

① 胡炳仙.中国重点大学政策：历史演变与未来走向——基于新制度主义的政策分析［D］.武汉：华中科技大学教育科学研究院，2006：30—32.

了“双刃剑”的效应；(3) 建设世界一流大学政策无法规避办学模式上的研究型、国际化、综合化的共同规律。①

姜尔林通过对中国、日本、韩国这三个国家的高等教育重点建设政策的比较得出，三个国家的重点建设计划的提出存在着政策目标趋同现象，而在实施阶段的政策内容存在着趋异现象。趋异现象具体体现在以下几个方面：(1) 资助对象的差异；(2) 入选程序的差异；(3) 资助力度的差异；(4) 绩效考核的差异。姜尔林对三个国家高等教育重点建设政策中趋同与趋异现象的产生进行分析与讨论之后得出，三个国家的重点建设计划的提出，反映了在全球化的背景下由于共同力量的作用以及需要应对共同问题，各国做出了相同的反应，那就是增强高等教育国际竞争力，集中力量建设一流大学与学科，这使得各个国家高等教育政策方针与政策总体目标趋同。但在政策的实施过程中，由于各国高等教育发展水平的差异以及高等教育制度尤其是管理体制上的不同，导致了重点建设计划中资助对象、入选程序、资助力度、绩效考核的差异，这反映了由于各国政策起点以及教育制度的不同，导致政策具体内容与执行方式趋异。由此，国家之间的高等教育政策表现出了政策方针与政策目标趋同，而政策内容与政策实施趋异的现象。②姜尔林还总结了中国、韩国、中国台湾地区、日本的高等教育重点建设政策的特征，并对政策的背景、功能与绩效进行了初步的探讨与分析。③

此外，将日本的创建世界最高水平大学卓越研究中心政策与别国进行比较研究的还有谢安邦、周玲的《美英德日高等教育重点建设政策的比较研究》，文章通过概述美、英、德、日四国的大学重点建设政策现状，分析比较了高等教育重点建设政策的背景与特征。④

通过分析国内外关于日本创建大学卓越研究中心政策研究现状的文献，可以得出以下结论：

---

① 张春浩.中日韩建设世界一流大学政策比较研究［D］.长春：东北师范大学国际与比较教育研究所，2003.

② 姜尔林.趋同与趋异：全球化背景下高等教育重点建设政策比较——以中国、韩国、日本三国为例［J］.清华大学教育研究，2007 (6)：106—110.

③ 姜尔林.东亚地区高等教育重点建设研究——基于对中国、日本、韩国以及中国台湾地区的政策分析［J］.黑龙江高教研究，2007 (9)：37—39.

④ 谢安邦，周玲.美英德日高等教育重点建设政策的比较研究［J］.全球教育展望，2004 (10)：61—66.

第一，就研究内容而言，我国国内有关日本创建世界最高水平大学卓越研究中心政策的研究资料比较翔实丰富，既有对日本的研究生教育改革与“21世纪COE计划”“全球COE计划”主要政策内容、实施状况及政策评价机制、保障机制的详细介绍，也有对日本创建世界最高水平大学卓越研究中心政策与其他国家创建世界一流大学政策的横向比较研究，形成了许多很有价值的见解。这些研究资料有助于我们更加全面、深入地认识与了解日本创建大学卓越研究中心政策的内涵，准确把握政策发展轨迹。除此之外，日本文部科学省、独立行政法人日本学术振兴会、日本总务省、日本内阁府、日本国立情报学研究所、日本国立国会图书馆、日本国立大学法人法反对首都圈网络事务局、日本国立教育政策研究所、广岛大学高等教育研究开发中心、名古屋大学高等教育研究中心等网站提供了大量有关日本创建大学卓越研究中心政策的统计数据、咨询报告、最新动态等，为本书提供了翔实的第一手资料和相关数据。就研究方法而言，国内学者的研究多是停留在对政策的描述阶段，侧重于对日本创建世界最高水平大学卓越研究中心政策的进展和问题进行介绍。同时，也不乏采用比较分析法将日本与其他国家相关的政策进行同质性比较的研究。

第二，就现有研究存在的问题而言，从既有研究成果来看，由于受研究视角与研究篇幅的影响，多数研究成果仍然存在着对日本创建大学卓越研究中心政策描述性、局部性研究多，深层次、系统性研究少的特点。国内现有研究尚停留在对政策文本的描述，处于介绍性阶段，研究焦点多局限于某个时期的政策，涉猎政策演进内容。从历史的角度对日本创建大学卓越研究中心政策的历史演变进行纵向系统梳理的研究并不多见，对于日本创建大学卓越研究中心政策的演进原因、实施效果、质量监控与保障机制等核心问题缺乏深入的研究和分析，而且很少有学者能从理论层面来对该政策进行研究，新自由主义思潮和新公共管理理论对该政策制定、执行的影响更是学者们很少涉及的领域。

综上所述，对日本创建大学卓越研究中心政策的研究，不仅具有重要的理论意义和实践价值，而且仍有较大的空间。该政策是一个需要进一步深入研究的领域。

第四节 理论框架、研究方法与思路

一、理论框架

从理论根基来看，日本为创建世界最高水平大学卓越研究中心而实施的一系列政策是主导公共部门行政改革的新公共管理理论在高等教育领域的适用和体现。因此，本书运用新公共管理理论对日本创建大学卓越研究中心政策进行考察和分析。

新公共管理（New Public Management ，NPM）理论是20世纪80年代以来兴盛于英、美等西方国家的一种新的公共行政理论，是西方诸国为减少政府职能、充分利用社会和市场的力量来提供公共服务，从而弥补政府财政和公共服务能力不足的一种新的管理模式，也是近年来西方规模空前的行政改革的主体指导思想之一。新公共管理以“3E”：经济（Economy）、效率（Efficiency）、效能（Effectiveness）为最终目标，其核心是“市场价值的重新发现和利用”。①

与传统的以威尔逊、古德诺的政治与行政的二分法和以韦伯的科层制理论为基础的官僚制的行政管理理论不同，新公共管理理论突破了传统公共行政学的学科界限，建立起一个更加全面、综合的知识框架。它以新自由主义经济学理论与私营部门的管理理论及方法作为理论基础，不强调利用集权、监督以及加强责任制的方法来改善行政绩效，而是主张在政府管理中广泛采用私营部门成功的管理方法来提高管理效率，在公共管理中引入竞争机制来提高服务的质量和水平，强调公共管理以市场或顾客为导向来改善行政绩效，是市场化色彩浓重的公共管理模式。此外，它还将20世纪60年代末70年代初兴起的政策科学对于公共政策的性质、原因、结果和政策过程（政策制定、执行、评价、监控和终结等）的研究成果以及政策分析的方法与技术融合到公共部门管理的研究之中。②

自20世纪90年代以来，日本高等教育管理体制改革深受新自由主

---

① 欧文·E·休斯. 公共管理导论［M］. 袁和平，等译. 北京：中国人民大学出版社，2001：177—179.

② 梅小璈，王好立，张志铭. 中国社会科学文丛·政治学卷［Z］. 北京：中国政法大学出版社，2005：173—185.

义思潮和新公共管理理论的影响。由于高等教育管理方面的改革大多是通过管理机制的调整和改革得以实现的，因此，从新公共管理理论的视角来考察日本创建大学卓越研究中心的实践，可以更好地看出这种理论对日本高校科研管理体制产生的重要影响，更加深刻地理解日本高等教育体制改革的实质。在日本的高等教育领域中，新公共管理理论的主要影响具体体现在以下几个方面：（1）以市场为基础的改革，在高等教育领域中导入市场竞争机制。这包括激励高等教育机构为学生和研究资金进行竞争。政府的作用是推进高等教育更加面向市场，政策的重心是多样化的，鼓励私营部门进入市场，建立公共部门的失败退出机制。（2）建立外部质量保证体系。在研究和教学领域都制定详尽的外部绩效测定和检测标准，构建审计和核查体系。（3）把资金集中于最好的高等教育机构（资源供给方面的激励），即教育资源的倾斜式投入。（4）强化对弹性预算的限制。注重财政控制和效率，扭转财政赤字，使投资物有所值。（5）文部科学省及其附属机构试图通过设立清晰的目标和签订绩效合同来垂直控制教育系统。

日本创建世界最高水平大学卓越研究中心政策是通过第三方评价和对资源的竞争性调配，将市场竞争原理引入高等教育领域的日本大学教育管理体制改革的一项重要举措。从政策的价值取向来看，主要表现为竞争、“3E（经济、效率和效益）”、绩效责任以及政府资助方式的转变的市场取向。本研究拟利用新公共管理理论来分析日本创建大学卓越研究政策的实施与运行机制，提炼其政策的科学性与合理性，为我国的世界一流水平大学建设提供借鉴与参考。

二、研究方法

在对日本创建大学卓越研究中心政策的研究过程中，本书坚持理论探讨与实际考察相统一、历史考察与现状分析相统一、宏观概括与微观描述相统一、动态研究与静态研究相统一的原则，采用了如下研究方法。

（一）文献法。文献法是一种定性研究方法，“主要指搜集、鉴别、整理文献，并通过对文献的研究形成对事实的科学认识的方法”①。通

① 叶澜.教育研究及其方法［M］.北京：中国科学技术出版社，1990：175.

过分析与研究重要的教育文献来了解教育情况是比较教育研究的一个重要研究方法。在本书中，文献主要是指两大类，一是涉及日本创建大学卓越研究中心的教育政策文本及其相关信息。政策文本是进行政策分析与研究的必备工具，它们涵盖了日本创建大学卓越研究中心政策的目标、内容、实施细则、基本特征等方面的内容，是政策研究的重要对象，通过对其整理、分析，以获取有用的实证性资料。二是与日本创建大学卓越研究中心政策有关的研究文献。这是研究的基础。运用文献法收集比较教育的研究资料，一般要经过文献的收集与查阅、文献的鉴别与整理、文献的分析与研究等具体阶段。在本书中，一方面选择若干典型教育政策文本进行分析研究，探究政策调整对日本建设最高水平大学的影响，把握政策体系的特征；另一方面，通过查阅期刊、阅读书籍、网络搜索等途径获取大量的与研究相关的文献资料，进而再对所收集到的文献资料进行归类、整理、去粗取精，进行逻辑上的梳理和分析。

为深入研究日本创建大学卓越研究中心政策的演进历程，选取若干典型政策是非常有必要的。日本自20世纪90年代以来，在创建大学卓越研究中心方面做出了一系列重大的决策。其中，“建设卓越研究中心（COE）”计划、研究生院重点化改革、“21世纪COE计划”与“全球COE计划”等构成了日本创建大学卓越研究中心政策体系的主脉。以上所选取的若干政策，并不是孤立、片面、断章取义的，而是彼此之间密切联系的、相互影响和作用的，是一个有机统一体。政策文本的变化反映了政策演变的历史进程。本书将利用文献法对日本创建大学卓越研究中心政策的出台背景、制定过程、概要、实施进展状况、基本特征、审核程序、影响与启示等进行梳理和分析，以期取得有价值的研究成果。

（二）比较法。比较研究法是根据一定的标准，对某类教育现象在不同时期、不同地点、不同情况下的不同表现进行比较研究，以揭示教育的普遍规律及其特殊表现，从而得出符合客观实际的结论。①根据不同的比较对象和要求，可把比较法分为同类比较法和异类比较法、纵向比较法和横向比较法、宏观比较法和微观比较法等。本书在文献研究的基础上，对所搜集的资料进行“再加工”和分析比较。本书主要探讨日本创建大学卓越研究中心政策的变迁，涵盖从“建设卓

① 裴娣娜.教育研究方法导论［M］.合肥：安徽教育出版社，2008：223.

越研究中心（COE）”计划到研究生院重点化改革，从“21世纪COE计划”到“全球COE计划”的历史沿革，这里必然要涉及政策演进过程的纵向比较。通过对其缜密的考察与分析，明确两者之间的异同，进一步深入了解日本创建大学卓越研究中心政策的内涵与意义。此外，本书还将运用同类比较分析法，将日本创建大学卓越研究中心政策与我国的“211工程”“985工程”进行比较，并在此基础上思考我国建设世界一流大学的方法与模式。

（三）政策分析法。政策分析法综合了系统分析的定量分析法和政策科学的定性分析法。政策分析的核心问题是对备选政策的效果、本质及其产生原因进行分析。政策分析的目的是运用各种方法、模型和解决问题的技巧去识别或发现各种政策方案的利弊得失，扬长避短，提高政策质量。①政策分析的基本方法包括：比喻的方法、示意图的方法、观察与解释的方法以及模型的方法。其中，示意图的方法的理论根基是政策的生命周期理论，也被称为政策的过程模型，它试图通过阶段性的描述，对政策进行程式化的分析。②本研究将利用示意图的方法对日本创建大学卓越研究中心政策进行追踪考察，围绕影响政策出台诸因素的产生、政策的出台、政策方案的执行、政策执行过程中的评价、政策实施效果的评价、政策的调整与补充等展开细致、深入的研究。

三、研究思路

高等教育并不是一个静态的现象，它与社会一样是动态的，高等教育乃是社会的一部分。鉴于此，本书从比较研究的视角出发，采用文献法、比较法与政策分析法，聚焦自20世纪90年代至今这一历史时期日本创建大学卓越研究中心政策的发展变化，梳理其从“建设卓越研究中心（COE）”计划到“21世纪COE计划”“全球COE计划”的历史沿革；系统深入地考察日本创建大学卓越研究中心政策出台的动因、背景及措施，分析政策制定过程中社会、政治、经济等诸因素的影响，探索政策变迁过程中日本高等教育政策价值选择的变化规律，以期把握政策

① 沈承刚.政策学［M］.北京经济学院出版社，1996：227.

② 谢明.政策透视——政策分析的理论与实践［M］.北京：中国人民大学出版社，2004：57—59.

出台的逻辑起点；以新公共管理理论为分析框架，对日本创建大学卓越研究中心政策进行分析，试图提炼其政策的科学性与合理性；追踪分析“21世纪COE计划”与“全球COE计划”的实施状况与效果，总结政策的基本特征，指出政策实施过程中出现的争议、困惑以及亟待解决的一些问题；最后结合我国现阶段创建世界一流大学的具体问题，借鉴其经验和教训，为我国建设世界一流大学政策的完善提供参考和启示。

根据这一思路，本书按研究内容之间的逻辑关系对日本创建世界一流高校研究基地政策进行了详细的阐述与分析，并结合从历史到现实、从宏观到微观、从现象到本质的研究原则，形成了如下研究框架：

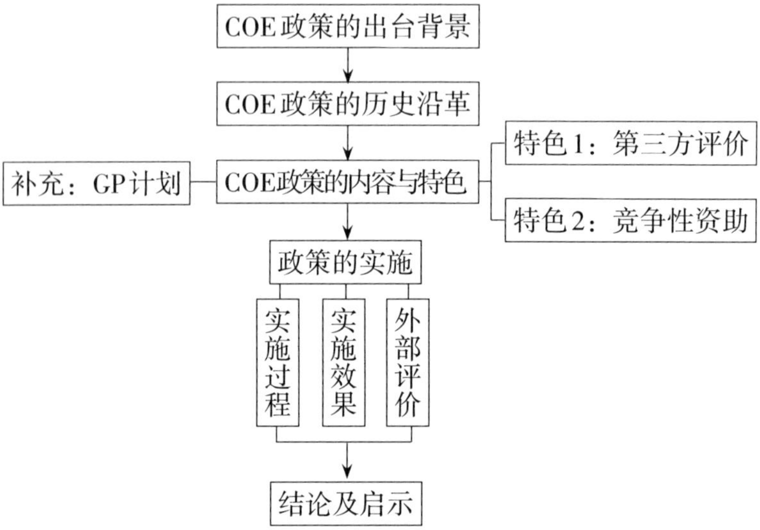

本书核心部分由六部分组成，各部分主要内容如下：

导论部分主要就研究问题、研究现状和研究设计进行了论述。

第一章就日本创建大学卓越研究中心政策出台的背景、动因及其历史沿革进行了概括性分析。首先，此章从国际与国内两种不同视角对政策出台背景及动因进行了分析；其次，对政策的历史沿革进行了简述；最后，针对政策出台过程中“一党制”体制、具有日本特色的教育决策机构、产业界及日本教职员组合等各方力量对教育政策形成的影响进行了深刻剖析，对“21世纪COE计划”的决策过程进行了详细介绍。

第二章主要以“21世纪COE计划”和“全球COE计划”为例对日本创建大学卓越研究中心政策的内容及政策特色进行了研究。此章除了对政策进行详细解读外，还围绕以第三方评价为代表的政府对大学评价方式的变化以及以竞争性研究经费为主体的政府科学研究经费资助方式的变化这两个方面深度解析日本创建大学卓越研究中心的配套政策。

第三章主要围绕日本创建大学卓越研究中心政策的实施过程与评价进行了研究。首先，从各学科领域中COE的申请、审批及审批通过率，COE在国立、公立、私立大学中的分布情况，COE建设资助金在各学科领域及国立、公立、私立大学中的分布情况等方面详细介绍了“21世纪COE计划”和“全球COE计划”的具体实施过程，归纳总结COE立项审核的特点；其次，基于文部科学省实施的问卷调查结果，对政策的实施效果进行了概括、分析。

第四章先把政策执行机构、入选COE大学、日本国内主流媒体等对政策的评价与争议进行了归纳和总结，然后对政策的调整与补充——“GP计划”的内容、实施与评价等方面进行了考察和分析。

结论与启示部分从新公共管理理论视角剖析了日本创建大学卓越研究中心政策的成功之处，然后在归纳总结该政策经验与教训的基础上，通过比较分析扼要概括了该政策对我国建设世界一流大学的启示。

第一章 日本创建世界一流大学卓越研究中心政策出台的动因与过程

自20世纪六七十年代开始，受当时世界教育改革浪潮的影响，日本政府从本国国情出发为面向21世纪的教育改革政策制定进行了长期（1967—1987）的调研，并于20世纪90年代初正式拉开了全面改革的序幕。这场被日本教育界誉为继明治维新初期（1872—1885）和第二次世界大战后（1945—1952）的教育改革之后的“第三次教育改革”从20世纪90年代初一直延续至今，影响广泛且深远。日本现行教育政策经过数十年的酝酿、构思、探讨和规划逐步走向明朗化、成熟化。日本创建大学卓越研究中心政策就是这场轰轰烈烈的教育改革的产物之一，体现着特定时代的要求。

第一节 日本创建世界一流大学卓越研究中心政策出台的动因

教育政策的制定需要一个漫长的过程，并不是在短期内就能够形成方案并即刻付诸实践的。影响教育政策制定的主要因素包括教育政策制定环境与教育政策制定主体这两大方面。①任何一项重大教育政策措施的出台，都有其特定的政策制定环境。日本创建大学卓越研究中心政策的出台亦是如此。“科学技术创造立国”战略的出台、全球化背景下日趋激烈的国际竞争、新自由主义思潮的盛行、日本战后第三次国家行政体制改革的推行、基础科研能力薄弱与科技体制改革滞后等因素都直接

① 孙绵涛.教育政策学［M］.北京：中国人民大学出版社，2009：130—131.

或间接地推动了该政策的出台。

一、“科学技术创造立国”战略

（一）“科学技术创造立国”战略出台的背景

“科学技术创造立国”战略的提出并非偶然。20世纪80年代初的“科学技术立国”战略曾经是日本在工业经济时代崛起的“秘密武器”。1980年，日本通产省产业结构审议会公布了《20世纪80年代通商产业政策构想》，提出“科学技术立国”发展战略，对于研发独创性技术和加强基础研究都做出了明确要求，并将其作为推动日本经济发展的基本国策。1986年内阁府通过了有关“科学技术政策大纲”的决议，再次明确科技发展的基本方针是以加强基础研究为中心，振兴富于创造性的技术研究。但是由于当时社会各界重视程度不高，再加上政府公共财政投入较少，对科研经费的支出比例趋减，使得该战略收效甚微。

20世纪90年代，知识经济初露端倪，日本重“技”轻“科”的科技发展模式日益显得陈旧落后。誓以科技立国的日本，却因技术进步缓慢，导致经济增长乏力，国际竞争力下降。对于地狭人稠、资源匮乏的日本来说，为了能够巩固世界经济强国的地位，形成科技领先的优势是先决条件之一。为此，20世纪90年代中期，日本政府把着力发展尖端科学技术、提高基础创新能力上升到国家战略的高度，明确提出了将“科学技术创造立国”作为面向21世纪的基本国策，把发展科学研究的着眼点聚焦在大力推进适应社会和经济需要的新技术的研发和探求物质的根源及发现新规律、新原理的纯科学和基础科学的研究上，冀望通过科学技术创新重振日本经济，实现工业经济向知识经济的战略性转移。

（二）“科学技术创造立国”战略的主要内容

1995年，日本国会一致通过《科学技术基本法》，为日本发展科学技术和改善本国的科学研究环境迈出了历史性的一步。《科学技术基本法》是日本第一部关于科学技术的根本大法，它被视为日本实施21世纪科技战略的纲领性法律文件，为日本政府此后制订科技发展计划提供了法律依据。同时，它的出台也意味着日本政府开始将科技创新作为建设满足知识经济时代要求的国家的首要选择和核心动力。1996年，日本内阁依据该法律制订了第一期《科学技术基本计划》，明确提出“科学技术创造立国”论，希望通过充实和增强本国科技创新能力，实现经济振兴。《科学技术基本计划》坚持综合性推进基础研究、应用研究和开发研究的大政方针，以社会需求为导向，对于日本的科技战略、科技发展走向、经济建设具有极其重要的指导意义。该计划每五年为一期。随着社会的发展和变化，政府适当调整不同年度实施的科学计划发展方向和侧重点。其中，第一期和第二期《科学技术基本计划》致力于构建新的研究开发体系，推进基础研究，创造竞争性研究环境，培养创新型人才等方面；第三期《科学技术基本计划》在预算方面重点支持高新科技领域。

与20世纪80年代的“科学技术立国”战略不同的是，“科学技术创造立国”战略注重基础研究和独创性自主技术开发，在研究开发、体制改革中突出了知识创新，并将知识创新确立为国家科技进步和体制改革的基本方向。为确保“科学技术创造立国”理念顺利转变为现实，日本政府制定了一系列行之有效的法律、法规及相关的政策，在制度上加以保障。《科学技术基本法》（1995年）、《关于促进大学等机构的技术研究成果向民间企、事业单位（个人）转让的法律》（又称大学等技术转让促进法、TLO法，1998年）、《高度信息通讯网络社会形成基本法》（又称IT基本法，2000年）、《知识产权基本法》（2002年）、第一期《科学技术基本计划》（1996—2000）、第二期《科学技术基本计划》（2001—2005）、第三期《科学技术基本计划》（2006—2010）、资源重点配置政策、科研体制调整政策等都是日本政府出于上述目的制定和出台的。

通过研读和分析上述政策文件发现，20世纪90年代以来日本政府发展科学技术的具体设想与改革目标主要可以归纳为以下两点，即（1）科学技术的重点发展战略。以第二期《科学技术基本计划》（2001—2005）为例，日本政府在强调推动和促进基础研究的同时，详细列出了与解决国家和社会性课题相适应的重点化发展战略，即加快推进生命科学、信息通信、环境科学、纳米材料等与经济、社会发展紧密相关的若干重点科研领域的研究开发①；（2）科学技术体制改革。以第三期《科学技术基本计划》（2006—2010）为例，日本政府分别在加快人才培养机制改革、推动科学发展和不断创新、强化科学技术振兴的基

---

① 文部科学省.第2期科学技術基本計画の概要［EB/OL］.［2016-03-12］. http://www.mext.go.jp/a_menu/kagaku/kihon/gaiyou.pdf.

础、战略性推进科学技术活动的国际化等方面做了具体的论述①。

（三）大学在“科学技术创造立国”战略中的地位与作用

1995年，日本国会通过的《科学技术基本法》第二章第九条将研究开发活动进一步细分为基础研究、应用研究、开发研究和技术开发研究。与“官”“产”两大科研系统的活动相比，大学科研活动的特点如下：（1）研究范围广泛，涉及人文科学、社会科学、自然科学各领域，尤其侧重于自然科学。（2）在研究性质上，是以基础研究为主，兼顾应用研究和开发研究。具有独创性的科学技术依赖于高水平的基础科学研究，而长期以来，日本的基础研究主要集中在大学，大学一直是日本重要的研究基地。但是，由于历年来政府对大学研究经费的财政投入力度不足，大学所得到的科研经费占全国科研总经费的比例较小，导致大学不能很好地适应知识经济时代发展的要求，同时也不利于大学满足社会对高层次、创新型人才的需求。

在“科学技术创造立国”的战略大背景下，自第一期《科学技术基本计划》（1996—2000）出台以来，日本政府就开始从战略高度审视大学（研究生院）在“科学技术创造立国”战略中的地位与作用，并把大学（研究生院）教育发展规划纳入国家创新体系。在其后日本政府相继出台的一系列法律法规中，都明确提出了日本未来最应强化基础性、创造性研究开发领域，尤其要重视以基础研究为中心的大学的作用。大学成为日本国家创新体系中举足轻重的基础性创新基地。

20世纪90年代中期以来，日本的大学在“科学技术创造立国”战略中的定位，主要体现在《科学技术基本法》《科学技术基本计划》《科学技术白皮书》、政府各有关审议会的报告以及产业界的教改建议中。例如日本科学技术厅发布的1995年版《科学技术白皮书》曾指出：“大学作为学术研究的中心，除了肩负人才培养的根本任务，还承担着创造开拓未来的新知识、继承人类的知识文化遗产、利用知识资源开展国际合作等重要使命。从以上诸方面来看，大学应在科学技术体系中发挥中

① 文部科学省.第3期科学技術基本計画（平成18—22年度）の概要［EB/OL］.［2016-03-12］. http://www.mext.go.jp/a_menu//kagaku/kihon/main5_a4.htm.

心的作用。”①其后，日本文部科学省在发布2002年版《科学技术白皮书》之际再次重申了大学在国家“科学技术创造立国”战略中的中心地位，即“大学具有在人文社会科学以及自然科学等广泛的领域内推动高深学问的发展的特色，应该继续在国家科学技术创新体系中发挥中心的作用，综合推进研究与教育活动”。②

除此之外，日本在中央教育审议会的《展望21世纪我国的教育》（1996年）、大学审议会的《关于提高研究生院教育研究质量的审议总结》（1996年）、大学审议会的《21世纪的大学与今后的改革对策——在竞争环境中闪耀个性的大学》（1998年）、学术审议会的《以科学技术创造立国为目标整体推进我国的学术研究》（1999年）等一系列咨询报告中，均有提出振兴大学基础科学研究的建言。

例如1998年大学审议会在向文部大臣提交的咨询报告《21世纪的大学与今后的改革对策——在竞争环境中闪耀个性的大学》中指出，“从积极开展跻身世界最高水准的高水平研究，以及培养满足我国社会和国际社会期待的、在各个领域积极而活跃的优秀人才的观点出发，需要考虑形成和支援作为卓越研究中心的研究生院”，同时，“面向21世纪，实现科学技术创造立国已成必要，鉴于科技革命迅猛发展和知识陈旧加剧而导致寻求继续教育机会的社会成员的日益增多，今后，（国家）将进一步加大大学研究生院培养具有高度专业素质人才的力度”。③因此，无论从发展科研角度还是从培养专业人才角度，加强大学研究生院建设都变得更加重要。

1999年，学术审议会在题为“以科学技术创造立国为目标整体推进我国的学术研究”的咨询报告中明确提出日本应积极开展开创新领域、新学问的具有先导性、独创性的世界最高水平的研究。同时，该报告还建议政府为开展此类科学研究进行科研体制改革，形成竞争的研究环

① 文部科学省.平成7年版科学技術白書［第3部第4章第2節3］［EB/OL］.［2016-03-12］.http://www.mext.go.jp/b_menu/hakusho/html/hpaa199501/hpaa199501_2_064.html.

② 文部科学省.平成14年版科学技術白書［EB/OL］.［2016-03-12］.http://www.mext.go.jp/b_menu/hakusho/html/hpab200201/index.html.

③ 文部科学省.大学審議会「21世紀の大学像と今後の改革方策について—競争的環境の中で個性が輝く大学—（答申）」［EB/OL］.［2016-03-12］.http://www.mext.go.jp/b_menu/shingi/12/daigaku/toushin/981002.htm.

境，建设具有世界水平的卓越研究中心等。①

20世纪90年代以来的“科学技术创造立国”战略对日本大学的改革与发展产生了重大而深远的影响。为了在激烈的国际竞争中占据主动，大力发展研究生教育、加快高素质人才的培养摇篮——大学研究生院的改革、实施“21世纪COE计划”和“全球COE计划”等，都是在“科学技术创造立国”的战略背景下日本大学改革的新举措和新进展。

二、全球化背景下日趋激烈的国际竞争

21世纪是一个经济全球化与竞争国际化的时代，也是一个以知识经济为主导型经济形态的时代。在知识经济的背景下，以高新技术为核心的知识资源将取代土地和金融资本，成为主导世界经济发展的关键性的生产要素和战略资源。随着经济全球化的日益深入和以创新为社会主要驱动力的知识经济社会的到来，世界各国综合国力的竞争也日趋激烈。国家的综合国力和国际竞争能力将取决于教育发展、科技进步和知识创新的水平。若想在日趋激烈的国际竞争中抢占发展先机，各种产业的知识创新与自主研发能力是不可或缺的。而知识创新与自主研发能力的源头，就在大学。知识经济的社会发展模式促使大学的科学研究和学术研究的重要性日益凸显，这是由其在培养适应新型经济形态的人才和创造新的知识方面所发挥的作用而决定的。

在当今激烈的国际竞争中，大学作为创新知识、传播知识的核心机构，它的发展已经成为经济发展、提升国家和地区竞争力、影响国家核心竞争力的重要因素。大学的创新与研发能力往往被视为是一个国家发展及经济繁荣最关键的指标之一。推动大学的卓越发展更是成为提高国家竞争力的有效途径。大学逐渐走出象牙塔，被卷入全球范围内的国际竞争之中。因此，建设世界一流大学，提升国家和地区在知识创新领域的竞争力，已经成为很多国家和地区政府应对全球化挑战的一项重要的战略举措。面对日趋激烈的高等教育竞争趋势，一个国家唯有发挥高等教育在知识经济时代举足轻重的作用，即培养高素质的创新型人才，朝

① 文部科学省.学術審議会「科学技術創造立国を目指すわが国の学術研究の総合的推進について：知の存在感のある国を目指して」[EB/OL].[2016-03-12].http://www.mext.go.jp/b_menu/shingi/12/gakujutu/goushin/990602.htm.

高新科技、高附加值产业发展，才能在全球性竞争的环境中生存。因此，为避免国家竞争力“被”边缘化，追求学术卓越、提升高等教育整体水平成为世界各国（地区）的第一要务。作为全球高等教育体系有机组成部分的日本高等教育体系，自然也无法置身事外。

自20世纪90年代开始，日本的经济和产业持续萎靡不振，进入漫长的“低谷期”。在对美国经济的强劲表现和日本经济的衰退现状进行比较分析后，日本的许多学者认为美国规模庞大的大学和研究生院体系是推动其经济发展的主要因素之一。此外，知识经济的兴起和经济全球化时代的到来都对日本整个大学系统提出了重大挑战。中国和韩国大学的快速发展已威胁到日本大学在亚太地区的地位，日本大学的国际生存能力受到质疑。与亚洲其他大学之间竞争的不断加剧，以及为满足知识经济的需要而不断增加的压力，都迫使日本高等教育政策变得更加战略化。因此，对高等教育体制进行根本性改革，激发大学的活力，提高大学的创新能力，成为日本政府重振经济的优先选择。与此同时，随着日本国际地位的提升，日本政府及社会对大学的国际地位及国际竞争力的期望值也在不断升高，要求从“全球化时代”的高度探讨日本高等教育的改革与发展。

日本的大学是否能够达到并维持世界最高水平，很大程度上取决于其在全球学术界地位提升的程度。产生世界学术影响力、拥有国际学术话语权成为日本政府建设世界最高水平大学的内在需求。日本在20世纪90年代举一国之力进行的高等教育改革，就是以面向世界、在国际社会中发挥主要作用、努力达到世界最高水平为主要特征的。日本政府期望充分发挥大学作为基础研究“生力军”的作用，进一步提升大学基础研究和尖端科学技术研究的能力和水平。

1998年10月，大学审议会发布了一份对21世纪日本高等教育产生重要影响的咨询报告，即《21世纪的大学与今后的改革对策——在竞争环境中闪耀个性的大学》。该报告在日本教育改革历史上首次提出了“大竞争时代”的概念，指出“随着‘追赶型’经济时代的结束，大竞争时代已然到来，现在，我国的社会和经济正面临着一个重要的转折点。此外，伴随着信息通信技术的日新月异和自由贸易体制的扩大，世界经济的一体化进程日益加快……为从容应对挑战，全面提升我国的国际竞争力成为当务之急”。同时，报告还强调“知识的重构不仅将成为增强经济、科技和国家竞争力的基础，还将促使大学的科学研究和学术研究的重要性日益凸显……在新世纪，作为国家的知识源泉，大学应具备更加广阔的视野，在推进个性化、多样化的同时，必须进行结构性改革，积极探讨如何充实教育研究体制和开拓新学术领域，进一步提高大学基础研究和尖端科学技术研究的水平，强化大学的地域贡献职能和国际竞争力，确保我国高等教育系统整体教育研究的国际通用性与共通性”。①

为了在21世纪激烈的国际竞争中站稳脚跟，抢占发展先机，日本政府先后于2002年和2007年启动了“21世纪COE计划”和“全球COE计划”，日本的这一“卓越研究中心计划”充分体现出为实现可持续发展、确保国际竞争优势的战略性思考。日本政府意识到日本的学术、科研和高等教育能否在国际上取得独立、领先地位，日本的大学能否建设成为世界最高水平大学，关键取决于处于高等教育最高层次的研究生特别是博士生的教育水平。因此，日本通过“21世纪COE计划”和“全球COE计划”，在科研实力雄厚、设置博士课程的国公私立大学创建卓越研究中心，培养出具有创新能力的、杰出的博士生，期待其在科学与学术上做出原创性的重大发现和贡献，以改变日本曾经在国际学术体系和高等教育体系中，处于模仿、借鉴别人，缺少自主权、话语权的边缘地位。“COE计划”的最终目的在于通过大学创新研发提升国家整体竞争力，将竞争原理导入大学教育，提升大学研究水平，使日本高等教育迈向优质新纪元，早日实现“科学技术创造立国”战略目标，并创造日本发展的新契机，取得日本在世界经济发展中的新地位。

三、新自由主义思潮的影响

自20世纪90年代开始的第三次教育改革，是以许多理念为支撑的。如“科学技术创造立国”论、文化立国、教育国际化、教育信息化等。它们作为基本的国策考量多对教育改革的政策形成起到了决定性作用。除此之外，这场改革的展开，与新自由主义的基本理念的关系也是

① 文部科学省．大学審議会「21世紀の大学像と今後の改革方策について―競争的環境の中で個性が輝く大学―（答申）」[EB/OL]．[2016-03-12]．http：//www.mext.go.jp/b_menu/shingi/12/daigaku/toushin/981002.htm.

尤为密切的。①

新自由主义作为一种经济学理论和思潮，产生于20世纪二三十年代，崛起于20世纪70年代。20世纪70年代初，面对先后两次由石油危机引发的、蔓延至整个资本主义世界的“滞涨”，凯恩斯国家干预主义失灵。为了克服财政危机，美、英等西方发达国家纷纷采取新自由主义的经济路线。其后，伴随着美国总统里根和英国首相撒切尔夫人的上台以及经济全球化趋势的蔓延，新自由主义在美、英等国占据了长达近30年的主流经济学地位。20世纪90年代，伴随着苏联解体、东欧剧变、东亚经济飞速发展等国际政治经济形势巨变，新自由主义思潮在西方经济理论中的主流地位得到进一步巩固和加强。随着“华盛顿共识”的形成与推行，新自由主义进一步嬗变为国际垄断资本的经济范式和政治纲领。

新自由主义是在古典自由主义思想的基础上建立起来的一个新的理论体系，是古典自由主义在新的历史条件下的复兴和发展。大卫·哈维（David Harvey）认为：“新自由主义主张在以强有力的私人所有权、自由市场、自由贸易为特征的制度框架范围内，通过无限发挥每个人的企业活动的自由及其能力，使得人类的财富和福利能够最大限度增大。而国家的作用就是创造并维持符合这种实践的制度框架。”②新自由主义继承了古典自由主义经济理论的自由经营、自由贸易等思想，大力宣扬“三化”，即：（1）“自由化”，也叫“市场原教旨主义”。崇尚“看不见的手”的力量，提倡自由放任的市场经济，反对政府在经济领域采取任何形式的国家干预与管制。新自由主义认为自由是效率的前提。（2）所有制的“私有化”，新自由主义认为私有制最终将成为经济发展的基础。（3）经济上的“市场化”，认为市场的自动调节是最优越和最完善的机制，通过市场进行自由竞争，是实现资源最佳配置的唯一途径。

自20世纪70年代中期以来，随着社会的发展和国家干预力度的加强，各国政府的行政职能和管理范围不断扩大，行政机构和人员编制日

① 高益民.日本教育改革的新自由主义侧面［J］.清华大学教育研究，2002（6）：45—52.

② デヴィッド・ハーヴェイ.新自由主義その歴史的展開と現在［M］.渡辺治，監訳.東京：作品社，2007.10.

益扩充。政府机构的急剧增加带来了一系列诸如机构臃肿、人浮于事、公共开支不堪重负、行政效率低下等弊端。为摆脱“制度疲劳”的困境，促进经济的良性循环，以美、英为首的西方各国政府都积极地进行国家行政改革。美、英发达国家的基于新自由主义理论实施的行政改革具体内容大致如下：精简政府机构，削减公共财政支出，倡导地方分权化的管理体制，减少政府对经济活动的干预，鼓励民间以及私人企业通过市场化竞争来提高经济运行的效率。

长期以来，日本政府在政治上倚重日美联盟，强力推行“唯美国马首是瞻”的外交政策，有着根深蒂固的“脱亚入欧”的思维。在行政改革主要内容和总体发展态势方面，日本也与美、英等发达国家保持了步调一致，基本上体现了一种私有化、市场化、自由化的改革趋势。1982年，极力推崇新自由主义的中曾根康弘就任日本第二十八任首相，标志着新自由主义政治势力在日本国内地位的提升和话语权的扩大。中曾根内阁奉行“小政府、民营化”的新自由主义经济路线，在政府财政赤字巨大和经济衰退的国内形势下，要求采用市场原理即自由化、竞争化和民营化以实现经济的复兴。①这一路线反映在经济领域的改革举措是将国铁、电信、烟草三大公社民营化，在教育领域的体现是倡导自由化、个性化和国际化。

为了更好地贯彻新自由主义的改革主张，1983年，中曾根设置了作为首相私人咨询机构的“关于文化和教育的恳谈会”。其后，又于1984年，依据《临时教育审议会设置法》设置了首相直辖的正规的教育改革咨询机构——临时教育审议会（1984—1987）（以下简称“临教审”），开始规划面向21世纪的教育改革政策。中曾根聘请教育界、经济界以及舆论界赞同新自由主义改革主张的权威人士担任临教审的委员，以便于达到其改革的目的。②临教审接受首相题为“为使教育适应我国社会变化和文化发展而进行的各项改革的基本方针”的咨询，在其存在的三年内，共提交了四份咨询报告。临教审关于教育改革的四份咨询报告内容涉及对大学升学竞争的缓和、教育资源的合理配置、教育自由化以及教

---

① 小島恒久.総選挙闘争勝利に立ち上がろう—新自由主義路線からの転換を—［J］.社会主義，2009（8）.

② 黒沢惟昭.大学の個性化と総合化—公正な競争とコンソーシアム構想—［J］.長野大学紀要，2010（12）：47—61.

育国际化等社会热点问题。咨询报告对中央集权型的教育行政的僵化弊端和学校教育的划一性、刻板性和封闭性进行了强烈的批判，要求通过市场竞争原理尽可能地把国家对公共教育的管制控制到最低程度。此外，咨询报告还认为大学教育缺乏个性，教育和研究水平不高，鲜少获得国际上的高度评价。学术研究往往只注重应用科学和技术科学，与西方发达国家相比，在纯理论学科和基础学科的研究上贡献甚少。①由于临教审直接隶属于首相，其所公布的一系列教育改革方案具有改革力度大、涉及面宽和政策性强的特点，直至今日仍深深影响着日本的教育改革。

临教审所采用的政策理念是新自由主义，并把新自由主义运用到教育之中。临教审为日本“第三次教育改革”确定了改革基调，即倡导教育自由化论，主张实现教育的“自由化”“个性化”与“多样化”。其中，所谓教育的“自由化”就是将市场的自由导入教育之中，并积极推广。中曾根政权下的临教审时期是日本教育中新自由主义的开始时期，现行的日本新自由主义教育改革的思想路线实际上在1984年临时教育审议会时期就已基本形成，只是由于时机和条件尚不成熟而未进入实质性的推行阶段。日本学者黑泽惟昭认为，直到小泉内阁时期（2001—2006），日本教育改革中的新自由主义思想才真正得到贯彻落实。②

临教审的新自由主义教育改革构想被此后的历届内阁沿袭，教育政策中的“市场化”色彩也越来越浓重。2000年，时任首相的小渊惠三设置了“教育改革国民会议”咨询机构，它与文部省的中央教育审议会一同继续为日本教育改革的进一步深入设计蓝图。这一时期的教育改革在进行公共教育领域的精简和引入竞争原理等方面的步子迈得更大。“临教审”提出的教育改革思路在世纪交替之时得到了具体贯彻，意味着20世纪90年代中期日本政府的基本改革思路正是新自由主义改革主张的进一步深化。尽管新自由主义所提倡的“小政府”、效率、竞争和市场化，给日本在第二次世界大战后建立起来的以平等、民主、福利为特点

---

① 文部科学省.学制百二十年史［第三編 第一章 第三節 三臨時教育審議会の答申］［EB/OL］.［2016-03-12］http: //www.mext.go.jp/b_menu/hakusho/html/hpbz199201/hpbz199201_2_061.html.

② 黒沢惟昭.教育における新自由主義－（1）はじまりとしての臨教審－［J］.社会主義，2009（9）：90.

的社会体制带来了极大冲击，并因此而遭到了不少社会有识之士的质疑甚至反对，但是，在产业界的大力支持和鼓动下，日本政府强力推进这一改革并使之成为一种不可逆转的趋势。①新自由主义教育改革要求为地方教育行政部门乃至学校松绑，要求减弱中央教育行政的控制力量，要求引入市场原理和竞争机制，这是对长期以来日本教育僵化死板、故步自封的一种历史性反动，是新的历史条件下社会经济发展对教育提出的新要求，并且已经成为21世纪初日本教育改革继续坚持的基本方向。②

四、战后第三次国家行政体制改革的压力

从20世纪80年代开始，全球化、信息化与国际竞争加剧的时代背景以及政府自身面临的财政、管理与信任危机，使西方国家政府受到前所未有的挑战，要求政府改革的呼声此起彼伏。在这种情况下，以官僚制为基础的传统公共行政模式在经历了将近一百年的辉煌之后，于20世纪70年代遭到了普遍的质疑和批判。为迎接挑战、走出危机，英国、美国、澳大利亚、新西兰等西方发达国家掀起了一场以“新公共管理”为实践模式的政府改革运动。这场改革运动在20世纪90年代迅速扩展到几乎所有发达国家。各国的改革在广度、深度和成效方面虽然存在差异，但都涉及公共管理模式的根本性变革，即表现形式都是对传统公共行政模式的否定，改革的目的都是要寻求替代官僚制组织的政府治理模式，并且都是以政府职能的市场化作为改革的基本取向。

从20世纪60年代起，行政改革就成为日本历届内阁的重要议题。为此，日本政府聘请政府内外的权威人士、专家、学者组成独立于政府之外的专门机构，进行调查研究，提出改革意见或设计改革方案，并设立了“第一次临时行政调查会”（1962—1964）和“第二次临时行政调查会”（1981—1983），作为总理大臣的咨询机构，设计行政改革方案。虽然这两次改革在一定程度上缓解了战后多年维系下来的“官僚主导

---

① 李协京.新自由主义和新保守主义路线指导下的日本教育改革［J］.教育研究，2005（8）：78—84.

② 高益民.日本教育改革的新自由主义侧面［J］.清华大学教育研究，2002（6）：49.

型"政府管理体制带来的"制度疲劳"，但是，"制度疲劳"带来的深层次"危机"尚未得到彻底解决，特别是进入20世纪90年代以来，伴随着泡沫经济的破灭，日本陷入了战后最严重的经济萧条之中，政府为振兴经济而采取的一系列对策频频失灵，难以挽回经济衰退之颓势。同时，又受到经济全球化带来的强烈冲击。在此"内忧外患"之下，迫使日本政府开始正视和反省现行行政体制的种种弊端。

1996年年末，时任日本首相的桥本龙太郎成立了行政改革委员会，设置了作为首相直属机构的行政改革会议，以协助首相确定行政改革的最终方案。行政改革会议主要针对行政、经济结构、金融系统、财政结构、社会福利结构、教育等六大支柱进行了改革蓝图的规划。这场改革的具体举措大都是参照西方发达国家改革的经验而实行的，其基本理论依据是新自由主义和新公共管理主义。这场行政改革坚持以下"四项原则"：确立政治主导体制、排除纵向分割体制的弊端、提高行政的透明度和责任性、压缩行政编制。

21世纪初的这场全方位的声势浩大的行政改革从策划到实施经历了从桥本内阁、小渊内阁、森内阁到小泉内阁等四任内阁。1997年第二届桥本内阁出台"财政重建计划"，提出了六大改革目标，重申"规制缓和"改革、地方自治制度以及民营化方案等改革措施，制订了面向新世纪行政改革的基本方针，标志着自20世纪60年代以来酝酿已久的日本行政改革总体方案的完成。1999年，小渊内阁推进了行政改革的法制化进程；2001年1月6日，森内阁宣布日本新中央省厅制度正式启动，意味着日本"史上最大规模、最彻底"的国家行政改革自此正式拉开序幕；同年5月，小泉内阁延续桥本行政改革的路线和方针，在新自由主义理论的基础上，采用基于市场竞争原理的经济政策，紧缩财政，削减社会公共福利开支，对整个日本社会进行了"构造改革"，开始了将各项改革措施落到实处的努力。

教育改革不是仅仅孤立地存在于教育领域中，而是与社会的政治、经济等领域的整体改革相伴而行的，教育改革是社会整体改革中的一个组成部分。日本"第三次教育改革"所表现出的新自由主义的倾向，就充分证明了教育改革同政治改革、经济改革密不可分的关系。由于日本政府在这场行政体制改革中采取了诸如精简政府机构、缩小国家公共财政规模、地方分权管理、市场化运作等措施，因此被视为新自由主义式的改革。教育作为与其他领域相配套的一体化的改革领域之一，也受到整体改革的指导思想和基本路线的影响，以建立自由竞争为主体的教育体制为目的，不折不扣地遵循了新自由主义的路线。①在此以小泉内阁时期的教育改革为例，小泉内阁认为教育政策应在政府整体经济政策的主导之下，其对于教育领域的改革并非是出于教育论的立场，而是在延续自民党政权下的教育方针的基础上，把教育改革作为政府整体“构造”改革和缓和政府管制的改革的一部分来定位的，并在缓和政府对具体教育政策管理的限制的同时，提出了以市场竞争原理来评价和改革公立教育的改革方针。

同一时期，欧美诸国教育改革主要改革理念中的市场化观念也不可避免地影响到日本高等教育领域，“开放”与“竞争”逐渐成为日本高等教育改革的主轴，日本政府从缓和管制和导入市场竞争机制两方面着手推动教育改革。就教育改革中涉及高等教育领域的改革内容而言，桥本内阁倡导的这场富有浓厚的新自由主义色彩的国家行政体制改革凸显的焦点，是为促进大学自主性和自律性而计划实施的国立大学的独立行政法人化改革。日本政府效仿英国撒切尔政府的行政改革，引进“独立行政法人”的概念，提出国立大学法人化和民营化政策构想，实现国立大学“由官向民的转变”，寄希望于通过国立大学法人化改革使教师脱离公务员身份，达到削减教育公务员编制的目的。改革中还提及改变以往根据大学的设置形态进行“差别化”财政支援的政策，引进“第三方评价”制度并逐步过渡到事后的评价与检查，由第三方机构来对大学的教育研究的实际业绩进行绩效评价，并推行资源配置与评价考核结果“挂钩”的竞争性政策，以及将评价结果、财务内容、教育研究等信息予以公开。总之，伴随着新自由主义思潮的兴起，日本出台的一系列教育政策逐渐倾向于提倡效率、竞争、自由化、市场化以及地方分权化。

在以上诸背景下，2001年6月，日本文部科学省正式提出了《大学（国立大学）结构改革方针》（以下简称《方针》），全面阐述了面向21世纪日本高等教育改革的总体方针与具体内容。《方针》指出，“迈入21世纪，对于以人才教育文化大国和科学技术创造立国为战略发展目标的日本来说，大学在传承与创造知识上的作用极为重要，因此以大学作为

① 李协京.新自由主义和新保守主义路线指导下的日本教育改革［J］.教育研究，2005（8）：78—84.

原点，制订谋求经济复苏的结构改革计划是十分必要的”。①该方针是继大学审议会时代（1987—2000）倡导教育研究高度化、高等教育个性化、组织运营活性化三大改革旗帜下，在对各项制度进行大纲化、弹性化改革基础上的一项与时俱进的发展举措。

《方针》的副标题明确地突出“创建富有活力和国际竞争力的国公私立大学”，以期实现人才大国、科学技术创造立国的既定国家战略发展目标。为推进大学改革，《方针》提出以下三项新的高教改革举措：（1）推进国立大学的重组与合并，大幅度削减大学数量。其目的在于注重以全方位视角最大限度地有效利用人力、物力、财力资源，实现国立大学整体的再生和飞跃；（2）引入民间经营体制，实现国立大学的法人化。这是依据市场化原理导入民间经营体制、扩大大学自主权的高等教育新经营手段。建立以市场机制为导向的教育体制是此次日本大学结构改革的真意；（3）通过引入竞争机制、导入第三方评价体系，提升大学的国际竞争力，实现建设具有世界最高水平的大学的“国公私TOP30方案”。其中，与创建大学卓越研究中心政策密切相关的内容就是将评价结果与资金交付相结合的竞争性政策，减少公共财政拨款，增加竞争性科研经费，对国立大学、公立大学、私立大学通过中立机构的绩效评价实行倾斜式的重点科研项目优先拨款。由此，在公共财政资助的范围被逐步缩小和被逐步推向“自主经营、自负盈亏”的背景下，科研竞争力日益成为日本大学“再生”与发展的关键要素。

五、基础科研能力相对薄弱与科技体制改革滞后

（一）基础科研能力相对薄弱

第二次世界大战后初期，日本作为经济技术后进国，采取了“拿来主义”的技术引进战略，把引进欧美经济技术先进国的优秀科技成果作为本国技术进步的捷径，把研发重点放在应用研究和开发研究上，走出了一条实用主义的科技发展道路。凭借这种科技发展战略，日本经济经历了恢复、调整、高速增长期，于20世纪80年代达到鼎盛，仅用20余

① 文部科学省.大学（国立大学）の構造改革の方針—活力に富み国際競争力のある国公私立大学づくりの一環として—［EB/OL］.［2016-03-12］http：//www.mext.go.jp/b_menu/houdou/14/01/020199.htm.

年的时间就实现了向经济大国、科技强国的飞跃，完成了“赶超”。但是，好景不长，从20世纪80年代末起，日本经济开始进入漫长的停滞期，不仅如此，20世纪90年代甚至出现了负增长。曾经风光无比的适应于工业经济时代的“模仿赶超型”经济发展模式已经无法维持经济的持续增长态势，政权的频繁更迭也并未有效地遏制住经济下滑的趋势，历任内阁面对如此复杂、棘手的国内经济状况也回天乏术。

究其根本，原因在于日本长期奉行的实用主义的科技发展路线。一直以来，日本经济大国地位的获得和迄今为止的技术革新，始终是建立在引进欧美发达国家科技成果、支付廉价专利使用费的基础上的，实行的是科技追随型发展战略。①日本采取的技术发展路线都是在引进他国知识和技术的基础上开展进一步的技术开发和应用研究，对具有探索性、风险性特点的基础科学研究缺乏兴趣和耐力。这种科技政策利弊兼存。其优点是帮助日本短期内实现向经济大国的跨越，带来日本经济的崛起；其隐患与弊端是导致日本基础研究、前瞻性研究的落后和自主开发能力的低下，科技发展潜力不足，不利于经济的长期发展。在创新已经成为时代主旋律的今天，这种科技发展战略已经走入穷途，只有依靠自力更生，致力于独创性高新科技研发，才能从容响应时代的召唤。

（二）科技体制改革滞后

从技术引进到自主创新，日本的技术创新体系面临着发展模式的转变。但是，日本科技行政管理体制积弊丛生，制度创新滞后于技术创新，成为阻碍技术创新的主要因素。

日本的科学技术研究机构从设置类型和组织主体上来说，大致可以分为“官”“产”“学”三大系统。其中，“官”是指由政府和地方设立的国立、公立实验研究机构和法人研究机构（包括独立行政法人研究机构和特殊法人研究机构），主要从事应用研究为主的经常研究和应社会经济发展急需而实施的“特别研究”；“产”是指企业内的附属研究开发机构和由民间（私人企业）自主创建的专门研究开发机构，主要从事以产品开发和应用技术研究为主的科研活动；“学”是指大学（包括研究生院）附属科研机构，主要从事基础科学研究，并应社会的要求，也从事一部分特别研究、特定研究、综合研究和试验研究等。此外，日本

① 吴忠魁.论知识经济与九十年代日本大学的科研［J］.比较教育研究，1999（5）：7—12.

还存在一种具有特殊法人地位的专门研究开发机构。这种机构由政府和民间共同出资设立，主要从事大规模的、复杂的、长期的、先导性基础研究开发。如日本原子能研究所、宇宙开发事业团、海洋科学技术中心等。①

日本的科学研究管理开发体制属于“民间主导型”，科研活动大部分是在产业部门进行的，大学并不是科研活动的“主战场”。日本政府在技术研发过程中重视政策引导，其总体指导思想是把研究重点集中放在短期内能够获取巨大经济效益的科研领域。这种“自上而下”政府主导型科研模式再加上“民间主导型”科研管理开发体制，直接导致日本的科研活动具有较强的应用性质，科学研究的天平向与产品生产密切相关的、容易产生经济效益的实用技术的研发倾斜，而对于那些高费用、高风险、高难度的基础研究避之唯恐不及。由此，日本政府的“短视”行为使得周期长、见效慢间或存在巨大风险又难以在短期内产生经济效益的基础科学研究在日本长期备受冷落。自1999年以来，日本每年的科研经费投入总额占国民生产总值的比重一直保持稳中有升的趋势，居于世界领先水平。以日本总务省统计厅2010年度实施的全国科学技术研究调查统计数据为例，2009年度日本全国整体的科学技术研究经费为172 463亿日元，占国内生产总值（GDP）的3.62%，位居世界之首。②但是，如果对科研经费来源渠道和组成结构做进一步剖析的话，我们会发现日本在科研经费的投入上与欧美诸国之间存在着较大的差距。在日本全国整体的研究经费中，国家及地方公共团体的投入为34 957亿日元，占研究经费总额的20.3%；以企业为主体的民间的研究开发投入为136 825亿日元，占研究经费总额的79.3%。③一般地说，国家及地方公共团体的科研经费投入多用于支援大学和国立、公立研究机构从事基础理论研究。因此，一国的政府科研经费占科研经费总额的比例

---

① 米建国. 日本的科研体制与科研重点［J］. 现代日本经济，1985（4）：20—22.

② 総務省統計局・政策統括官（統計基準担当）・統計研究所. 平成22年科学技術研究調査結果の概要［EB/OL］.［2016-03-14］http：//www.stat.go.jp/data/kagaku/2010/22gaiyo2.htm.

③ 総務省統計局・政策統括官（統計基準担当）・統計研究所. 平成22年科学技術研究調査結果の概要［EB/OL］.［2016-03-14］http：//www.stat.go.jp/data/kagaku/2010/22gaiyo2.htm.

过低，意味着该国政府对基础研究投入偏少。这一点可以从下面的一组数据得到证实，从2009年度国家整体研究经费来看，开发研究经费为96 404亿日元，占研究经费总额的60.8%，应用研究经费为38 373亿日元，占研究经费总额的24.2%，基础研究经费为23 877亿日元，占研究经费总额的15.0%。大学中基础研究经费为12 254亿日元，占研究经费总额的54.1%；应用研究经费为8 308亿日元，占研究经费总额的36.7%；开发研究经费为2 097亿日元，占研究经费总额的9.2%。①

此外，“官”“产”“学”三大科研系统分属不同的管理机构。2001年以前，国立、公立实验研究机构和具有特殊法人地位的专门研究开发机构根据各自研究目的的不同，分别归属科学技术厅、通产省、农林水产省和其他省厅管辖，其工作通常受相应省厅的领导与监督，其任务和研究范围与相应省厅的职能基本保持一致；企业内的附属研究开发机构和由民间（私人企业）自主创建的专门研究开发机构归属各企业管辖；大学则归属文部省管辖。就具体负责的行政事务而言，科学技术厅统筹管理全国的科研事务，包括制定政策、编制计划、提出议案、实施综合行政措施等；通产省、农林水产省及其他省厅则在各自管辖范围之内，通过各种研究制度，推进相应领域的研究活动；文部省主管学术研究，日本大学的学术研究一方面在行政上处于文部省的直接管辖之下，另一方面，在宏观调控上间接地受到科学技术厅的大政方针的指导。此外，对国家科学研究活动产生重大影响力的科学技术政策是从首相主导的科学技术会议中产生的，负责该会议的事务工作以及向各研究单位分配科研经费等事宜的是科学技术厅。

日本科技行政管理部门职能交叉、政出多门、多头管理，这样的体制导致这三大科研系统无论是在组织形式上，还是在专业领域内，都缺少合作的长效机制。同时，科学技术会议和科学技术厅在政策协调方面也缺乏系统性、连贯性和综合性。长此以往，这种落后的科研管理体制既不利于研究交流和创造性人才的培养，也不利于尖端性基础研究活动的开展。经济的竞争，归根结底是科学技术的竞争，特别是高新技术的竞争。日本既缺乏基础研究、应用研究、开发研究三位一体的技术开发

① 総務省統計局・政策統括官（統計基準担当）・統計研究所. 平成22年科学技術研究調査結果の概要［EB/OL］.［2016-03-14］http://www.stat.go.jp/data/kagaku/2010/22gaiyo2.htm.

体系，也缺乏独立创造新技术的能力，故而难以保持本国经济的可持续发展。为国家的利益而开展的带有功利主义、实用主义色彩的科学研究活动最终导致日本的基础性、前瞻性和独创性的研究与欧美经济发达国家之间拉开了差距，并日益成为阻碍日本民族理论思维水平和国家竞争力进一步提升的重要因素。

可以说，20世纪80年代末至今的经济衰退是重“技”轻“科”的日本早前埋下的“祸根”。

面向21世纪，针对基础科研能力薄弱与科技体制改革滞后的现状，日本政府出台了一系列振兴科技的政策，开始对科技体制进行全方位改革。

除以上影响政策出台的动因外，日本社会日趋严重的“少子化”现状也给日本的高等教育带来了严重冲击。日本高等教育进入普及化阶段后，升学率持续走高，高等教育机构之间的生源竞争日趋白热化。与之形成鲜明对比的是，“少子化”现状带来的接受高等教育的适龄入学人口的逐年递减。为化解“生源危机”，确保生源充足，从而维持正常的办学秩序，各类高等教育机构通过各种方式来吸引学生，降低入学门槛成为竞争实力薄弱大学的“下下策”。此举成为高等教育质量下滑的直接诱因。为了解决此类危及高等教育发展根基的质量下滑问题，同时，也为了拯救已陷入或即将陷入倒闭窘境的高等教育机构，日本政府遵循市场原理，重视自由竞争，展开了一场以“竞争和开放”为基调的高等教育改革，以多项举措来确保高等教育质量得以提升。“21世纪COE计划”就是诸多措施中的重要一项。

第二节　日本创建世界一流大学卓越研究中心政策的历史沿革

纵观日本政府围绕创建世界最高水平的大学卓越研究中心而出台的一系列政策，可以看出其政策决策是一个不断修正的渐进式过程，不同的历史时期出台的政策之间存在着一定的内在逻辑关系与延续性。笔者以“卓越研究中心（COE）”计划（1995—2001）、“国公私TOP30方案”、“21世纪COE计划”（21st Century COE Program，21世纪卓越研究中心计划，2002—2006）和“全球COE计划”（Global COE Program，全球卓越研究中心计划，2007—2009）以及“世界顶尖研究中心建设计划”（World Premier International Research Center Initiative，简称WPI，2007年）为例，考察日本创建大学卓越研究中心政策的历史沿革，预测其未来走向。

一、建设“卓越研究中心（COE）”计划

日本政府关于创建大学卓越研究中心的动议，最早可以追溯到1992年7月文部省隶属审议机构学术审议会提交的题为“关于展望21世纪学术研究的综合推进方案”的咨询报告。该报告结合世界研究动态和日本研究现状，从长远和全局的观点出发，就完善和健全研究体制、扩充研究经费、培养研究后备力量、实施学术研究的整体建设与重点推进相结合、推进学术研究的国际交流等方面进行了综合阐述。报告指出，“为了推进富于创造性的世界最尖端的学术研究，在高水平的研究环境下集结处于研究第一线的研究人员，以谋求科学最前沿的研究信息和独创性创意的交流一事，极其重要”。基于此观念，报告首次提出“创建COE势在必行”的建言。①

1995年7月，学术审议会召开第83次全体会议，向文部大臣提交了《关于建设卓越研究中心（COE）》的建议。文部省采纳该建议后，在1995年度的财政预算中创设了COE建设经费。尔后，学术审议会正式开始实施“建设卓越研究中心（COE）”计划。此举标志着日本大学学术研究发展方向开始向注重创造性与卓越性、追求高度化和国际化方向转变。该计划旨在推动富于创造性的世界最尖端学术研究活动的深入展开，大学及大学研究生院成为此项目的主要资助对象。

所谓“COE”，即“Center of Excellence”的缩写，可译为“卓越研究中心”“英才培养中心”或“重点科研基地”。根据1995年7月学术审议会给出的界定，“COE”是“旨在推进富于创造性的世界最尖端学术研究的卓越研究中心”。其主要特征归纳如下：（1）在有关领域拥有举世公认的世界一流的研究成果；（2）在有关领域拥有世界一流的研究

① 文部科学省.21世紀を展望した学術研究の総合的推進方策について（答申）［EB/OL］.［2016-03-14］http://www.mext.go.jp/b_menu/shingi/gijyutu/gijyutu4/toushin/06012010/010.pdf.

人员，尤其是卓越的学术带头人；（3）设施设备先进、精良、完备；（4）利用实时处理手段传递国内外最新信息，成为国家有关领域的信息中心；（5）具有完备的对上述（3）、（4）两项的研究支援体制；（6）对外开放，特别是对国际开放；（7）学术交流频繁、活跃；研究人员流动性强，且充满活力。①被纳入COE的研究组织依据其研究领域和研究活动的状况，涉及大学及大学研究生院内部的讲座与研究部门、专业、学科、研究科、研究所、研究中心、研究设施和相关的研究组织网络等。根据COE组织的性质，大致可分为以下几种类型或模式：（1）组织结构明确且规模较大的、独立的研究组织机构；（2）由多个研究机构松散联合而成的研究联合体；（3）以著名学者为核心汇集起来的团队型的研究机构；（4）以设施、设备的共同利用为基础而组织起来的合作研究机构。②

COE建设计划由“核心研究基地建设计划”“研究环境高度化支援计划”“核心研究机构支援计划”组成。其中，“核心研究基地建设计划”针对能够进行国际高水平的研究活动，以及在特定研究领域具有作为核心科研基地发展可能性的、以一流科研人员为中心的研究组织；“研究环境高度化支援计划”通过对在国际最尖端研究领域已取得杰出成果的研究机构采取重点扶植的措施，加大对其设施设备等研究环境的整建力度，以增强其对国内外研究人员的吸引力，帮助其在该领域成为世界一流的科研基地；“核心研究机构支援计划”是为进一步提高在特定的研究领域、已经具备作为COE条件的研究机构和要求成为COE的研究机构（如大学共用机构、全国共用的大学附属研究所等）的科研水平而制订的扶植计划。③

作为COE建设计划的配套措施，文部省在1995年的预算中设立了COE建设经费，采取了集中性、重点性资源配置政策，强调要在一定时期，集中和重点分配研究费和设施设备费等。支援COE建设的经费包括

① 聂长顺.日本高校COE建设述评［J］.外国教育研究，1998（4）：44.

② 文部科学省.平成9年度我が国の文教施策［第1部第2章第2節1—卓越した研究拠点—センター· オブ· エクセレンス（COE）—の形成］［EB/OL］.［2016-03-14］. http：//www.mext.go.jp/b_menu/hakusho/html/hpad199701/hpad199701_2_025.html.

③ 吴忠魁.论知识经济与九十年代日本大学的科研［J］.比较教育研究，1999（5）：10.

研究经费、设施设备费、特别研究员及外籍特别研究员经费、国际学术研讨会等会务经费等。1996年度，COE建设计划预算总额为113.68亿日元，1997年度COE建设计划预算总额为134.54亿日元，比上年增加20.86亿日元。①

20世纪90年代中叶开始的COE建设计划作为“21世纪COE计划”的雏形，无论是在机构设置的规模上，还是文部省的科研经费拨付金额上，都无法与后者相提并论。COE建设计划的实施对象集中于大学及其附属研究所，明显区别于“21世纪COE计划”主要针对具有博士授予权的专业与学科的做法。此外，COE建设计划也没有明确的学科领域区分。

二、国公私TOP30方案

2001年6月，文部科学大臣远山墩子向第十次经济财政咨询会议提交了“大学结构改革方针”，其后获审议通过。“国公私TOP30方案”是《大学（国立大学）结构改革方针》中的重要措施之一。所谓“国公私TOP30方案”是日本政府在世纪之初为创建世界最高水平大学而提出的一个十年规划。其具体内容是：日本政府计划于2002年斥资182亿日元，对开设博士课程的国立、公立以及私立大学的研究生院进行综合评价，并从中确定30所（约占日本大学总数的5%）在科学研究和人才培养方面具有巨大发展潜力的大学，根据日本各大学的特色按照“研究中心”和“教育中心”的分类方式进行划分，分别在财政预算分配上给予重点倾斜扶助，今后十年之内建成30所世界最高水平的大学。

该方案一经公布，即刻在社会各界引起强烈反响，招致许多大学的“反弹”与“炮轰”，直指政府此举意在“对大学排序定位”，“进一步巩固‘分栖共存生态’②”，“有偏袒科研实力雄厚的老牌国立大学之嫌，

① 文部科学省.平成9年度我が国の文教施策［第1部第2章第2節1—卓越した研究拠点—センター· オブ· エクセレンス（COE）—の形成］［EB/OL］.［2016-03-14］. http：//www.mext.go.jp/b_menu/hakusho/html/hpad199701/hpad199701_2_025.html.

② 日文是“棲み分け理論”，是由日本生物学家今西锦司提出的概念，即两种或两种以上生活方式类似的生物个体，合理分享各自的活动时间及栖息场所的一种共同生存的状态。在此意指避免竞争、共同生存的一种方式。

不利于地方性公立大学以及私立大学的发展”，等等。由于日本国立、公立、私立大学职能定位的侧重点各不相同，如果仅按照大学的综合实力来遴选重点扶持对象，很容易抹杀掉地方性公立大学和私立大学的个性特色，而这恰恰又是它们能够为地域社会做出特殊贡献的关键所在。因此，鉴于社会各界众说纷纭，日本文部科学省将“国公私TOP30方案”改称为“21世纪COE计划”，并对原方案内容进行了部分调整和修正。例如用项目竞标方式取代指定机构方式，由重点资助建设30所大学调整为采取甄选优秀研究计划、重点资助学科建设的方式。同时，该计划还引入了竞争机制，不论大学的“出身”与归属，所有具有博士生培养资格的大学都可以参加COE申报，都需要通过竞争来获取政府的财政支持。这种政策的变更与调整，不仅有利于为大学之间公平竞争创造良好的环境，促使各类大学在同一起跑线上公平参与竞争，而且还提高了国家教育经费的使用效率。

三、“21世纪COE计划”与“全球COE计划”

为了推进具有国际竞争力的世界最高水平大学的确立，日本政府从提升本国国际竞争力的迫切需求出发，结合本国高等教育的发展实际，由文部科学省于2002年出台了“21世纪COE计划——为了形成世界性研究教育基地而实施的重点支援项目”。该计划以《大学结构改革方针：作为构建充满活力、富有国际竞争力的国、公、私立大学的一环》（通称“远山计划”，2001年）为政策依据，作为文部科学省的“卓越研究中心建设费补助基金制度”的一项改革措施，于2002年起正式开始实施。“21世纪COE计划”（2002—2006）通过对建设具有世界最高水平的研究和教育基地进行重点资助的方式，在日本高校中营造竞争型学术氛围。

在“21世纪COE计划”取得积极成果的基础上，日本政府于2007年启动“全球COE计划”，“全球COE计划”继承了“21世纪COE计划”的基本思路和理念，其目的是进一步深化国际“最高水平的研究”和“具有前沿性的研究”，加强对具有国际引领作用的独创性研究领域的年轻科研人才的培养。“21世纪COE计划”和“全球COE计划”是日本政府为建设具有世界最高水平的大学，培养创新型学科带头人而实施的一项重大举措，同时也是大学改革的催化剂。该计划在国立、公立、私立大学公平竞争的基础上，依据独立于政府和大学之外的第三方评价机构对各大学的绩效评价考核的结果，选择科研实力雄厚的学校及其具有发展潜力的优势专业或科研项目，通过倾斜式的资源分配方式，拨发科研资助经费进行重点资助与扶持。其最终目的是通过建设若干个世界最高水平的研究中心来引导和促进有关大学发挥自身优势、个性和特色，使其成为富有国际竞争力、具有独特个性的世界最高水平大学。① 政府把有限的科研经费用于具有国际最高水平领域的研究，意图稳固日本在日趋激烈的国际竞争中的“科研领头羊”的地位，同时，推动日本高科技产业“市场化”的步伐，尽快摆脱经济低迷的局面。

四、世界顶尖研究中心建设计划（WPI）

经历过20世纪90年代后漫长的经济停滞期，日本开始寻求各种途径谋求本国经济的复苏和发展。在日本，包括政府、学术界以及产业界在内的各个领域，普遍认为创新是提高社会生产力、保持强劲的经济增长率的原动力。2006年，时任日本首相的安倍晋三在发表首次施政演说中提出了“创新25”（Innovation 25）计划。作为一项长期的战略目标，其目的是在日本步入少子老龄化社会的情况下，通过技术革新实现经济增长，利用创新政策为日本经济注入新的活力。日本政府认为“为提高日本的总体科技水平和创新能力，以技术革新引领和支撑经济社会的可持续发展，必须大力促进日本基础研究机能，强化国际竞争力”②。

在上述背景下，根据第三期《科学技术基本计划》（2006—2010）和“创新25”计划，日本文部科学省于2007年推出了“世界顶尖研究中心建设计划”（World Premier International Research Center Initiative, WPI），开始集中力量建设和重点资助一批以高水平研究者为核心的世界顶尖研究据点。该计划的目标是“通过导入系统改革等强化研究团队的自主性、配合性，进而推动研究水平进一步提高的同时，从世界各地吸

---

① 独立行政法人日本学術振興会.21世紀COEプログラム［EB/OL］.［2016-03-14］http：//www.jsps.go.jp/j-21coe/index.html.

② 文部科学省.第３期科学技術基本計画（平成１８～２２年度）の概要［EB/OL］.［2016-03-14］http：//www.mext.go.jp/a_menu/kagaku/kihon/main5_a4.htm.

引和招揽活跃在科研第一线的研究者们加盟，建立具有优越研究环境和高研究水准的‘可视化’中心”。同时，“把世界顶尖研究据点建设成为聚集世界“优秀头脑”，创造优秀研究成果，培养造就优秀人才的摇篮”①。

“世界顶尖研究中心建设计划”的资助对象是大学、大学共同利用机构法人、独立行政法人及公益法人。计划执行期限一般为10年。但是，对于做出特别优异成绩的研究据点，如有重大发明创造或重大技术革新等，资助年限由10年延长至15年。在资助开始5年后对该据点的科研活动业绩进行中期评价，依据评价结果决定研究计划的变更、终止等。该计划的目标是在未来10—15年内，创建5个世界顶尖研究据点，对每个基地投入的研究资助经费平均每年约为14亿日元左右。

“世界顶尖研究中心建设计划”的资助学科领域是聚集了世界顶尖研究团队的基础研究领域（含着眼于未来应用的基础研究），原则上以两个或两个以上的跨学科研究领域为资助对象，鼓励“异领域融合研究”。具体的学科领域是生命科学、化学、材料科学、电子工学·信息学、精密·机械工学、物理学、数学等。2007年度，作为日本全国五个基地之一的东北大学原子分子材料科学高等研究教育机构（WPI—AIMR）就汇集了材料科学、物理学、化学、机械工学及电子工学等领域活跃在科研实践第一线的研究人才，在不同领域融合及交叉的基础上，采用超越以往传统概念的崭新原子分子控制法来创造出新物质、新材料，并用其开发出设备及构建材料系统以此将其利益反馈给社会，从而将研究基地建设成为世界独一无二的国际材料科学研究基地。

“世界顶尖研究中心建设计划”聘请世界顶级研究者为中心负责人，在其麾下聚集高水平研究人员，形成以优越的研究环境与高水准的研究为荣耀的世界顶尖研究据点。该计划对研究据点的人员构成做出了如下规定：（1）聚集世界最高水平的研究人员或主任研究员（教授、准教授）10～20名；（2）含博士后等年轻研究人员在内的研究人员、研究助理、事务人员等共计200名左右或更多；（3）研究人员中30%以上应为外国研究者；（4）过半数的主任研究员应是满足下列指标的世界顶尖研究人员：具有国际影响力；获得大型竞争性资金资助项目；较高的论

① 文部科学省.世界トップレベル研究拠点プログラム［EB/OL］.［2016-03-14］http：//www.mext.go.jp/a_menu/kagaku/toplevel/index.htm.

文引用率。该计划同时还对研究环境作出了严格的规定：（1）减免研究人员研究以外职务的同时，充实支援管理事务的员工职能，创造并提供使得研究人员能专心科研的环境；（2）博士后原则上要在国际范围内征集招聘；（3）研究据点内含事务部门在内的官方语言为英语；（4）在研究成果方面，导入基于严格绩效评价的薪酬机制；（5）定期召开聚集世界顶尖研究人员的国际性研究集会；等等。

“世界顶尖研究中心建设计划”于2007年度首次开展世界顶尖研究据点的申报和遴选工作，共有22家研究机构提交了33项申报，结果有5家研究机构的5项申报获批，审批通过率为15.2%。获批WPI的研究机构分别是东北大学的原子分子材料科学高等研究教育机构（AIMR）、东京大学的“数物合作宇宙研究机构”（IPMU）、京都大学的物质细胞统合系统研究据点（iCeMS）、大阪大学的免疫学尖端领域研究中心（IFReC）、独立行政法人物质材料研究所的国际纳米科技研究中心（MANA）。①2010年，文部科学省从引领世界环境领域技术革新的视角出发，在被寄予对低碳社会做出贡献的环境领域，就扩充一个新研究据点开展申报和遴选工作，共有9家研究机构提交了9项申报，结果只有九州大学的“碳中和·资源研究据点构想”成为唯一入选的项目，审批通过率为11.1%。②

该计划自2007年实施以来，共计投入248.42亿日元资助经费支援世界顶尖研究据点的建设。此外，2008年度还对研究活动受到高度评价的东京大学与京都大学在原有资助金额的基础上各自增加了5 000万日元的资助。③2007年度入选该计划的5家研究机构，通过良好的运营机制、稳定的经费支持、国际化的研究环境建设、公平公正的国际招聘规则、能力导向的薪酬制度等，使一批国外顶尖的科学家和青年研究人员

---

① 文部科学省.平成19年度世界トップレベル研究拠点プログラムの採択拠点の決定について［EB/OL］.［2016-03-14］http://www.mext.go.jp/b_menu/houdou/19/09/07091102.htm.

② 文部科学省.平成22年度世界トップレベル研究拠点プログラムの採択拠点の決定について［EB/OL］.［2016-03-14］http://www.mext.go.jp/b_menu/houdou/22/07/1295133.htm.

③ 文部科学省.平成21年度世界トップレベル研究拠点プログラムフォローアップ報告書［EB/OL］.［2016-03-14］http://www.mext.go.jp/b_menu/houdou/22/08/attach/1297118.htm.

聚集到了日本。其中日本独立行政法人物质材料研究所的国际纳米科技研究中心（MANA）的国际化程度最高。截至2011年1月，该研究中心的126名研究员（PI）中，外国人有27人，占研究人员总数的21.4%。①

第三节　政策出台过程中各种力量的博弈

教育改革是通过出台并执行一系列的教育政策来实现的，而教育政策的形成过程是非常复杂的。这是因为它不仅要受到政府内部因素如政党间权力制衡、政府机构、决策体制等的影响，而且还要受到政府外部因素如相关利益集团、咨询研究机构、社会公众舆论等多方面的制约。因此可以说，教育政策的形成过程就是平衡利益冲突的过程，教育政策实际上是不同利益集团间相互制约、制衡、妥协的产物。在日本高等教育政策的形成过程中，从教育政策问题的界定、政策目标的确定、政策方案的拟订和论证、政策议案的抉择到政策文本的出台等不同的阶段，都充满着纷繁复杂的利益冲突与矛盾斗争。与教育利益相关的政党、政府机构与咨询机构、产业界以及非官方组织等为了确保自身利益，通过“权利杠杆”、公众舆论等渠道参与或影响教育政策的制定过程，以便将符合自身利益的建议反映在新政策之中。同样，在政策的实施与推广过程中，这些利益集团也会以自身利益的损益作为评价标准，对政策的修正、调整施加外部压力。这些不同利益集团间存在的对立和分歧在很大程度上将左右和影响教育改革的方向。

一、长期的“一党制”体制对教育政策形成的影响

回顾日本高等教育百余年的历史，政府出台的诸多以教育改革为目的的政策都可以看作是具有政治意图的社会改革，都是在当时社会经济状况和社会舆论的背景下，由政府作出政治性判断才得以出台、实施

① 独立行政法人物質・材料研究機構.世界トップレベル研究拠点国際ナノアーキテクトニクス研究拠点［EB/OL］.［2016-03-14］http：//www.nims.go.jp/mana/jp/member/index.html.

的。①国家体制是影响教育政策制定的首要因素。第二次世界大战后，日本确立了立法、司法和行政三权分立的议会内阁制，天皇成为国家的象征，无权参与国政。国会是国家的最高权力机构和唯一的立法机构，由众议院和参议院组成。国会中拥有多数议席的政党为执政党。在这种体制下，国会立法是公共政策最基本的形式，公共政策、法律、法规等均须在国会获得审议通过才能生效。内阁是行政权的主体，一切担负行政职能的机构都处于内阁的统一支配之下。内阁由总理大臣（亦称首相）及其他国务大臣组成。第二次世界大战后，日本历届内阁成员的绝大多数是在国会中占多数议席的执政党党员。自1955年“保守联合”的自由民主党（以下简称“自民党”）成立以来，日本政坛形成了自民党长期在朝、社会党长期在野的两党对峙的“五五体制”。一直到1993年，自民党独掌政权38年的格局才被打破，日本开始呈现出多党联合执政的局面。在一党制政体下，作为一个具有绝对优势的政党，代表日本经济产业界利益的自民党的执政理念在很大程度上影响了教育政策的形成，并在政策制定的过程中发挥了主导性作用。

自民党的教育政策主要由党内的政务调查会下属机构文部科学部会和综合政策研究所负责制定。在教育改革的过程中，自民党的执政理念在教育政策上的具体体现是：坚持民族主义和国家主义价值观，建立“日本性”的教育制度；强化道德教育和爱国主义教育；削弱和打压具有左翼倾向的日本教职员组合在教育政策上的影响。②长期以来，自民党政权与文部省（1871—2001）之间保持着“友好”的合作关系。文部省的政策在很大程度上是贯彻自民党政府的基本方针，并对教育政策进行“技术性加工”而形成的。日本教育政策议案大体可以分为两个提出途径：一是政府提案，或称内阁提案。其具体流程即先由主管教育的文部科学大臣或首相针对特定教育事项向专门的教育咨询机构提出咨询，再由相关咨询机构进行调查研究后向文部科学省或首相递交有关教育改革的咨询报告，经内阁审议通过后再向国会提交议案，最后国会中拥有多数议席的政党掌控着政策能否出台的“命运”；二是议员提案。这种情况下一般是由政党的政策审议机构中负责教育政策相关事务的机构提

① 草原克豪. 日本の大学制度—歴史と展望［M］. 東京：弘文堂，2008：18.

② 广田照幸，张晓鹏. 现代日本教育改革的政治学分析［J］. 复旦教育论坛，2008（2）：66—70.

出，或者是在设于国会内的专门委员会中由议员们共同提案，在众议院需20名以上议员共同提案，在参议院需10名以上议员共同提案。①无论是上述哪种教育政策法案的提交方式，在其过程中，自民党都是全面介入，并掌握着主动权与“生杀大权”。可以说，任何一项教育改革方案如果没有自民党的认可是很难推行和立案的。

自民党发挥自身对教育政策的绝对性影响，主要是通过党内的教育派和自民党中央两个渠道。20世纪70年代中后期，自民党内部羽翼渐丰的教育派开始通过各种各样的杠杆作用来对教育决策过程施加影响。如改变从属与政务调查委员会的教育分委员会的角色，使其由单纯对文部省的政策建议进行审议转变为积极主动提出新的政策建议；通过积极参与预算决策过程使自己认为的教育政策问题可以得到资助；通过影响文部省的人员任命使其不能违背自己的改革意愿等。自民党中央则一方面通过财政紧缩措施削弱党内教育派通过提出新的改革议案来影响教育政策制定的途径，另一方面，削弱其他政府部门通过相互作用影响教育政策制定的力度。此外，自民党中央还通过设立隶属于首相个人的内阁级的教育咨询机构来直接影响教育政策的制定。如中曾根首相设立的“临教审”就是典型代表。通过临教审，首相个人的意愿就可以获得合理表达的途径，表明自民党中央在教育政策制定过程中开始发挥主导作用。②由于在第一节中关于“临教审”的作用已有过较为翔实的介绍，在此不再赘述。

在明仁天皇1989年登基以来的平成年代，由于诸多因素导致各政党内权力斗争日趋复杂，日本政坛呈现出极度的不稳定情势，开始陷入异常频繁的“政权更迭”怪圈。日本政治势力之间的权力结构及其变化对日本高等教育的政策制定与变迁产生了巨大而深远的影响。2009年8月30日，以鸠山由纪夫为首的日本民主党在众议院选举中取得压倒性胜利，实现了真正意义上的“战后政治总结算”，宣告了日本长期以来由自民党独揽执政大权的局面的终结，开启了日本政坛的民主党时代。由于两党执政理念的不同，政权更迭势必给日本社会带来巨大的冲击。同

① 河源.简析日本教育政策的制订［J］.国家高级教育行政学院学报，2001(4)：75—77.

② 许建美，单中惠.论影响日本教育政策的因素［J］.清华大学教育研究，2002(6)：53—59.

时，民主党执政可能会带来各领域的一系列政策变化，其教育政策的改变也值得关注。

二、教育决策机构对教育政策形成的影响

日本的教育行政共分为中央、都道府县和市町村三级。其中，日本的中央教育行政由内阁、总理大臣、文部科学大臣及作为中央教育行政的执行机构的文部科学省负责。日本的地方行政实行的是都道府县和市町村二级制的地方自治体制，地方教育行政机关独立于地方政府的教育委员会，不受地方一般行政干预。①文部省设立于1871年，在2001年中央省厅合并之际，与科学技术厅合并为文部科学省。文部科学省是依据《文部科学省设置法》（1999年，法律第96号）设立的。文部科学省作为日本中央教育行政管理的最高机构，负责掌管与处理日本国内教育、文化、科学技术研究、学术等教育行政事务。文部科学省肩负的职责权限使得其在教育政策的制定和实施过程中都具有重大的影响力。文部科学省既为内阁拟定教育改革措施与教育工作近远景规划，为内阁起草教育有关法律法规草案提供理论依据，参与立案，又通过行使行政职权将制定的教育政策付诸实施，并行使监督权。文部科学省的下设机构中与高等教育管理最为密切相关的就是高等教育局。高等教育局主要负责管理以下事务：有关高等教育基本方针、政策的筹划和制定；批准大学等高等教育机构及相关法人的设立并对其进行指导、建议和劝告；有关振兴高等教育的规划、资助和建议；有关对学校法人在运营管理上的指导、建议；推动私立学校教育的振兴事业；负责联络、调整大学与研究机构之间的研究活动；负责学生的生活辅导、福利保健和奖学金等。②

文部科学省作为教育政策制定的核心机构，对教育政策产生影响的途径是多样的，利用各种教育咨询机构就是其中之一。在日本政府或文部科学省内，设有作为首相或文部科学大臣常设智囊团的咨询机构，如临时教育审议会、中央教育审议会、大学教育审议会、科学技术・学术

① 孙绵涛，石长林.论日本教育行政的特点及其启示［J］.外国教育研究，2002（1）：49—51.

② 文部科学省.2010文部科学省の概要［EB/OL］.［2016-03-14］. http://www.mext.go.jp/b_menu/soshiki2/pamphlet/1294539.htm.

审议会、文化审议会等。它们主要负责针对首相或文部科学大臣所提出的基本教育政策、相关教育法律、相关教育法规等特定教育事项的咨询进行调查研究和审议，并用发表中间报告的形式来公布调研成果，或是召开专门听证会公开汇集公众的声音，最后形成咨询报告。由于咨询机构具有专业性与广泛的代表性，充分发挥咨询机构的作用有利于实现教育政策制定的民主性、公开性和科学性。同时，政府重要政策的制定必须以政府咨询机构的咨询意见为基础，这是日本国家行政制度的显著特征之一。对于日本政府和文部科学省而言，这些教育咨询机构使其决策过程具有一定的合理性，使其可以宣称其决策是建立在广泛社会共识基础之上的、客观中立的。

此类教育咨询机构数目繁多、涉及面广，以下择大学审议会、学术审议会和教育改革国民会议为例进行介绍。（1）大学审议会（1987—2000）。大学审议会的委员绝大多数为大学校长、大学教授、大学教育研究的学者、产业界的代表、地方教育委员会的代表等。这种人员构成体现了大学审议会广泛的社会代表性。大学审议会以研究具体的大学教育改革方案为宗旨，自1987年成立之后至2001年随着中央省厅机构整合编入中央教育审议会大学分科会的10余年间，根据高等教育改革过程中出现的实际问题进行了多项审议，先后向文部省提交了《21世纪的大学与今后的改革对策——在竞争环境中闪耀个性的大学》等28份有关高等教育改革与发展的咨询报告。其内容涉及范围很广，包括改革短期大学和研究生院的教育内容、改革大学管理体制、实施大学教师任期制以及面向21世纪的高等教育改革策略等等。①可以说，日本政府于20世纪90年代出台的有关大学改革的政策及措施都是在大学审议会的咨询报告基础之上形成的，大学审议会在咨询报告中提出的一系列关于日本高等教育改革的政策建议陆续成为日本政府制定高等教育政策的主要依据，而且建议的许多具体内容都体现在政府制定的法律与政策之中。大学审议会的咨询报告反映了20世纪90年代初以来日本第三次高等教育改革的运行轨迹，起到了引导日本高等教育发展和改革方向的作用。②（2）

① 文部科学省.大学審議会［EB/CL］.［2016-03-14］. http：//www.mext.go.jp/b_menu/shingi/12/daigaku/index.htm.

② 胡建华.大学审议会与日本高等教育改革［J］.中国高等教育，2001（12）：41—42.

学术审议会。学术审议会成立于1967年，是制定、审查日本学术研究政策的重要咨询机构，负责审查有关学术的基本政策和科学研究补助金的分配，在推动日本国内学术研究和国际间学术交往方面有着举足轻重的作用。2001年以后由科学技术·学术审议会替代。(3) 教育改革国民会议。2000年3月，为了广泛、深入地探讨日本今后教育改革的发展方向，日本政府成立了隶属于首相森喜朗的教育咨询机构——教育改革国民会议，该组织于同年12月向首相提交了题为“改变教育的17项提案”的咨询报告。报告中所提出的17项改革提案既是此前临教审所提教育改革基调的延伸和继承，又进一步细致地描绘出面向21世纪日本教育改革的宏伟蓝图。①日本文部科学省于2001年向国会提交的旨在振兴日本教育的《21世纪教育新生计划》就是为了落实教育改革国民会议提交的咨询报告而制订的具体实施方案。

日本政府在战后“第三次教育改革”的政策制定过程中充分发挥各种教育审议会的功能，并用法律的形式规定下来，使其在政府政策制定过程中的作用与地位制度化。这些审议会在文部省拟定政策方案的过程中发挥着重要作用，其向文部省提交的咨询报告可以作为理解教育政策的重要文本，报告中的各项具体的教育改革措施也大都在其后的改革进程中得到逐步的落实。

三、产业界与日本教职员组合对教育政策形成的影响

在推进教育改革的进程中，能够左右高等教育政策制定的利益群体还有产业界。无论是明治时期的高等学校制度的改革、大正时期大学制度的扩充，还是第二次世界大战后高等专门学校制度的创建、理工科人才培养的扩充，无一不是来自产业界的强烈呼吁。②20世纪90年代以来，国际科技、经济竞争的加剧和国内经济的连年衰退，使得日本产业界的危机感日益加重。产业界开始重新认识到教育作为应对社会变化的手段的重要性。因此，产业界对大学的期望日趋高涨，强烈呼吁加强高校科研，发展独创性研究，将高等教育培养人才的目标与财界的经济发

① 杨民.日本教育的宏观决策、管理及对我们的启示［J］.教育科学，2004(12)：43.

② 草原克豪.日本の大学制度—歴史と展望［M］.東京：弘文堂，2008：18.

展战略相结合，进而以大学改革作为拉动日本经济的契机。

产业界对教育政策形成过程的影响主要是通过发表“声明”和“意见书”来引起决策者的注意的。以20世纪90年代为例，日本产业界的众多经济团体，竞相发表各自关于教育改革的构想与建言。截至1995年“科学教育创造立国”论出台，日本产业界提出有关高等教育改革的重要建议就有：经营者团体同盟会的《关于强化大学理工科研究技能的建议》(1992年)、东京商工会议的《我国企业所需要的人才与今后的教育》(1993年)、经济同友会的《探求大众化时代的新大学形象，进行适应学习兴趣与能力的改革》(1994年)、关西经济同友会的《面向培养开拓地球时代的新世纪人才—— 对教育改革的建议》(1994年)、东京商工会议的《关于新型高等教育的样态的建议——自主开发型人才的培养与复线型高等教育的建构》(1994年)、日本经济联合会教育特别委员会的《挑战新时代的大学教育和企业的对策》(1995年)、经济团体联合会的《培养创造性人才——值得期待的教育改革和企业行动》(1996年)等等。产业界在教改建议中明确指出，经济发展依赖科技革命，科技创新、高素质的劳动力和能够充分运用各种资源的能力是经济增长的关键；科技革命建立在高水平的学术研究基础之上，在加强开发研究、应用研究的同时，加强基础研究的重要性与日俱增；就推动经济的发展而言，大学及其学术研究占据着不可替代的重要地位。同时，产业界也向大学提出以下要求：转变人才培养的基本理念，培养适应信息化和全球化时代需要的多样性人才，如具有独创性和创造性的人才，具有发现和解决问题能力的人才，能够适应全球化发展的人才，具有领导才能的人才，等等；大学在推进基础性、独创性研究的同时，加强与产业界的合作，推进“产学研”结合，促进科研成果转化。①产业界对大学科研和教学改革的合理建议此后都一一体现在20世纪90年代末的高等教育改革政策中。此外，产业界人士也通过成为教育咨询机构的委员直接参与教育政策的形成过程，使其影响渗透到教育政策的决策之中。如经济团体联合会曾设置“创造性人才培养协议会”，与执政党国会议员就今后教育发展的相关问题进行座谈，交换意见，促进相互理解，加大产业界

---

① 文部科学省.大学審議会「21世紀の大学像と今後の改革方策について—競争的環境の中で個性が輝く大学—」(答申)［EB/OL］.［2016-03-14］. http: //www.mext.go.jp/b_menu/shingi/12/daigaku/toushin/981002.htm.

对教育政策形成的影响力。

同样作为非官方组织，日本教职员组合（以下简称“日教组”）与产业界在教育政策形成过程中施加影响的方式是不同的。产业界以其庞大的资金为背景，与执政党关系甚为密切。与此形成鲜明对比的是，日教组自诞生之日起就一直是以反对者的面貌对文部省（1871—2001）的教育改革建议做出反应，它在教育改革中最根本的态度就是维护第二次世界大战之后建立的体现民主和平等精神的教育制度，反对任何企图加强中央集权的教育改革政策，故而长期被排斥于教育改革决策圈之外。日教组影响教育政策的途径和方式可以分为对中央决策层的影响和对地方的影响两个方面。就前者而言，由于日教组一直被排除于审议咨询和决策圈之外，其对中央决策层的影响是有限的。日教组在地方教育政策的实施中所产生的影响远远大于其在中央教育决策中所产生的影响。首先，他们充分利用新闻媒体来表达自己的立场。日本的新闻媒体在教育政策制定过程中起到了传递信息、评论监督、汇集众议的作用。通过新闻媒介广泛宣传的中介作用，日教组可以畅所欲言，建言献策。其次，以组织教师罢工为手段来实现自己的教育改革要求。最后，在地方发动不合作运动是日教组最有效的对教育政策施加影响的武器。①

四、“21世纪COE计划”的决策过程

2001年4月组阁的小泉内阁是“21世纪COE计划”出台的直接推手。与以往的历届自民党政权相比，小泉内阁在政治、经济、教育、外交等诸多方面都表现出了强劲的改革魄力。小泉内阁在全面推行整体国政的“没有圣域的结构改革”②的同时，强力推行以新自由主义为理论基础的教育改革，具体举措如放宽中央政府对教育的管制，取而代之通

① 许建美，单中惠.论影响日本教育政策的因素［J］.清华大学教育研究，2002（6）：53—59.

② 日文是“聖域なき構造改革”，也被称为“小泉构造改革”或“新世纪维新”，是小泉纯一郎政权的竞选口号。小泉构造改革的构想源自新自由主义经济派的“小政府论”，具体是指政府通过采取邮政事业民营化、道路公团民营化等手段削减对公共事业的投资，将公共事业交由市场运作，按照市场规律办事。

过市场原理、竞争和评价等手段来改造公立教育等。①

2001年5月11日，小泉首相在国会答辩中谈到，“即使是国立大学也有可以民营化的方面，（国立大学）持有民营化的视点，这是极为重要的”。此番“国立大学也可以民营化”的言论一经披露出来，立即引起了社会舆论的热切关注，尤其是引起国立大学相关人士的担心与不安。对此，时任文部科学大臣的远山敦子在5月18日出席记者招待会时，将小泉首相所谓的“国立大学也可以民营化”的言论解释为“仅仅是即兴发言②”。会后，远山大臣在访问首相官邸时，提出“（文部科学省）正在推进国立大学的独立行政法人化改革，实现国立大学民营化是困难的”，并要求小泉针对“国立大学也可以民营化”的言论做出澄清。岂料，远山大臣竟遭到小泉的训斥，并声称：“把你任命为大臣的意义何在?”至此，文部科学省才真正领会到小泉首相彻底推行大学结构改革的决心。于是，文部科学省匆忙制订出PDF版的“大学构造改革方案”，于6月6日提交小泉首相审核后获得通过。③

6月11日，在2001年度第十次经济财政咨询会议④上，远山大臣作为临时议员就《大学（国立大学）结构改革方针》的具体内容向与会人员做了汇报。牛尾议员首先肯定了方案的内容，但就改革日程安排提出了质疑，认为有操之过急之嫌。对此，远山大臣表示关于改革日程安排这一问题还有待文部科学省内部再斟酌考量。平沼议员认为该方案实施起来会有一定难度，认为单靠文部科学省一己之力实现改革目标是不可能的，建议寻求产业界的支持。盐川议员针对从国立、公立、私立大学

① 首相官邸.第百五十一回国会における小泉内閣総理大臣所信表明演説平成13年5月7日［EB/OL］.［2016-03-15］.http://www.kantei.go.jp/jp/koizumispeech/2001/0507syosin.html.

② 日文是“アドリブ答弁”。

③ 「教育を問う」取材班.「シリーズ 教育を問う」第7部改革への青写真［N］.日本経済新聞，2001-6-27.

④ 出席会议的人员包括小泉纯一郎（内阁总理大臣）、福田康夫（内阁官房长官）、竹中平藏（经济财政政策担任大臣）、片山虎之助（总务大臣）、盐川正十郎（财务大臣）、平沼赳夫（经济产业大臣）、速水优（日本银行总裁）、牛尾治朗（日本USHIO电机股份有限公司董事长）、奥田硕（丰田汽车股份有限公司董事长）、本间正明（大阪大学研究生院经济学研究科教授）、吉川洋（东京大学研究生院经济学研究科教授）、柳泽伯夫（金融担任大臣）、远山敦子（文部科学大臣）等13人。

中选择30所综合实力排名靠前的大学进行重点倾斜扶持提出质疑，对剩余实力薄弱大学的发展表示担忧。对此，远山大臣表示选择30所优秀大学进行重点化建设并不意味着将其他高校置之不顾，也不是说其他大学就没有存在的价值。最后，小泉首相指出“不进行大学构造改革就没有日本的‘再生’”，要加速大学构造改革进程，促使大学尤其是依靠国家巨额财政预算支持的国立大学履行自身人才培养、研究、社会服务等重要职能，期望国立大学发挥个性特色，建设富有活力和国际竞争力的世界最高水平的大学。①

6月14日，在东京大学学士会馆召开的国立大学校长会议上，远山大臣发表了“关于今后国立大学发展的方向”的讲话，向出席会议的各国立大学的校长们介绍了《大学（国立大学）结构改革方针》的基本内容。在之后的答疑中，鹿儿岛大学校长田中弘允表示“（对此）感到非常震惊！今后或许会出现没有国立大学的县吧。地方性国立大学的未来堪忧”。②

关于“大学构造改革方案”中的“国公私TOP30方案”出台后引发社会各界的争议，可以参照本章第二节“日本创建大学卓越研究中心政策的历史沿革”来认识。

此后，远山大臣还出席了2001年度第十六次经济财政咨询会议（2001—08—28），2002年度第九次经济财政咨询会议（2002—04—03）、第十四次经济财政咨询会议（2002—05—30）、第二十五次经济财政咨询会议（2002—08—30），就大学构造改革进展状况做了相关报告。③在2002年度第九次财政咨询会议上，远山大臣做了题为“经济的活性化与大学”的报告，报告中“国公私TOP30方案”已正式更名为“21世纪COE计划”。2002年6月14日，自国立大学校长会议后时隔一年，文部科学省正式启动“21世纪COE计划”，开始了第一批COE的公开申报和遴选工作。

日本创建大学卓越研究中心政策的实施是日本政府为全面推进高等

① 内閣府.経済財政諮問会議議事録（平成13年第10回）［EB/OL］.［2016-03-15］.http：//www5.cao.go.jp/keizai-shimon/minutes/2001/index.html.

② 獣医学教育改善ホームページ.2001年獣医学教育の全体像に関する議論［EB/OL］.［2016-03-15］.http：//www.vm.a.u—tokyo.ac.jp/yakuri/kaizen/kaken/east.htm.

③ 国立大学法人化に向けて.経済財政諮問会議［EB/OL］.［2016-03-15］.http：//www.obihiro.ac.jp/~houjin/sankou.htm#gyoukaku.

教育及科学技术改革与发展的一项重大战略举措。作为一种典型的“自上而下”的政策决策模式，国家意志与政府的力量由始至终贯穿于整个政策决策过程。但是，由于作为政策决策主体的日本政府积极地回应民众呼声，将“自上而下”的精神贯彻与“自下而上”的民意传递、民众参与相结合，有效整合了来自社会各方面的力量，包括与教育利益相关的政党、政府机构与咨询机构、产业界以及非官方组织等，妥善协调各种力量之间的利益关系，搭建相对平等的博弈平台，最大限度地实现利益均衡。这种做法能够有效减少政策决策与实施过程中的阻力和困难，切实保障政策的顺利实施，提升创建大学卓越研究中心政策的决策与执行质量。

第二章

日本创建世界一流大学卓越研究中心政策的内容

步入21世纪后，日本科技政策的目标由追赶世界领先水平转变为站在世界潮流的前端。为此，日本政府对COE建设计划内容做出了如下调整：COE建设计划由文部科学省科学研究费补助金中的“21世纪COE计划”（21st Century COE Program）和“全球COE计划”（Global COE Program）组成。“21世纪COE计划”（2002—2006）及其后续政策“全球COE计划”（2007—2009）都是以1995年开始的COE建设计划为基础，强调政策基本思路和理念的继承性。

第一节　日本创建世界一流大学卓越研究中心政策的内容

“21世纪COE计划”主要包括“建设愿景与目标”“资助对象”“申报资格・审查要点”“审查标准及程序”“实施周期”“计划实施领域”“经费来源及分配”等几方面的内容。作为“21世纪COE计划”的“二期工程”，“全球COE计划”的基本框架和内容与前者基本相同。

一、“21世纪COE计划”的具体内容

（一）建设愿景与目标

世界最高水平的大学和世界顶尖卓越研究中心或学科领域的建设是日本政府推出“21世纪COE计划”的最终目标所在，该目标的提出并不

是脱离日本高等教育发展实际的简单跨越式发展，而是通过在现有高等教育体系中建立相应竞争机制，营造良性的竞争环境的方式，来实现最高水平大学和世界顶尖卓越研究中心建设的目标。2002年6月14日，日本政府正式启动“21世纪COE计划”。文部科学省将“21世纪COE计划”出台的背景归纳为：“为了使我国大学与世界顶级大学为伍进行教育及研究活动，根据基于第三方评价的竞争原理，进一步形成竞争环境，使国公私立大学之间的竞争更加活跃地展开。”①为此，文部科学省从构筑核心竞争力的战略高度确定了出台该计划的目标，即在日本大学各学术领域中建立若干以学科方向为单位的具有世界最高水平的研究教育基地；进一步促进大学提升基础研究和尖端技术研究的水准，培养世界顶尖的高科技创新人才，加速学术成果的产出；采取倾斜式重点投资的方式，把资金重点分配给具有高水平和发展潜力的研究生院的教育研究基地，引导和促进各大学形成自身优势，创建具有国际竞争力的特色鲜明的世界最高水平的大学，进而带动整个日本科学研究的发展。综上所述，我们可以把文部科学省的改革意图理解为：在教育资源相对短缺的前提下，坚持“目标集中、重点突破”的原则，集中有限的财政性教育支出，对大学中具有优势和特色的学科予以重点投入和建设，使之能够更快更好发展，力争在国际学术领域占据一席之地，从而起到“以点带面、全盘皆活”的作用，带动相关学科乃至大学的整体发展。

（二）COE的组织、实施、管理部门

作为“21世纪COE计划”的配套措施，日本文部科学省于2002年专门设立了“卓越研究中心建设费补助基金”，详细规定了该计划的组织管理、申请、建设学科领域和审批等内容。为了确保COE评审过程的独立性、客观性、公正性和专业性，文部科学省将COE评审工作委托给中介机构——独立行政法人日本学术振兴会（Japan Society for the Promotion of Science，JSPS）执行。独立行政法人日本学术振兴会作为中心机构，联合大学评价・学位授予机构、日本私立学校振兴・共济事业团和大学基准协会等组织共同组建了“21世纪COE计划委员会”，负责COE评审细则的制定、COE的审查及监督评价COE实施效果等相关事务。“21世纪COE计划委员会”下设“综合评价部会”和“各学科领域审

① 独立行政法人日本学術振興会.21世紀COEプログラムの概要［EB/OL］.［2016-03-16］. http://www.jsps.go.jp/j-21coe/06_gaiyou/data/gaiyo2008—09.pdf.

查·评价部会”，负责对COE建设的整体计划做出全面的书面审查、公听审查与和议审查。其中，“21世纪COE计划委员会”由来自教育界和产业界的有识之士组成，委员人数基本控制在30人以内。委员长由曾获诺贝尔物理学奖的芝浦工业大学校长江崎玲于奈担任。“综合评价部会”由“各学科领域审查·评价部会”的部长组成，负责协调各学科领域卓越研究中心的审核工作，以保障总体的平衡及重点领域的突出。“各学科领域审查·评价部会”由来自大学（包括研究生院）附属科研机构、国公立实验研究机构、企业附属研究开发机构的人员构成。为避免名牌大学委员过多所导致的相互庇护和内部“利益均沾”行为的发生，在委员会人选的安排上充分体现了参与的广泛性。例如2002年度化学与材料科学领域审查·评价部会的正、副委员长是来自公益法人研究机构的所长，其余18名委员中有9名是不同大学的教授，6名是国公立研究机构的负责人，2名是企业研发机构的负责人，1名是大学评价与学位授予机构的教授。

（三）COE的资助对象与研究组织形式

“21世纪COE计划”的资助对象限定为国立、公立、私立大学中“设置博士课程”的专业或学科。“设置博士课程”即具备博士研究生培养能力或拥有博士学位授予权。计划中提及的国立、公立和私立大学须满足《学校教育法》总则第一章第二条所规定的条件，即“国家（包括《国立大学法人法》〔2003年，法律第112号〕第2条第1项规定的国立大学法人及独立行政法人国立高等学校①）、地方公共团体（包括《地方独立行政法人法》〔2003年，法律第118号〕第68条第1项规定的公立大学法人②）及《私立学校法》（1950年）第3条规定的学校法人能够设置的学校③”。④

① 国立大学是由国家设立，并遵照《学校教育法》（1947）、《国立学校设置法》（1949）、同法施行规则及其他规章制度运行经营的大学。

② 公立大学是由都道府县市区町村等地方公共团体设立并维持其日常运营的大学。

③ 私立大学是指遵照《私立学校法》（1950），由个人或民间团体等学校法人设立、管理，并维持其日常运营的，其经费来自学校法人的自筹资金和学生交纳的费用。

④ 法庫.学校基本法（昭和22年3月31日法律第112号、最終改訂平成15年7月16日法律第119号）［EB/OL］.［2016-03-16］.http：//www.houko.com/00/01/S22/026.htm.

为了突出和强化大学的研究功能，日本政府曾经在落实“研究生院重点化改革”政策的时候，选择了东京大学、京都大学、大阪大学、名古屋大学、东北大学、九州大学、北海道大学、东京工业大学、筑波大学、广岛大学、庆应义塾大学和早稻田大学等12所历史悠久、基础研究实力较强的大学，实施研究生院重点化建设，以期达到提高研究生院的学术研究水平、建立COE和强化研究型大学体制的目的。日本政府对上述12所大学也采取了重点投资的方式，有计划地在教师编制和物资设备以及资金分配上给予倾斜，每年在原有国家拨款的基础上再增加25%的投入。

“21世纪COE计划”没有仿照“研究生院重点化改革”的做法，将COE的建设局限于某些研究实力雄厚的大学，而是面向所有“设置博士课程”的大学，给其他符合资助条件的大学提供了一个公平的竞争和发展的机会。这就调动了那些基础差、底子薄、科研实力弱的大学的积极性。过去在政府重点资助中被边缘化的地方性公立大学或私立大学终于能够凭借自身特色学科在COE申报中抢占一席之地。但是，这种公平是在承认差别的前提下的相对公平，并不是绝对的。

日本高等教育是由承担不同社会职能的“官学”和“私学”两种设置主体构成的双元结构。大学设置主体的不同决定了不同类型大学的教育研究功能、资源分配模式的不同，进而确定了高等院校体系内部的等级序列，形成了独具日本特色的“官学”与“私学”并存、中央与地方并重的多层次的高等教育格局。“官学”和“私学”根据各自的办学目的、特色，发挥了应有的高等教育职能。位于高等教育金字塔尖的“官学”——国立大学作为知识、科学技术的创新基地、培养核心人才的教育基地，主要是实施精英教育，承担研究的功能；位于金字塔基座的“私学”——私立大学则主要承担了普及和发展大众教育的任务，特别是在非义务教育阶段，私立教育占据了主导地位，在人才培养方面起到了不可或缺的重要作用。

根据文部科学省公布的2010年度《学校基本调查》统计的数据，日本现有778所大学，其中国立86所、公立95所、私立597所。其中设置博士课程的大学共431所，国立76所，占国立大学总数的88.4%；公立59所，占公立大学总数的62.1%；私立296所，占私立大学总数的

49.6%。①从设置博士课程的不同类型的大学数量占该类大学总数的比例来看，国立大学明显高于公立大学和私立大学。这从一定程度上可以反映出一所大学科研实力的强弱，国立大学整体的科研实力和科研水平高于公立大学和私立大学。在“21世纪COE计划”给出的“设置博士课程”这一前提条件之下，国立大学占据了先天的优势，赢在了起跑线上。

在日本大学内部，从事科学研究的主体是研究生院（日文是“大学院”），它由不同的研究科组成，同一个研究科内包括若干不同研究方向的学科专攻领域。与以往的科研项目申报大多是以大学为单位不同，“21世纪COE计划”的特色之一是以学科或专业为单位进行COE申报，体现出弹性化和多样化的特点，即可以学科为单位进行申报，且同一所大学内可以有多个学科同时进行COE申报。其具体的研究组织形式可以是：（1）大学研究生院的单个学科或多个学科的联合；（2）大学附属研究所、研究中心或多个研究组织的联合；（3）（1）和（2）的联合研究组织形式，且联合组织形式仅限于同一大学内部。②此外，由于大学的多科性、综合性趋势的增强以及科研的内在驱动力使得学科内研究向跨学科研究转变，同时，跨学科研究所、研究中心的设立也成为科学发展的新趋势。为顺应这种科技发展的新潮流、大趋势，打破传统而保守的研究组织形式的“桎梏”，促进大学内部或校际间、研究者之间的合作，“21世纪COE计划”鼓励新兴学科以及跨学科领域的发展，提倡不同大学间或同国外大学的优势学科采取“横向联合”的研究组织方式进行COE申报。从该计划的最终实施结果来看，立项COE在突出学校自身科研特长的基础上，既有适合于传统学科领域的以常设性研究机构为中心开展研究活动的研究组织方式，也有适合于交叉学科、新兴学科领域的临时性的打破学科或专业限制开展跨专业、跨校合作研究的研究组织形式。

（四）COE的实施周期与经费分配

“21世纪COE计划”是以政府资金为推动型的卓越研究中心计划，

① 政府統計の総合窓口.平成22年度学校基本調査（2）類型別学校数［EB/OL］.［2016-03-16］.http：//www.e-stat.go.jp/SG1/estat/List.do？bid=000001028877&cycode=0.

② 独立行政法人日本学術振興会.平成14年度21世紀COEプログラム公募要領［EB/OL］.［2016-03-16］.http：//www.jsps.go.jp/j-21coe/01_koubo/index.html.

由国家下拨专项经费支持卓越研究中心的建设，其特点是经费分配相对集中，资助额度较大，并呈逐年递增的趋势。对入选“21世纪COE计划”的项目，原则上立项期限以5年为一期，资助金额为一个基地每年给予1亿至5亿日元不等（2004年度实施的“创新·前沿领域”COE的资助金额限定在1000万日元～5亿日元），连续资助5年。文部科学省根据委员会的审查结果向获准立项的COE基地下拨研究经费。委员会对基地实行动态管理，在立项2年后对该COE的科研活动业绩进行中期评价考核，评价结果作为后三年下拨研究经费的参考依据，与新的预算分配挂钩，评价结果不合格的COE将被及时淘汰，终止资助。立项5年后实施结果评价。

COE在下一个5年是否能够继续获得资助则要看其研究、教育的业绩及学科、社会的发展需要。如此巨额的经费资助必然会对设置COE的大学产生积极的影响，同时，强有力的经济援助也有利于研究活动的深入开展和研究成果的取得。

COE项目资助经费主要包括仪器设备费、差旅费、劳务费及其他费用。具体如下：（1）仪器设备费直接用于科学研究，即专用仪器设备购置费，包括购买图书（杂志除外）、经久耐用的设备器材的费用。对购买的仪器设备须给予编号并妥善管理。原则上，仪器设备费不能超过各年度申请资助经费的90%；（2）差旅费是指开展COE科研活动所必需的费用，其开支范围包括国内差旅费、国外差旅费、邀请外国研究人员来访的差旅费等；（3）劳务费是指用于对COE建设提供了研究支援、劳动及专业知识等研究人员的酬谢金等劳务费用；（4）其他费用是指开展COE科研活动所必要的消耗品费用（如办公用的消耗器材、药品、饲养动物的饲料及消耗品必备的配件购置费）、土地及房屋的租金（但不得用于建筑物的扩建、购置等费用的开支）、印刷费、通信运输费、电费、水费、会议费、委托费等。其中，委托费原则上不能超过各年度资助金额的50%。

在上述经费范畴之内，COE项目资助经费可用于邀请世界顶级研究人员，资助优秀学生的自主研发，资助助教（TA，Teaching Assistant）、研究助理（RA，Research Assistant）、博士后等优秀的年轻研究人员的研究活动，开展与资助项目研究工作有直接关系的国际合作与交流活动等。

（五）COE的学科领域分类

在国际竞争日益抢占高新技术战略制高点的大背景下，日本政府从战略性、前瞻性高度统筹规划科学技术发展蓝图，将21世纪初期日本科技发展的基础研究的重点领域确定为生命科学、信息通讯、纳米技术与材料、环境及其复合学科等四大领域。这一点在第二期《科学技术基本计划》（2001—2006）、第三期《科学技术基本计划》（2006—2010）中都有所体现。此外，日本政府重点推进的科研领域还包括物质与材料科学、信息与电子科学、数学物理科学、人文社会科学、制造技术、边缘科学等。在“科学技术创造立国”的国策指导下，文部科学省把大学学术研究所固有的前沿性、基础性等特质作为立足点，摈弃“平均主义”倾向，“有所为，有所不为”，开展了有计划、有导向性、有选择性建设大学卓越研究中心的活动。

“21世纪COE计划”的COE申报是严格按照学科领域进行的，原则上每年对其中的5个专业领域群进行申报、评审。文部科学省公布的“21世纪COE计划”的10大学科领域分类涉及人文科学、社会科学、自然科学等广泛的领域，研究领域涵盖了生命科学、信息电气电子类、化学与材料科学、人文科学、医学类、数学·物理学·地球科学、机械·土木·建筑及其他工学、社会科学、交叉学科·复合学科·新兴学科和创新·前沿科学领域。2002年度在生命科学、信息电气电子类、化学与材料科学、人文科学、交叉学科·复合学科·新兴学科5大学科领域进行了COE的申报与审查；2003年度在医学类、数学·物理学·地球科学、机械·土木·建筑及其他工学、社会科学、交叉学科·复合学科·新兴学科5大学科领域进行了COE的申报与审查；每个领域的COE名额控制在10～30个之间；2004年仅在“创新·前沿科学”一个领域进行了COE的申报与审查工作。综上可以看出，该计划所谓的“按学科领域进行COE申报”并非只是简单地按学科门类分列，而是突出了推动知识创新的战略意图，体现了日本政府科技发展战略规划的基本思路，即以学术前沿突破为先导，以基础知识创新为根本，以学科知识整合与革新为抓手，以文理兼备为特质。

除创新·前沿科学领域外，其他9大学科领域群又进一步细分为若干个具体的二级学科及专业。其中（1）生命科学领域细分为生命科学、生物学、医用工学、生体工学、农学、药学等；（2）信息电气电子领域细分为信息科学、电气通信工学等；（3）化学与材料科学领域细分为化学、材料科学、金属工学、纤维工学等；（4）人文科学领域细分为文学、史学、哲学、心理学、教育学、戏剧、语言学、艺术等；（5）医学领域细分为医学、齿学、看护学、保健学等；（6）数学·物理学·地球科学领域细分为数学、物理学、地球科学、应用物理学等；（7）机械·土木·建筑领域细分为机械工学、土木工学、建筑科学、系统科学等；（8）社会科学领域细分为法学、政治学、经济学、经营管理学、社会学、综合政策等；（9）交叉学科·复合学科·新兴学科领域细分为环境科学、生活科学、能源科学、区域研究、国际关系等。各大学根据自身的办学实力、科研水平和发展规划，明确在科研发展方面的战略定位，申报优势学科领域的基地项目。一所大学既可以在同一学科领域进行两项或两项以上的申请，也可以在不同学科领域进行不同专业的申请。

与我国参照二级学科的规模和内容进行研究基地申报不同，日本“21世纪COE计划”参照二级学科下的某一个重点研究方向进行卓越研究中心的建设，对于实现世界最高水平的COE建设更具有现实意义。此外，文部科学省在学科领域中，单独列出交叉学科·复合学科·新兴学科和创新·前沿科学领域两大方向，且连续两年在交叉学科·复合学科·新兴学科领域进行了COE的申报与评审的举动，反映出日本政府推动学科发展综合化、融合化、交叉化的特点，抢占国际学术发展制高点的决心。

（六）COE的申报资格、审查程序及标准

1. COE的申报资格

“21世纪COE计划委员会”对于COE申请人应具备的条件，做出了严格的规定。具体内容如下：（1）申请人应当是各大学学科研究代表的大学校长；（2）从事COE项目推进的参与人员应由大学校长及入选COE学科领域的负责人组成。COE项目负责人须为该学科研究领域的专职研究人员，其他COE主要参与者可以是专职人员，也可以是兼职人员。此外，如果聘请其他系部的研究人员加入COE时，须获得其所在系部负责人的认可。（3）COE项目建设的研究人员不能同时提交两项以上的COE申请。

COE申报坚持学科基础厚实、方向凝练、特色明显、可持续发展的遴选标准和预期建设目标。具体规定如下：（1）该研究中心已在某研究领域取得优异成果，且具有巨大的发展潜力与良好的发展前景，有条件成为培养卓越研究人才的研究教育中心；（2）在校长负责制下，该研究中心能够调动全校资源支援COE的重点建设，并通过可行性发展规划和有效领导，有望跻身世界最高水平的研究教育中心之列；（3）该研究中心能够发挥特色，开拓新思路，凝练学科发展方向，引领创新潮流，取得具有划时代意义的创造性成果；（4）该研究中心能够在“21世纪COE计划”结束之后，继续作为世界最高水平的研究教育中心开展研究活动。

2. COE的审查程序

为了更好地推动“21世纪COE计划”的实施，以独立行政法人日本学术振兴会为中心的“21世纪COE计划委员会”建立了相对完善的审核评价机制，对该计划的运营管理实行严格的三级审查机制管理制度，对COE的设置审查依次分初审、复审、协调与确认、最终认可四个阶段进行，遴选审批的流程分为六个步骤具体实施：（1）由“21世纪COE计划委员会”确定审核评议的方法与基准，委托“综合评价部会”及“各学科领域审查・评价部会”进行具体实施；（2）在初审阶段，“各学科领域审查・评价部会”根据审查基准举行COE遴选听证会，主要从COE申报者的建设规划、调查记录等方面进行审查，并提交书面评价报告；（3）“各学科领域审查・评价部会”在初审的基础上，再次举行COE审查听证会，主要就COE负责人——以校长为首的大学管理层的领导力及有关研究基地建设计划等内容进行复审；（4）确定COE候选名单；（5）经由“各学科领域审查・评价部会”对申报项目进行全方位审查、筛选之后，返回“综合评价部会”协调各学科领域的评审结果，确定最终审核结果；（6）最终审核结果获“21世纪COE计划委员会”批准后，由委员会公布最终入选COE大学名单。

在整个COE评审过程中，制订该计划的文部科学省由始至终都没有进行直接行政干预，只是根据委员会评审结果向获准立项的研究中心拨付科研资助金。此外，为体现竞争性选拔过程的公开性、透明性，COE的遴选与评审皆通过听证会实施。并且，有关COE的申请、立项、经费资助、中期检查的结果都如实地公之于众，立项建设的COE在接受委员会审查的同时，也在接受业界同行及社会舆论的监督。这种公开公平竞争以及公正透明招标的形式体现了该计划区别于以往教育改革措施的新特点。严格的审核评价机制和淘汰机制的建立无疑会在一定程度上保证“21世纪COE计划”的顺利实施，同时也是该计划能否最终实现其建设愿景与目标的重要保障。

3. COE的审核标准

大学或研究机构在接受COE审查时，需要提交大学未来发展规划报告、COE建设计划报告和研究教育活动报告。其中，大学未来发展规划报告内容涉及大学规划COE建设的蓝图及如何推进COE具体建设；COE建设计划报告内容包括COE的名称、专业方向、负责人、事业经费、每个建设阶段的负责人、COE建设的目的及必要性、COE建设实施计划、教育实施计划、经费明细等等；研究教育活动报告内容包括研究教育活动实际业绩、研究成果发表情况及水平、竞争性资金的获得状况、教员的流动状况、研究生教育状况及COE相关研究人员的报告等。

COE的审核与设置基准主要包括研究现状评价和COE发展规划评价两部分。在研究现状评价中主要侧重于以下几个方面：（1）研究实力从世界水平来看在本领域是否优秀；（2）目前的研究水平和实力在COE的设置及今后的学科发展中能产生何种效果；（3）研究实力在目前虽有令人不满意的地方，但将来是否能够达到世界最高水平。在COE发展规划评价方面主要侧重于以下几个方面：（1）在校长负责制的经营体制下，学校是否将建设国际最高水平研究中心作为重点发展战略；（2）COE发展规划评价是否瞄准本学科国际最高水平；（3）COE发展规划评价是否具有合理性与可操作性；（4）通过COE的设置，是否能开拓具有特色的学术领域，是否有望取得独创性的、划时代的科研成果；（5）在大学整体发展规划中是否将COE发展规划放在战略性高度的位置上；（6）年轻研究人员在COE发展规划的实施过程中能否独立有效地发挥其科研水平；（7）COE项目结束后，该学科或专业是否能够继续保持国际高水平的研究实力。针对COE发展规划的评价包括了对学校配套措施及COE在学校总体发展规划中定位的评价，折射出“21世纪COE计划”的长远目标是以点带面，通过一个或几个国际最高水平研究中心的设置，带动日本大学整体的发展。

在初审阶段，评审内容兼顾学科科研现状与今后发展规划的审核，既要考虑申报学科与专业目前的研究实力，更要注重申报学科与专业今后的发展潜力和前景。即（1）申报学科与专业的当前研究实力；

（2）申报学科与专业的发展潜力；（3）申报学科与专业发展规划的合理性与可操作性。针对以上内容，评价分成四个评分等级：（1）研究实力非常强，从现状及发展规划判断能够建设成为世界最高水平的研究中心；（2）研究实力比较强，从发展规划判断有可能建设成为世界最高水平的研究中心；（3）从研究实力与发展规划判断，建设世界最高水平的研究中心存在一定的难度；（4）难以建成世界最高水平的研究中心等。根据评分等级确定进入复审的名单。

在复审阶段，评价也分为四个评分等级，审核重点集中在对COE发展规划的评价上：（1）COE发展规划非常出色，实现的可能性与今后的发展性较大；（2）COE发展规划比较出色，实现的可能性与今后的发展性值得期待；（3）COE发展规划比较出色，但在实现的可能性与今后的发展性方面存在很大问题；（4）COE发展规划问题较多，需要重新制订等。由此确定立项、有可能立项、不立项三种评审结果，报送“综合评价部会”与“21世纪COE委员会”审核认可。

二、“全球COE计划”的具体内容

2007年，日本政府启动了作为“21世纪COE计划”的后续事业的“全球COE计划”（简称G—COE，Global COE Program）。“全球COE计划”以日本中央教育审议会于2005年9月发表的题为“新时代的研究生院教育”的咨询报告和内阁于2006年3月公布的第三期《科学技术基本计划》为理论依据。在继承“21世纪COE计划”的基本理念的同时，“全球COE计划”旨在根据各大学的个性与特色“进一步充实和强化大学（研究生院）的教育研究功能，在世界最高水准的研究基础上培养引领世界潮流的富有创新能力的人才，在各学科领域重点支援创建卓越（Top Class）的国际性教育研究基地，以此推动更加具有国际竞争力的大学建设”。①与“21世纪COE计划”相比，“全球COE计划”的要求更高，提出要实现飞跃式发展，加强对高素质创新人才的培养，在学术研究上鼓励突出创新性与原创性科研成果。

在组织管理方面，文部科学省将“全球COE计划”的评审与监督工

① 文部科学省.平成19年度グローバルCOEプログラム公募要領［EB/OL］.［2016-03-16］. http：//www.mext.go.jp/a_menu/koutou/globalcoe/06122626.htm.

作同样委托给独立行政法人日本学术振兴会执行。独立行政法人日本学术振兴会联合独立行政法人大学评价·学位授予机构、日本私立学校振兴·共济事业团和财团法人大学基准协会组成“全球COE计划委员会”，共同负责COE评审细则的制定、COE的审查及监督评价COE实施效果等相关事务。委员长一职由2001年诺贝尔化学奖获得者野依良治担任。

在资助对象方面，“全球COE计划”的资助对象是大学研究生院研究科专业（博士课程水平）、大学附属研究所、研究中心等。如果满足一定的条件，采取含其他大学在内的国内外研究机构等的合作形式亦可。在经费分配方面，“全球COE计划”在精简了入选项目数量的同时提高了每个项目的资助金额，希望通过收缩规模、加大投入，进一步突出资助的重点，提高重点资助的效果。体现在具体措施上，即将“21世纪COE计划”所资助的274个学科点削减为150个，同时把每个学科点年资助额度的下限提高了5倍，其资助金规模为每年5 000万日元至5亿日元不等，立项期限为5年一期。此外，根据COE申报学科领域的不同，5 000万日元以下的申请亦可。

在学科领域划分上，该计划继承了“21世纪COE计划”的9大学科领域群，它们分别是生命科学、化学与材料科学、社会科学、医学类、数学·物理学·地球科学、机械·土木·建筑及其他工学、信息电气电子类、人文科学、交叉学科·复合学科·新兴学科领域。2007年与2008年分别将9大学科领域群分为两组进行了COE的申报与审查，每个领域的COE名额控制在10～15个之间；2009年再次在交叉学科·复合学科·新兴学科领域进行了COE的申报与审查工作。

“21世纪COE计划”和“全球COE计划”是日本政府为维系和进一步提升大学国际竞争力的重要政策，是日本高等教育整体改革和发展的重要组成部分。该计划通过教育资源的集中投入，以保障日本高等教育追求学术卓越、提升高等教育整体水平之终极目标的实现。就政策实施近十年的情况来看，严格的评价和审核机制以及在此基础上所建立起来的竞争淘汰机制是该政策的重要特色所在。

第二节　日本创建世界一流大学卓越研究中心政策的配套政策

日本创建大学卓越研究中心政策的配套政策的变化主要体现在以下两大方面：其一是政府评价方式的变化。为了提高研究教育活动评价的客观性、公正性和透明度，“21世纪COE计划”第一次正式实施了重视结果的“基于绩效的第三方评价”。其二是政府科学研究经费资助方式的变化。在国家科学研究资助经费的投放原则和方式选择上，“21世纪COE计划”和“全球COE计划”改变过去以平均分配为主的模式，采取了“优胜劣汰”式竞争性研究资金资助方式。

一、评价政策

适当而有效的评价机制是促进高等教育进一步提升质量、追求卓越的关键所在。科学、独立、客观的第三方评价制度对高等教育的可持续发展起到了积极的推动作用。日本创建大学卓越研究中心政策区别于以往高等教育政策的显著特点是第一次正式实行了重视结果的“基于绩效的第三方评价”制度。第三方评价包括事前、中期和事后三个阶段的评价。由于有后续计划“全球COE计划”的出台与实施，COE计划委员会还进行了跟踪评价，即包括科技成果影响效果在内的整体验证与评价。文部科学省根据第三方评价机构实施评价的结果，有重点、倾斜性地对有关大学进行卓越研究中心建设费补助基金的分配。评价结果定期向学生、企业、赞助团体和社会全面公开。如此一来，文部科学省对大学科研活动的管理就实现了从“事前控制干预”向“事后监管评价”的新公共管理制度的转型。

（一）日本高等教育评价制度的历史沿革

近年来，随着世界高等教育事业的全面发展和高等教育规模的快速扩张，现代高等教育在类型结构和层次结构上呈现出日益多元化、多样化和复杂化的发展态势和特征。保障和提高高等教育的办学质量业已成为当下各国政府、高等教育界乃至社会公众对高等教育最迫切的需求。恰当而有效的评价机制是提升高等教育质量的关键所在。完善健全的教育评价体系，尤其是科学客观的第三方评价制度对高等教育的良性发展起到了积极的推动作用。一般来说，高等教育评价中的第三方评价主要有两大目的：一是提高大学教育与研究的质量；二是为有效进行教育投资或资源重点配置提供客观依据，试图通过发挥第三方的监督作用，提高教育经费尤其是科研经费的使用效率，消除教育资源浪费现象。20世纪90年代以来，在强化评价保障高等教育质量功能的同时，许多国家政府开始重视评价的第二重功能，即将评价结果与财政拨款“挂钩”，利用第三方评价加大竞争性经费投入，以期提高高等教育的办学效率，弥补由公共财政拨款逐渐减少导致教育经费短缺的窘况。

现代意义上的日本高等教育评价制度先后经历了萌芽阶段（19世纪中叶至20世纪40年代初）、成长阶段（20世纪40年代末至20世纪80年代）和多元化发展阶段（20世纪90年代至今）。

1. 日本高等教育评价制度的萌芽与成长阶段

一般认为，1947年财团法人大学基准协会（the Japan University Accreditation Association，JUAA）的设立是日本高等教育评价制度的起源，该协会也是日本历史上第一个全国性的高等教育评价民间组织。自明治维新起至第二次世界大战结束前，受中央集权制度的影响，日本高等教育一直处于独裁型国家主义的强权监控之下，这一时期的高等教育评价也受国家掌控。日本政府对于帝国大学、官立大学采取“敕许”（chartering）的认可方式，只有达到国家统一的教育评价标准才能获得国家的设置认可。政府对于私立大学的认定基准则较为宽松，在实际运作上类似美国式的“许可制”（accreditation），但其认可的主体并非民间自发性的协会，而是国家。因此，当时对于大学质量的保证是依靠国家的力量来维持的，与美国大学由民间团体评价来维持大学质量的方式形成鲜明的对比。第二次世界大战后初期，日本政府接受美国教育使节团建议，将高等教育机构设置认可的权利由政府转移至相对独立于政府的、由专家学者组成的民间组织手中，具体设置基准等也由民间组织来制定、运行，将政府的控制排除在高等教育发展之外。此举等于变相地剥夺了文部省对于大学设置的“监督权”，取而代之的是美国式的“许可制”。这种评价方式使得新制大学在设置方式上，以符合最低的基准为主。但是，由于设置之后缺乏维持大学质量的机制，导致新制大学如雨后春笋般发展起来，在加快日本高等教育大众化进程的同时，也造成了旧制大学与新制大学在学术研究水平和规模上的差距。针对上述

“不和谐”现象，日本文部省于1956年颁布《大学设置基准》，以“省令”的方式作为认可大学设置的依据，使得政府重新“夺回”对大学监管的主导权。但是，由于文部省对大学教育实行了严格的行政管理，使得大学的“硬件”和“软件”都被禁锢于既定的模式之中，大学教育的“划一性”和“规制化”受到社会各界的强烈批判，于是文部省开始对高等教育评价制度进行改革，国家只保留对设置学校实施认可的权力，而对质量监督评价则交由民间机构负责。在教育改革咨询机构——临时教育审议会（1984—1987）成立之后，日本大学评价制度发生了重大变革。在1986年“临教审”提交的第二次咨询报告中，提到了大学设置基准和教学大纲等国家基准以及私立学校的认可制度方面的改革等内容。同时在咨询报告的第四部分首次涉及大学自我评价的相关内容，即“大学应自觉对社会具有使命感与责任感，不断检视自身的基本理念，检讨自身的教育研究与社会贡献，并实施自我评价”。①

2. 日本高等教育评价制度的多元化发展阶段

自20世纪80年代中后期起，“规制缓和”（deregulation）就成为日本国家改革的关键词。所谓“规制缓和”，意即“去行政化”。高等教育“去行政化”是指淡化高等教育的行政化色彩，厘清市场经济中政府承担的监管职能，逐步以市场力量取代政府行政束缚，突出高等教育机构的主导地位，并赋予其更多自治权，最终实现管理由直接向间接、具体向整体、刚性向弹性的转变。

20世纪90年代以后，随着社会服务和公共政策私有化的流行，为了增加公共政策和社会服务的效率和效益，日本政府开始采取新公共管理的思维和手段来管理和营运大学。具体表现为：以市场逻辑引导大学的发展，以自由化、弹性化、个性化以及绩效责任等取代政府的干预与管制。行政职权下放并不意味着政府对大学“撒手不管”，而是采取宏观调控的指导手段，扩大大学办学自主权及自我负责的合理空间。在国家公共部门改革过程中，政府在提供公共服务时扮演的角色发生了巨大转变。新公共管理理论主张政府应将“掌舵”与“划桨”两种职能分离，从“划桨者”转变为“掌舵者”，将微观管理领域放手给市场，从教育“行政管理”走向“公共治理”，由公共部门、私人部门或非营利

① 朝日新聞朝刊.臨教審第2次答申原案（要旨）[EB/OL].[2016-03-16].http://nippon.zaidan.info/seikabutsu/2002/01254/contents/037.htm.

部门来从事公共产品和服务的提供。政府作为“掌舵者”，除了对公共产品或服务的提供者所提供的产品或服务的质量进行评价和监督，同时还要定期开展对公共部门的绩效考核，并根据公共产品或提供的服务的质量与绩效来对其实施奖惩。

在多元化发展阶段，日本高等教育评价制度的改革历程大致可以归纳如下：通过大学自身努力实施自我评价→大学自我评价的“义务化”→赋予大学公开评价结果的义务→实施大学外部评价的“义务化”→第三方评价机构的设置与运营。现阶段日本高等教育多元化评价体系主要由文部科学省的大学设置许可、大学的自我评价和第三方评价组成。

1991年，日本文部省以“大学设置基准大纲化”的颁布为契机，导入了大学评价制度，对除国立大学以外的其他各类高校的设立进行鉴定评价。同时，还倡导各大学积极开展自检、自评活动，在内部评价中充分发挥主体作用，构建自我约束机制，促进教育质量全面提高。“大学设置基准大纲化”的颁布扩大了学校的自主运营权，引导大学发展走上了个性化道路；大学评价制度的导入与实行则是在减少政府干预基础上形成的，加强以高等教育评价为手段的间接调控，以期建立起一种具有约束机制的大学评价制度，巩固、提高高等教育研究质量。①大学自我评价的内容主要包括教育、研究和教育科研环境等，具体的评价项目及方法由各大学自主决定。但是，由于许多大学的自我评价报告书不是偏向于自我宣传，就是内容乏善可陈，并且公开自我评价结果的大学比率较低，日本文部省遂于1999年再次修正《大学设置基准》，从法律上明确规定自我检查、自我评价以及公布评价的报告是每所大学应尽的责任和义务。②文部科学省的大学设置许可对于保证新设立高校在较高的质量起点上有效运作起到了积极作用。

大学审议会（1987—2000）在《关于高等教育更进一步的改善》（1997年）、《21世纪的大学形象与今后的改革对策——在竞争环境中闪耀个性的大学》（1998年）的咨询报告中均提出由政府创设第三方评价

① 范文曜，马陆亭.国际视角下的高等教育质量评估与财政拨款［M］.北京：教育科学出版社，2004：144，146.

② 杨武勳.日本大学评价之发展与现况——以认证评价制度与评价团体为中心［J］.（台湾）高等教育，2007（6）：115—153.

机构，对大学的日常运营、教育活动以及科研等方面开展“客观”兼“多元”的评价活动的建议。2001年，文部科学省在《大学（国立大学）结构改革方针》中提出引入竞争机制，实施第三方评价的改革方针，并在中央审议会大学分科会上进行了集中审议。2002年，中央教育审议会在《关于建构大学质量保障相关新制度》中，再次提出重新评价设置认可和引入第三方评价制度的建议。根据该审议报告，日本国会增修《学校教育法》〔2002年，法律第118号〕第69条第3项至第6项，将原本处于政府主导下的大学评价制度以“认证评价”的方式进一步“强制化”与“合法化”。其中，第3项是规范大学自我评价和第三方评价的主要法律依据；第4项为认证评价机构设立的法律依据；第5项为文部科学大臣对于认证评价机构的权责；第6项则明确规定了审议认证评价机构的相关事宜。认证评价主要法律依据的第69条第3项第1款规定：“大学为追求教育研究水准的提升，必须依据文部科学省所规定，对于该大学自身之教育、研究、组织与运营、设施、设备等状况，进行自我检查、评价，并对外公布其结果。”第2款规定：“大学除了前项的措施外，必须依据该大学教学研究等整体状况，在遵照政令所规定的时间内，接受文部科学大臣批准的认证评价机构所实施的评价。”①此外，《学校教育法》施行令第40条还规定了所有国立、公立、私立大学（含短期大学以及高等专门学校）都必须义务性接受文部科学大臣所认证的“认证评价机构”的定期评价（每七年一次）；而专业研究生院②（professional school）也要接受认证评价机构针对不同学科领域进行的专业评价（每五年一次）。③此后，日本政府在第二期《科学技术基本计划》（2001—2005）的第三章“科学技术基本计划实施过程中综合科学技术会议之使命”中又做出过如下规定：“为提高政府财政科技投入资金的使用效益，须经由第三方评价机构对于国家政策资金扶持的项目（课

① 法庫.学校教育法［EB/OL］.［2016-03-16］.http：//www.houko.com/00/01/S22/026.htm.

② 日语为“専門職大学院”，《学校教育法》（2002年修订版）第65条第二款指出专业研究生院是“研究生院中，研究学术理论及基础应用、培养从事高度专门职业所需之深厚学识及卓越能力者”的研究生院。

③ 電子政府の総合窓口イーガブ.学校教育法施行令［EB/OL］.［2016-03-16］.http：//law.e-gov.go.jp/htmldata/S28/S28SE340.html.

题）实施外部评价。”①政府根据第三方评价机构提交的评价结果，通过拨款资助等“利益驱动”的经济手段间接影响大学的教育研究活动，以达到政府对大学监督管理的目的。

在进一步充实大学自我评价活动的同时，文部科学省自2004年起正式在日本高等教育领域导入政府评价与自我评价不可替代的第三方评价。由独立于政府和大学之外的第三方评价机构来对大学的教育、研究、社会服务等不同领域进行监督评价，并将评价结果与大学资源分配挂钩，引入竞争机制，促使大学为提升教育质量而努力，同时还将评价结果、财务状况、教育科研等信息对社会公开。第三方评价机构既可以是代表国家提供公共服务的独立行政法人，也可以是由大学等高等教育机构自发组织成立的民间自治团体。经文部科学大臣认证的第三方评价机构，须依据《学校教育法》、文部科学省的机构认证《细则》《学校教育法实施令》等相关法规制定评价基准、完善评价体制、确定评价结果等。当评价工作结束后，第三方评价机构在将评价的结果反馈给被评价高等教育机构的同时，还要向文部科学大臣提交评价报告，以及向社会公布评价结果等。第三方评价机构如需对评价基准、评价方法等进行变更时，须在文部科学大臣处备案方可。

除此之外，对于法人化改革后的国立大学来说，还必须接受国立大学法人评价委员会的评价。与认证评价机构不同的是，国立大学法人评价委员会由文部科学省设立，主要针对国立大学法人制订的中期计划、中期目标的实施情况进行评价。在国立大学法人接受了政府下拨的运营费交付金等办学经费补助的前提条件下，法人评价与认证评价最大的区别就在于前者以“问责”（accountability）为主要目的。另外，相对于对大学进行间接管理的认证评价，法人化评价具有很强的政府直接管理的特征，只是法人评价委员会在实施评价时，必须尊重大学评价・学位授予机构的评价结果，这在一定程度上对政府的直接管理行为起到了约束和限制作用。无论是认证评价，还是法人评价，一旦出现评价结果不合格的情况，文部科学大臣可下达要求改善甚至废止该机构的命令。

日本政府始终将评价作为高等教育改革的政策工具和维持国家对高等教育影响力的重要手段，并且通过立法、行政、财政以及改革指导等

① 内閣府.第2期科学技術基本計画 本文［EB/OL］.［2016-03-16］.http：//www8.cao.go.jp/cstp/kihonkeikaku/honbun.html.

方式发挥其对高等教育评价发展的主导作用。如前所述，日本高等教育评价制度经历了第二次世界大战前行政化色彩浓重的政府部门评价，第二次世界大战后大学内部评价或自我评价，20世纪90年代以后的由社会中介机构发起并具体实施的第三方评价。这三种由不同评价主体实施的评价活动各有利弊。政府部门评价具有强制性和权威性，但是由于在其评价过程中受信息不全、学校归属等因素的影响，加上不能充分尊重大学的自主权，因而有官僚文化打压学术文化与评价不公之虞；大学自我评价虽然能充分发挥大学以及教师的主动性与积极性，但因缺乏保障评价客观性和透明性的规制，其评价往往与社会需求脱节，有敷衍塞责之嫌；第三方评价的优越性在于，评价机构具有独立性，能够充分体现社会的公正性和学术的民主性，有效防止政府的过度干预和利益相关者的干扰。其弊端在于日本的第三方评价终究是在中央集权教育行政体制下产生并运行的，其第三方评价的主体、评价基准、评价方式，都或多或少带有“官方色彩”。并且，随着第三方评价活动的蓬勃兴起，虽然文部科学省对大学管理由直接掌控转为间接“遥控”，但是从保障大学教育质量的角度来看，国家强制性色彩依然十分浓厚。

（二）日本第三方评价制度的主要实施机构

现阶段，获得文部科学大臣批准的以高等教育领域为评价对象的日本第三方评价机构主要包括：（1）日本学术振兴会（JSPS），评价对象为国立、公立、私立大学；（2）独立行政法人大学评价·学位授予机构（NIAD—UE），评价对象为国立、公立、私立大学，国立、公立、私立短期大学，高等专门学校，法科大学院；（3）公益财团法人大学基准协会（JUAA），评价对象为国立、公立、私立大学，国立、公立、私立短期大学，法科大学院①，经营类专业研究生院，公共政策类专业研究生院；（4）日本私立学校振兴·共济事业团（PMAC），评价对象为私立大学；（5）财团法人日本高等教育评价机构（JIHEE），评价对象为国立、公立、私立大学；（6）短期大学基准协会（JACA），评价对象为国立、公立、私立短期大学；（7）公益财团法人日本律师联合法务研究财团（JLF），评价对象为法科大学院；等等。

日本第三方高等教育评价机构的蓬勃兴起，体现了日本高等教育评

---

① 司法领域专业学位研究生教育机构，是日本专业研究生院的主体构成部分，学习年限为3年。

价的侧重点开始从“入口控制”转向“出口成果评价”。在上述第三方评价机构实施的评价中，既有以提升教学与研究质量为目的的评价，也有将评价结果作为资源分配参考依据的评价。在多元评价体制下，多个评价机构可以根据各自的评价标准，对大学等高等教育机构实施目的、形式、内容等多种多样的评价活动。在多个评价机构客观细致的评价的基础上，各资源分配机构还可以进行更为客观和适当的资源分配，促使大学等高等教育机构在相对公平的竞争中实现优胜劣汰，确保人才培养规格，提升学术研究质量。

为了推进具有国际竞争力的世界最高水平大学的确立，日本文部科学省先后于2002年、2007年实施了“21世纪COE计划”及其后续计划“全球COE计划”。“21世纪COE计划”和“全球COE计划”区别于以往日本高等教育政策的显著特点是第一次正式实施了重视结果的“基于绩效的第三方评价”（Performance Audit）制度。两者的组织管理机构分别是“21世纪COE计划委员会”和“全球COE计划委员会”，都是由日本学术振兴会牵头，联合大学评价·学位授予机构、大学基准协会和日本私立学校振兴·共济事业团共同组建而成的。其中，大学评价·学位授予机构和大学基准协会接受文部科学省的委托，在日本学术振兴会的指导下开始对该计划进行评价，评价考核的重点是各COE申报单位基于目标而制订的COE建设计划的完成程度，在具体实施过程中偏重对业绩成果的评价。

日本学术振兴会（JSPS）　“21世纪COE计划委员会”和“全球COE计划委员会”的核心机构——日本学术振兴会（JSPS）是根据《独立行政法人日本学术振兴会法》〔2002年，法律第159号〕于2003年10月1日成立的受文部科学省管辖的独立行政法人。该组织作为日本最具代表性的、资助自然科学与社会科学研究的重要政府资助机构和基金机构，基于公平公正的审查、评价体系，旨在推动以大学为主体的学术研究、资助培养高层次研究人员、促进国际学术交流以及开展其他与学术振兴有关的业务活动。其前身是成立于1932年的财团法人日本学术振兴会。自成立之日起，日本学术振兴会就一直以振兴日本学术研究为己任，特别是在资助学术发展方面发挥着重要作用。1999年日本文部省将其负责管理的侧重于科学研究项目的立项和审查，以及基础科学研究的布局的科学研究费补助金移交日本学术振兴会负责管理实施，意图加快科学技术的进步，强化学术振兴会的地位和功能，使学术振兴会的业务范围从高级人才培养扩展到对高水平研究项目以及具有世界最高水平的研究教育基地的资助上。自此，日本学术振兴会推动日本科技进步的作用得到进一步扩大。①

在法人化改革前，日本学术振兴会作为由政府设立、归属文部科学省管辖的下属机构，代表政府提供公共服务。无论是关系到机构运营的重大决策还是人事管理，都必须听命于上级主管部门，缺乏独立性与自主权。在法人化改革后，虽然政府财政拨款依然是学术振兴会日常运营所必需的经常性经费来源，但是它区别于一般的政府行政机构，不再履行行政职能，而是作为具有高度独立性的学术机构自主发展，从学术目标的角度而非行政管理的角度来实施大学评价。独立行政法人日本学术振兴会实施自主管理，与文部科学省之间通过契约（合同）来厘清各自的职能。文部科学省通过政策评价和行政监管，加强了制定政策以及监管的职能，而独立行政法人日本学术振兴会的职能则是重在提高执行力。文部科学省对日本学术振兴会的管理与控制由直接领导转变为通过“签订契约”（制订3～5年的中期目标及计划）以及来自第三方的“事后评价”为主要措施的间接方式来实现。具体表现为：日本学术振兴会的主要职责是履行契约，按时完成中期计划；而负责审查日本学术振兴会中期计划的文部科学大臣则依据《独立行政法人日本学术振兴会法》对其工作提出意见和建议。相较于以往文部科学省对日本学术振兴会直接干预甚至“过度干预”的集权式管理模式，法人化改革后，文部科学省仅承担为独立行政法人日本学术振兴会提供科研经费和审查其中期目标是否达成的职责，对于“21世纪COE计划”等科研项目的具体管理事项不再过问与干涉，而是交由后者全权负责。

大学评价・学位授予机构（NIAD—UE）　大学评价・学位授予机构是以1998年大学审议会的《21世纪的大学形象与今后的改革对策——在竞争环境中闪耀个性的大学》咨询报告为依据设立的。大学评价・学位授予机构设立之初，也是日本政府行政机构的一个组成部分，主要以国立、公立大学为评价对象，不受理私立大学的评价业务。2004年，该机构变身为独立行政法人，从政府部门剥离出来，开始独立运

① 日本学術振興会. 日本学術振興会について［EB/OL］.［2016-03-18］. http://www.jsps.go.jp/aboutus/index.html.

作，在保留其面向大学及大学共同利用机构开展教育研究评价活动职能的基础上，扩大了评价对象范围，开始承办私立大学、短期大学及高等专门学校的评价业务。大学评价·学位授予机构具备两大功能，一是大学评价功能，以促进日本高等教育的质量改善；二是授予学位，对学生在多样化的高等教育机构中所获得的知识与技能进行学术认可。以下就该机构的组织运营、评价目的、评价内容、实施方法等几个方面进行扼要说明。

大学评价·学位授予机构的日常运营由机构长、理事、监事、评价委员会和运营委员会负责推动。其下设评价研究部、学位审查研究部、管理部、评价事业部及国际合作中心等常设部门。此外，该机构还设有与大学评价事业相关的各委员会，例如大学机构认证评价委员会、短期大学机构评价认证委员会、高等专科学校机构认证评价委员会、法科大学院认证评价委员会、国立大学教育研究评价委员会以及与学位授予事业相关的学位审查会等。各评价委员会下设专业委员会，专业委员会下设若干名委员及评价员，开展具体的评价活动。其中，评价委员会主要负责制订评价计划和实施方针，审议、核实评价结果等事务；专业委员会负责审议各专业领域的评价项目、内容及方法等。委员及评价员由大学校长，大学学者，经济、文化等领域的有识之士组成。

该机构的评价目的主要包括：（1）定期对大学开展的教育、研究、社会服务等活动进行评价，并将评价结果及时反馈给各大学，作为大学改善教育研究活动的依据，推进被评价大学教育研究活动特色化、多样化发展；（2）将被评价大学的教育研究活动状况及成果向社会公开，为引导学生择校、民间的教育投资流向等提供必要的参考；（3）把评价结果运用于改善政府财政支出预算管理方面，为预算资金的重点配置提供重要参考依据，提高资源配置效益。①日本政府设立大学评价·学位授予机构的本意是要把外部评价的结果量化并与政府对大学的财政拨款挂钩，而直到“21世纪COE计划”出台并付诸实施之后，才实现了“从理想走进现实”。

大学评价·学位授予机构主要针对以下几个方面对大学进行评价：（1）教育活动、教育服务活动。其中教育服务活动是指教养教育、接受

① 独立行政法人大学評価·学位授与機構.機構について［EB/OL］.［2016-03-18］.http：//www.niad.ac.jp/n_kikou/index.html.

留学生及产学协作等情况，即对社会的贡献程度。(2) 各专业的教学情况。主要以学部及研究生院研究科为单位评价学校各专业的教学情况。(3) 各领域的科研活动。对学校的科研活动的评价主要分三个层次进行。首先，考察、评价各专业的科研成果；其次，评价学部及研究生院研究科的科研情况；最后，评价大学共同利用机构的科研情况。

该机构的评价方法及程序依次为：首先，由设在该机构的大学评价委员会和专业委员会制定评价内容、方法等，各大学根据其内容、方法进行自我评价，并将评价结果以报告书的形式提交给大学评价・学位授予机构；其次，大学评价委员会和专业委员会根据报告书及实地调查研究结果进行综合评价，并得出评价结果；最后，将评价结果一方面反馈给接受评价的学校并向其提出改善意见，另一方面向学生、企业、研究机构以及赞助团体公示。

大学基准协会（JUAA）　大学基准协会于1947年由46所国立、公立、私立大学共同发起成立，是模仿美国式认可制对四年制大学实施第三方评价的非官方评价机构。其基本理念是“基于会员的主观努力与相互支援，以提升我国大学的教育质量为目标”。2004年，大学基准协会获得文部科学大臣认可，成为日本第一个认证评价机构。其后，开始承办短期大学（2006年）、法科大学院（2008年）、公共政策系专业研究生院（2009年）、知识产权专业研究生院（2012年）等高等教育机构的认证评价业务。①大学基准协会采取会员制，把评价对象分为正式会员、赞助会员及非会员三大类，每年向社会公布一次正式会员和赞助会员的名单。截至2015年10月，共有339所大学、13所短期大学为大学基准协会正式会员，其中国立大学19所、公立大学8所、公立大学法人35所、私立大学277所；149所大学为大学基准协会赞助会员，其中国立大学50所、公立大学1所、公立大学法人9所、私立大学89所。②

该协会还建立了“标准判断制度”，各级各类大学在申请加入协会时都须按照这一标准要求首先进行自我评价，然后协会依据申请大学的自我评价结果，派遣调查组到该校进行实地调研，最后经原有正式会员

① 公益財団法人大学基準協会.大学基準協会概要［EB/OL］.［2016-03-18］.http：//www.juaa.or.jp/outline/index.html.

② 財団法人大学基準協会.大学基準協会概要—会員校内訳［EB/OL］.［2016-03-18］.http：//www.juaa.or.jp/outline/items/index.html.

对申请大学进行“合格资格审查”再得出最终结论。该协会的会员资格审查较为严格，只有达到上述各阶段基准的大学才能被吸纳成为正式会员，否则只能暂时作为赞助会员参加协会的各种评价活动。因此，社会各界已经把能否以正式资格加入大学基准协会作为衡量该大学综合实力的重要标尺之一。

日本私立学校振兴·共济事业团（PMAC）　日本私立学校振兴·共济事业团是根据《私立学校振兴·共济事业团法》（1997年），于1998年成立的专门负责对私立学校进行政府财政拨款交付及财政融资贷款业务的唯一机构。其前身是日本私学振兴财团和私立学校教职员共济组合。该组织的设立目的是充实日本私立学校教育，改善其经营环境，保障其教职员工福利待遇。该组织主要依据对私立大学的教育教学、研究、社会服务等的评价结果，向申请长期借贷和短期借贷的大学提供补助金拨付业务。

（三）第三方评价制度在“21世纪COE计划”中的初次运用

关于政府投资科研项目的绩效评价事宜，日本政府曾于1997年由内阁通过了《有关国家研究开发活动通用评价实施方法的纲要性指南》（以下简称《指南》）。该《指南》是评价国家投资开发研究、开发活动的政策指针，也是政府进行评价科学研究与开发活动的唯一准则。此后，2001年综合科学技术会议对该《指南》的内容进行了部分修改；2002年日本政府正式颁布了新的《有关国家研究开发评价的纲领性指南》；2005年综合科学技术会议向内阁提交《有关国家研究开发评价的纲领性指南的后续报告》，获内阁批准后再次对《指南》内容做出修改。2005年版《指南》进一步重申了研究开发评价的客观性、公开性和效益性原则，并将单项评价指标增加为三项指标，即个人科研业绩评价、以往课题承担情况、研究机构的整体科研情况。通过三项客观性较强的指标进行综合评价，以便提高评价结果的说服力与公信力，最大限度地对被评价者公开其评价过程，如方法、基准及内容等，确保现行评价制度的公正性和透明度高于以往评价制度。

作为一项国家重大科研政策，如何有效控制它的实施过程，是“21世纪COE计划”面临的重大课题。《大学（国立大学）结构改革方针》提出为了把国立、公立、私立的“最优秀的30所”大学重点建设成为世界最高水平的大学，需要贯彻落实以下三项措施：（1）引进、建立由专家和民间人士参加的第三方评价体系；（2）向学生、企业、协作团体等国民社会全面地公开评价结果；（3）根据评价结果进行有重点的资金分配，并逐渐增加国立、公立、私立大学之间竞争性研究经费。鉴于此，为确保政策顺利实施，提高研究教育活动评价的客观性、公正性和透明度，“21世纪COE计划”第一次正式实施了重视结果的“基于绩效的第三方评价”制度。日本文部科学省要求申报“21世纪COE计划”和“全球COE计划”的大学必须在接受由文部科学省认证的第三方评价机构的综合评价后，才能获得对入选项目提供的建设资金支持，使评价结果与竞争性研究经费分配方式紧密结合在一起，体现出第三方评价结果在竞争性资金分配上的有效应用。

如上文所述，在“21世纪COE计划”和“全球COE计划”实施过程中，文部科学省只负责制定和提供改革的方针政策，并不直接主导或行政干预具体的改革方案或改革进程，而是将两项计划的实施运行全权委托给了独立行政法人日本学术振兴会负责。该机构联合大学基准协会、大学评价・学位授予机构以及日本私立学校振兴・共济事业团成立了“21世纪COE计划委员会”和“全球COE计划委员会”，负责COE评审细则的制定、COE的审查及对COE实施效果的评价等相关事务。“21世纪COE计划”和“全球COE计划”的相关评价方法、基准及内容除依据国家的《纲领性指南》，还参考了文部科学省的《有关文部科学省研究及开发的评价指南》（2005年）。

由“21世纪COE计划委员会”和“全球COE计划委员会”主导实施的评价活动（包括由专家小组及各专业领域的有识之士组成的评价委员会）分事前评价、中期评价和事后评价三个阶段。评价考核的重点是各COE申报单位基于目标而制订的COE建设计划的完成程度，在具体实施过程中偏重于对成果的评价。同时，为了使评价结果直接反映在竞争性研究资金的配置上，评价后对每个COE项目均做出相应结语，如项目课题可继续进行、项目课题应适当缩小实施范围、项目课题应终止等。

评价活动的主要运行步骤如下：首先，打破门槛全面放开申请限制，为国立、公立、私立大学之间搭建公平竞争的平台；其次，委员会对各申请大学提交的申报资料进行书面审核，通过召开公开听证会与合议评价会与各大学进行面谈，公布评价结果并根据评价结果分配预算；再次，开展全程评价过程中的中期评价，尔后根据评价结果适度调整

COE资助经费额度；最后，在COE项目实施完成后，对其进行事后评价。①

二、政府科学研究经费资助政策

随着全球范围内高等教育改革的不断深入发展，教育财政拨款制度改革成为当前世界各国面临的主要任务之一。自20世纪90年代以来，受经济低迷影响，日本政府迫于教育资源的制约而逐渐减少对大学的直接拨款，推动大学走市场化道路。以往完全依赖于政府从国家财政渠道保证大学的办学经费已经变得不现实。日本政府开始逐步改变以往高等教育财政中以定量为基准的非竞争性资助方式，力求构建一种以效率为准则的竞争性资源配置体系，以期有效地发挥政府投资杠杆的作用，进而引导教育健康发展，实现国家可持续发展的终极目标。尔后，随着第一期、第二期、第三期《科学技术基本计划》的相继实施，这种减少政府财政非竞争性“大锅饭”式拨款、扩大“优胜劣汰”式竞争性资金的举措逐渐成为日本高等教育财政拨款制度改革的重中之重。

（一）日本高等教育财政拨款制度改革研究

日本高等教育的主要特征是由承担不同社会职能的“官学”和“私学”两种设置主体构成的双元结构。由于设置主体的不同，决定了教育研究功能与资源分配模式的不同。根据《学校教育法》中设置者经费负担②的原则，可以把日本高等教育机构分为国立、公立和私立。基于经费来源渠道的不同，又可以将上述学校类型称为国家支付型、地方政府负担型和学费依存型。以国家财政性投入为主体的国立学校特别会计制度、通过地方自治体向公立学校支付补助金的地方自治体会计制度以及以国家财政性补助为辅的私立学校振兴补助制度构成了日本高等教育财政的三大制度。科研经费配置制度也是日本高等教育财政拨款制度体系的重要组成部分。日本政府主要通过非竞争性资助方式和竞争性资助方式对科研经费进行分配。

---

① 刘宝存，李润华.我国世界一流大学建设与日本创建大学卓越研究中心政策比较研究［J］.外国教育研究，2011（08）：14.

② 《学校教育法》第5条：“学校开办人管理其所办学校，除法令另有规定外，应负担所办学校经费。”

1. 非竞争性"大锅饭"式经常性研究经费

所谓非竞争性资助方式，也称统一分配方式，即把资金直接拨付给高等院校及科研机构的制度性拨款方式。例如国立大学的经常性研究经费，目的是保障教育研究活动稳定、有序进行。一般而言，非竞争性资助方式是通过公示、协商等形式拨付，竞争性成分较少，透明度较低，与学校的招生规模、学科特点等相关指标关系较大。在日本高等教育领域，政府采用非竞争性资助方式直接拨付研究经费的对象主要是国立大学，公立和私立大学仅占教育财政拨款的极少部分。下面将以国立大学为例，介绍独具日本特色的根据学校设置主体不同而财政制度各异的"大锅饭"式的经常性研究经费的拨付情况。

截至2004年4月国立大学独立行政法人化政策正式实施之前，日本的国立大学处于"国家设施型"（State Facility）经营形态①，是由国家根据《国立学校设置法》设置的、归属文部（科学）大臣管辖的教育研究机构，其自身并不具有独立的行政权与财政权。根据《学校教育法》中"设置者经费负担"的原则，国家有承担国立大学教育经费的责任和义务。此外，国家财政税收支付国立大学的法律依据还有颁布于1964年的《国立学校特别会计法》。该法在国家财政预算中设立了区别于一般会计预算、遵从议会民主的统一管理的国立学校特别预算，国立大学通过开展教育研究活动而产生的年收入和年支出的总额都要接受预算议会的事前统一管理，由文部科学大臣做出年收入和年支出的总预算，送交财务大臣，然后经由内阁会同一般会计预算一起向国会提出，并通过审议表决。国立大学的年收入除了一般会计转入金额（即政府的各项财政拨款）外，还包括学费、入学注册费、附属医院收入、通过产学合作等途径获得的外部创收资金等，所有这些收入都要集中到国立特别会计账户与政府财政拨款合并，共同纳入国家财政预算之中。然后再根据国立大学规模的大小、办学质量及学术水平的高低等具体标准进行事后统一管理。

日本政府以政府财政预算拨款形式下拨到国立大学的经常性研究经费被称为"运营费交付金"。日本政府通常将国立大学的自我收入与维持正常运营所需经费之间产生的差额以"运营费交付金"的形式，按年

① 金子元久. 大学的经营形态——日本的特征［J］. 教育与经济，2002（2）：5—9.

度给予一次性拨款。而年支出中的设施购置、维修费是由文部科学大臣以设施费补助金的形式拨付的。运营费交付金由标准运营费交付金、特定运营费交付金和附属医院运营费交付金三类构成。其中，（1）标准运营费交付金是政府根据各国立大学的教职员工、在校生的人数等客观指标对各大学采用统一的核算基准进行平等资源配置。作为保障和支撑各国立大学日常教育科研活动的正常运作的资金，标准运营费交付金主要用于支付研究人员以及辅助人员的工资、最低限度研究经费、研究基础运营费（保养、维护设施费用、设备费）等；（2）特定运营费交付金是根据各国立大学的规模、所在地区以及职能等不同特点，对各大学采用不同的核算基准确定其必要经费；（3）附属医院运营费交付金的拨付对象限定为设有附属医院的国立大学。①这种经常性研究经费对于大学研究人员来说，是其维持在尚未得到竞争性经费支持的前期工作中必不可少的资助资金。同时，在科研项目的实际操作过程中，经常性研究经费在改善大学附属研究所、研究中心的环境，保持国立大学科学研究基本条件，保障教育研究活动的正常、稳定进行等方面也起到了重要作用。

“国家设施型”大学的经营形态可以确保大学财政的长期稳定，国立大学只要遵循《教育基本法》《学校教育法》等相关法律法规，符合《大学设置基准》，就可以获得由政府提供的维持学校正常运营所需的日常经费资助。但是，在高度集中的教育管理体制下，无论是人员编制、学科设置、大额资金的使用，还是小到增减一门课程设置或跨学科的学分互认等教学计划的实施，都必须遵守文部科学省的严格规定，独立运作受到国家规制的强烈控制。这种国家“统包统办”式的做法带来种种弊端，导致“大锅饭”现象日趋严重，严重制约了人才培养及大学自身的发展，同时这一体制也阻碍了国立大学之间良性的竞争，僵硬的大学运作体制在“教授会议自治”的名义下沦为保守的组织。自20世纪90年代以来，日本经济的持续低迷甚至停滞不前导致日本政府长期被严重的财政赤字问题所困扰，体现在高等教育领域中，就是限制对高等教育的投入，作为公共财政支出对象的高等教育预算经费被大幅度削减。由于不同大学之间的预算分配受到国家规制的强烈控制，并且所有的国立

① 島一則.国立大学における運営費交付金に関する実証的研究—効率化係数・経営改善係数がもたらす影響について—［J］.広島大学高等教育研究開発センター大学論集，第40集，2009（3）：87—105.

大学采取相同的运作方式，独立运作受到过多牵制，于是国立学校特别预算这项制度的缺点逐步暴露出来，严重制约了对资源进行合理有效的配置，束缚了国立大学开拓多元性资金渠道和开展灵活的财务举措，日本高等教育财政拨款体制亟待改革。僵化的单年度预算制度导致国立大学在经费使用上存在着巨大的浪费，造成屡屡发生每个年度末普遍存在的为花钱而花钱的现象。①

在当今经济全球化和知识经济的时代背景下，日本国立大学的这种“国家设施型”经营形态已愈来愈难以适应社会的需求，国立大学僵硬封闭的组织结构和日益僵化的行政体制、运行机制使其应变能力受到很大限制，难以适应科学技术发展和国际竞争的要求。国立大学的法人化改革的意图旨在利用立法的形式赋予国立大学自主经营的权力。同时，为规避“大锅饭”现象，改革僵化的管理体制，对国立大学进行适当的“去行政化”改革、采取法人化的形式也是市场经济发展到一定阶段在高等教育领域的必然反映。

2. “优胜劣汰”式的竞争性研究经费

“优胜劣汰”式竞争性资助方式，也称倾斜分配方式，即把资金拨付给竞争优胜者。例如日本政府把科研资金拨付给获批立项的COE②，通过中期考核结果进行差额配置，强调经费使用的效率优先。竞争性资助方式主要通过公开招标等竞争性渠道获得，其目的性很强，与制度性拨款方式相比，效率较高。日本政府设立竞争性研究经费的目的在于扩大科研人员选择研究经费的范围，鼓励科研人员自由选题的创新意识，形成一种富有竞争性的科研环境等。竞争性研究经费主要用于重点资助富有创新意识的研究人员从事独创性研究。

自20世纪90年代以来，面对外在激烈的科技竞争环境与内在财政资源紧缩的情况，日本政府开始尝试改革资源配置方式与激励机制，加快通过竞争方式分配资源的市场机制的导入，探索一种对结果与质量负

---

① 高益民. 日本国立大学“独立行政法人化”决策过程分析［J］. 比较教育研究，2000（5）：15—20.

② 所谓“COE”，即“Center Of Excellence”的缩写，可译为“卓越研究中心”“英才培养中心”或“重点科研基地”。根据1996年7月日本文部省学术审议会的界定，“COE”是指“富于创造性的从事世界最尖端学术研究的高水平科研基地”。本文中的“COE”主要是指日本政府先后于2002年和2007年推出的“21世纪COE计划”（21st Century COE Program）和“全球COE计划”（Global COE Program）。

责的政府模式，开始了通过绩效评价进行资源分配，降低公共成本、追求效率的“经营时代”和“淘汰时代”。

对大学拨发重点科研经费并不是从“21世纪COE计划”和“全球COE计划”才开始的，日本政府早在1987年就设有“研究生院最尖端设备费”，后更名为“研究生院重点设备费”“教育研究基地形成支援费”等，通过文部省的评审重点分配国家财政预算。此后，日本政府在为期10年的研究生院重点化改革中也采取了倾斜性资源配置方式。“21世纪COE计划”和“全球COE计划”与以往所不同的是经费的分配更集中，资助额度更大。在日本由于泡沫经济破裂导致的财政持续紧缩的情况下，“21世纪COE计划”和“全球COE计划”的相关预算与上年相比依然维持在增额的水平。另外，“21世纪COE计划”还引入了公开竞争机制，这与传统的国家财政预算分配制度相比是一个明显的进步。这种竞争机制对于今后的大学管理运营以及科研教育内容、教育方式方法和目标的确定将产生深刻的影响，具有不可估量的现实意义。从1991年的大学研究生院重点化改革到2002年“21世纪COE计划”的出台，标志着日本高等教育发展政策的重心开始向具有国际化水准的尖端教育科研领域转移，资源配置投向开始由注重均衡转向重点投入，资源配置方式由非竞争性统一分配型转向竞争性倾斜分配型，并不断扩大竞争性资金项目及资金比率。这种有目的性的重点投入既有利于提高资源使用效率，又有利于引导知识创新活动服务于国家发展利益，提高政府对高等教育发展方向的可控制性。而竞争性研究资金的投入改变了原有的无条件的、平均主义的分配方式，有利于克服大学的组织惰性，激活大学的内生动力，使老牌的国立大学不能再坐享“钦定”的好处，给予各类大学平等参与竞争的机会。

2001年6月，日本文部科学省就“构建充满活力，富有国际竞争力的国立、公立、私立大学”正式提出了《大学（国立大学）结构改革方针》，全面阐述了面向21世纪日本高等教育改革的总体方针与具体内容。文部科学省首先对大学研究经费进行了结构性调整，在原有的国立大学经常性研究经费的基础上，增加了其他类型的经费，并采取竞争性、重点性资源分配政策，即对科研成果突出、社会信誉良好的大学在预算及科研补助金上实行方向性倾斜，优先配置财政支持，把大学评价的结果与有限的资源配置和资金援助结合起来，从而有助于政府财政拨款在大学间的有效配置。

2004年4月，伴随着“独立行政法人国立大学”这一新称谓的出现，日本国立大学由国家行政机构身份转变成为由文部科学省设置和监督的独立行政法人，其教育经费资助也发生了相应的变化。处于“国家设施型”经营形态的国立大学不具有独立的行政权和财政权，其财政收入主要包括运营费交付金、学费、入学注册费、附属医院收入以及通过产学合作等途径获得的外部创收资金等；而“法人型”国立大学与文部科学省之间“统制”与“被统制”的行政隶属关系逐渐淡化，“法人型”国立大学在财政方面拥有一定的自由裁量权，其财政收入除自筹资金外，还包括运营费交付金、竞争性研究经费、公共奖学金和科学研究费补助金等。在日本国立大学法人财政经费来源中，与政府公共财政资助范围和额度逐年减少形成鲜明对比的是竞争性研究经费的逐年递增。

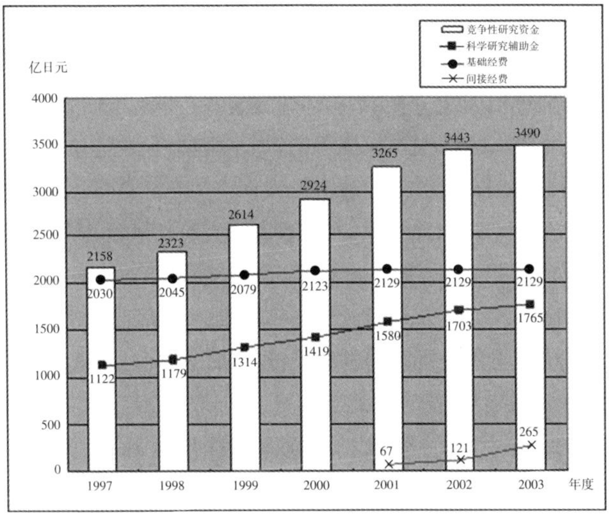

图1　1997—2003年度国立大学经常性经费与竞争性研究资金的变化情况

资料来源：文部科学省科学技術・学術審議会.国立大学の基盤的経費と競争的研究資金の推移［EB/OL］.［2016-03-20］http://www.mext.go.jp/b_menu/shingi/gijyutu/gijyutu4/siryo/04112401/011/012.pdf.

图1显示了1997—2003年度国立大学经费的变化情况，从中可以明显看出，1997年以来高等教育基础经费增长非常缓慢，2001年以后甚至出现零增长的现象，而与政府公共财政资助范围和额度逐年减少形成鲜

明对比的是竞争性研究资金的逐年递增。竞争性研究资金持续走高意味着国立大学在充实自身研究活动的同时，唯有通过校际竞争积极争取国家的竞争性研究资金和来自于企业的委托研发等外部资金，才能获得充足的办学经费。

日本政府在对研究开发投资进行整体扩充规划时，一方面采取切实措施保障基础经费，另一方面力图扩大竞争性经费规模。这种扩大竞争性研究资金规模的战略意图在每一期《科学技术基本计划》中都得到了充分体现。第一期《科学技术基本计划》（1996—2000）中提出“重点扩增竞争性资金等多元性研究经费，包括采取公开招募形式的竞争性研究经费的大幅度增加”；第二期《科学技术基本计划》（2001—2005）中把“对资源进行重点配置，从而提升研发投资的效果”确定为振兴科学技术的基本方针之一，彻底推行研究开发投资的重点化、高效化和透明化，大幅度加大竞争性经费的投入力度，在2001—2005年期间力争实现竞争性研究资金总量翻一番的目标。此外，第二期《科学技术基本计划》还强调，要通过公正、透明的审议、评价制度确保竞争性经费的效果和效率；第三期《科学技术基本计划》（2006—2010）中提出逐步减少对大学的直接拨款支持，大幅度提高研究经费中竞争性经费的比例。①在各国都加大科研资金投入的大背景下，日本政府出台这一措施的深意在于鼓励大学与企业等研究机构共同申报科研项目，推动“官产学”联合体系的建立，将三者紧密联系起来，实现优势互补。从1990年到2009年，政府竞争性研究资金的数额从700亿日元增至4 900亿日元，在20年的时间里增加了7倍。②

日本的竞争性研究资金广泛分布在文部科学省、内阁府、总务省、厚生劳动省、农林水产省、经济产业省、国土交通省、环境省等国家机构。其中预算比率较大的当属文部科学省、经济产业省、农林水产省等部门。以2005年度为例，分配至其他省厅的竞争性资金为1 064亿日元，分配至文部科学省的竞争性资金为3 609亿日元，占经费总额的

① 内閣府.科学技術基本計画［EB/OL］.［2016-03-22］.http：//www8.cao.go.jp/cstp/kihonkeikaku/honbun.pdf.

② 日本女性科学者の会.平成21年度補正予算、平成22年度概算要求［EB/OL］.［2016-03-22］. http：//www.sjws.jp/Proposal/Proposal%20H21%20SJWS.pdf.

77.2%。文部科学省成为竞争性资金的主要管理机构。[①]文部科学省掌管科学研究费补助金，战略性创造研究推进事业、科学技术振兴调整费、世界顶尖研究基地建设计划等数十种竞争性研究资金。为妥善管理竞争性研究资金，文部科学省将其划分为数个类别，资助不同研究领域的研究项目，并制定了“竞争性资金制度”，通过申报、审批、评价等手段，保障这些资金的使用效率和效果。

保障“21世纪COE计划”和“全球COE计划”顺利实施运行的“卓越研究中心建设费补助基金”也属于竞争性研究资金的一种，归属文部科学省管理。在国家科学研究资助经费的投放原则和方式选择上，“21世纪COE计划”和“全球COE计划”强调经费分配的“集中和选择”原则，改变了过去以平均分配为主的模式，采取“优胜劣汰”式竞争性研究资金资助方式，通过竞争谋求教育资源的有效配置，既有效提升了经费的使用效率，也有利于进一步推动在学术研究方面具有发展潜力的大学得以快速发展，进而提升日本在国际社会中的竞争力。

2010年度，日本文部科学省主要“竞争性资金”项目和资助金额预算、资助对象如下：

（1）科学研究费补助金[②]（2 300亿日元）。资助领域涵盖社会科学和自然科学领域从基础研究到应用研究的所有学术研究领域。科学研究费补助金是日本振兴学术研究的基本经费，也是日本基础研究的主要经费来源。此项补助金为谋求社会及自然科学诸领域卓越的学术研究取得突破性进展的研究助成费，其目的是鼓励科研人员的自由创新意识、培养优秀的研究人员、开展多领域跨学科的学术研究、开拓新的研究领域，以期尽可能多地产生具有创造性的新见解。它适应研究人员的多种需要及其研究的目的和特点，资助内容分“科学研究费”“研究成果发表促进费”“特定奖励费”“特别研究员奖励费”和“学术创立研究费”等若干申请项目。研究人员可以自主提出课题申请，经学术审议会审核

---

① 文部科学省.競争的研究資金［EB/OL］.［2016-03-22］.www.mext.go.jp/b_menu/shingi/chukyo/chukyo0/toushin/05090501/021/003-50.pdf.

② 科学研究费补助金项目除文部科学省外，日本科学技术振兴会也设立了该项研究补助经费，但二者补助的领域不同。日本科学技术振兴会更侧重资助具有前瞻性、创造性的学术研究项目，如开拓未来学术研究促进事业，战略性、创造性研究促进事业等。资助的目的在于促进开创未来科学技术发展、新兴产业的产生及发展、新兴科技萌芽等。

批准后拨发。资助对象为国立、公立、私立大学，国立、公立实验研究机构以及企业、独立行政法人中的研究人员。申请者可以个人为单位，也可以集体为单位。

（2）战略性创造研究推进事业费（581亿日元）。用于资助符合国家发展战略，满足经济社会发展需求，与科技发展和创新技术有关的研究领域的研究项目。例如围绕生命、信息、环境和纳米技术及材料四大重点领域实施的基础研究。具体实施方法有公开招募型和负责人实施型两种。资助对象是国立、公立、私立大学，国立、公立研究试验机构，企业以及独立行政法人中的研究人员和研究集体。

（3）科学技术振兴调整费（501亿日元）。用于资助按照综合科学技术会议制定的方针改革科学技术体系、发挥人才创新能力、适应国民需求的战略研究开发项目。资助对象为国立、公立、私立大学，国立、公立试验研究机构，独立行政法人和企业等研究机构及其他有研究能力的机构。

（4）“卓越研究中心建设费补助基金”（“全球COE计划”，349亿日元）。以第三方评价为基础，引入市场竞争原理，资助日本国立、公立、私立大学创建具有世界最高水平的研究、教育基地，主要资助国立、公立、私立大学的校长或学科领域带头人。

此外，还有“世界顶尖研究基地建设计划”（93亿日元）、“战略性基础科学研究强化计划”（50亿日元）、“特别研究员事业”（172亿日元）、“国际化基地整备事业”（94亿日元）、“组织性研究生院教育改革推进计划”（57亿日元）等。①

在高等教育领域引入市场竞争机制，开展竞争评价，能够提高教育资源的合理、有效、高能配置，进而调动大学的积极性。外部评价制度特别是第三方评价制度对于日本政府制定新的资源配置政策起着至关重要的作用。日本政府先后在20世纪90年代末至21世纪初公布的一系列教育改革纲要性文件中都提到了建立公正、透明的外部评价制度，并将评价结果反映在资源配置政策上，根据评价结果进行资源分配的政策理念。如在1998年大学审议会公布的《21世纪的大学与今后的改革对

① 文部科学省. 平成22年度科学技術関連予算概算要求の概要［EB/OL］.［2016-03-16］. www.mext.go.jp/.../shingi/gijyutu/gijyutu0/shiryo/__icsFiles/afieldfile/2009/11/04/1286457_003.pdf.

策——在竞争环境中闪耀个性的大学》咨询报告和2002年日本综合科学技术会议公布的《改革扩大竞争性研究资金》的中期报告中都涉及通过评价方式进行大学竞争性科研资金配置的内容。

评价影响拨款的基本形式无外乎以下两种：一是评价结果直接与拨款额挂钩，即绩效拨款；二是绩效因素参与拨款过程，即绩效预算。其中，绩效拨款是许多国家和地区日益重视并着力付诸实施的拨款方式。各国纷纷设立为完成国家或社会机构特定研究项目的专项研究经费，通过竞争的方式激励大学和研究人员向世界先进水平冲击。在“21世纪COE计划”和“全球COE计划”的实施过程中，就颇为注重评价对拨款的渗透，采用了注重成果的绩效拨款机制，评价结果直接影响政府对COE的竞争性经费投入力度。此外，这两项计划还在大学与政府之间设立了一个“缓冲器”——“21世纪COE计划委员会”处理专项拨款等事宜。关于COE的专项拨款仍由文部科学省负责进行，但具体的经费管理工作则由“21世纪COE计划委员会”负责。如此一来，一方面既有利于保障大学的自主性，提高高等教育经费的投入效率；另一方面，政府也可以充分运用政府投资的引导作用，在政策实施过程中施加一定程度的行政影响力，以最少的财政成本达到最大的政策效果。

运用绩效拨款中介调控而非直接干预高等教育是世界各国教育拨款的一个潮流。国家通过拨款积极影响高等教育的表现主要有：拨款指导性方针的提出，将拨款与对学校的评价相联系，有针对性地督导学校提高教学质量及促进高等教育与经济社会发展的融合，加强监督检查、避免学校滥用得到的经费等；在实施宏观调控的同时，国家又积极维护大学办学的自主性，不直接干预学校内部管理。在经济低迷、财政紧缩的情况下，日本政府充分利用评价和拨款这两种教育宏观管理的重要手段以达到提高学校教育质量和办学效益的目的。尽管目前绩效拨款额占教育经费的比例不高，但其作用与发展趋势是值得重视的。

（二）法人化改革后的日本国立大学教育经费资助研究①

在全球范围内的新公共管理运动中，国家预算中高等教育经费的增加对国家公共财政产生的压力导致旨在减少公共财政支出的民营化政策越来越流行。在国立大学法人化改革之前，日本政府重点支持若干所国

---

① 李润华.独立行政法人化改革后日本国立大学财政支援体系研究［J］.比较教育研究，2010（8）：35—40.

立大学，每年向这些大学按人头统一拨付办学经费。此时的国立大学的教职员工属于国家公务员，大学的管理机构实际上是政府行政机构在高等学校的延伸，大学成为一个无权无责的执行机构。国立大学的“官体制”所造成的恶果，一方面是其自身的“结构臃肿”和资源浪费增加了国家的负担，另一方面是“大锅饭”“铁饭碗”现象的存在使得大学教职员工普遍缺乏竞争意识和效率意识，导致了大学工作效率的低下和竞争力的下降，从而无法提供高水准的教育与科研服务。

1997年由日本前首相桥本龙太郎直接领导的行政改革委员会将“国立大学民营化”的构想纳入国家行政改革项目。桥本内阁一方面寄希望于通过“国立大学民营化”改革使得国立大学的教师脱离公务员身份，达到削减教育公务员编制的目的；另一方面通过改变以往根据大学的设置形态进行“差别化”财政支援的政策，在国立大学中引进市场竞争机制，使其向民营化方向发展，改变其“国立”性质，促进高等教育经费的多元化，不以政府公共经费为国立大学办学经费的单一来源，在拨款机制中加入竞争元素，增加私有资金的比例，减轻政府对高等教育的投入压力。

法人化改革后，国立大学在运营上引进了区别于以往的由中期目标、中期计划、中期评价组成的目标管理与第三方评价制度，并且在资源分配方面引进了基于竞争原理的资金分配方式，具体体现在国立大学的财政、财务方面导入的运营费交付金制度。其运作方式是各国立大学法人根据文部科学大臣设定的中期目标每6年向文部科学省提交一次中期计划，期满时由专门评价机构“国立大学法人评价委员会”对目标是否实现、计划完成情况做出评价，文部科学大臣在听取意见之后，决定是否拨付由中期目标所制定的运营费交付金，而评价的结果又将成为下一个中期目标（包括财政预算）制订的基本依据。①

国立大学法人的教育经费来源主要包括政府拨付的公共财政资助和自筹资金。其中公共财政资助由机构资助金、项目资助金和个人资助金

---

① 吴遵民.日本高等教育改革的现状与问题——访日本比较教育学会会长马越徹教授［J］.全球教育展望，2004（6）：3—7.

构成，具体细分为运营费交付金、COE及GP①等竞争性科研经费、公共奖学金和科学研究费补助金；自筹资金包括学费及入学金、附属医院收入、通过委托研究及企业派遣等途径获得的学校的外部创收。

1.运营费交付金。运营费交付金不再像以往在资金的使用途径上受到单年度预算的种种制约，并且其剩余资金可以结转到来年继续使用，有利于大学财政自主性的增强。②运营费交付金制度的明显特征是效率化系数及经营改善系数的导入。所谓效率化系数，是指逐年削减对学校运营补助的特定运营费交付金预算中的1%；经营改善系数是指逐年削减拨付给拥有附属医院的国立大学的运营费交付金预算中的2%。其目的是期望通过适当的削减经费促进大学资金构造的多元化、大学运作的效率化，推动高等教育的财政预算朝着追求高效低耗的方向发展。如表1所示，自2004年4月1日国立大学法人化改革实施以来，运营费交付金呈逐年下降趋势，由12 415亿日元降至11 528亿日元，共减少887亿日元，降幅为7.1%。

表1　2004—2011年度国立大学基础经费——运营费交付金的变化

单位：亿日元

国立大学基础经费	运营费交付金预算额	教育研究经费	特别教育研究经费	其他经费
2004年度	12 415	10 369	741	1 305
2005年度	12 317	10 148	786	1 383
2006年度	12 214	9 984	800	1 431

① 日本文部科学省基于重视对大学教育活动的评价的考量，自2003年起，先后实施了一系列“GP”（Good Practice）教育支援项目，具体包括“特色GP”（Support Program for Distinctive University Education Good Practice，独具特色的大学教育改革支援计划）、“现代GP”（Support Program for Contemporary Educational Needs Good Practice，满足现代化教育需求的项目支援计划）和“教育GP”（Program for Promoting High-Quality University Education Good Practice，高质量大学教育推进计划）。

② 山本清.日本大学财政的结构和课题——以国立大学为中心［J］.教育与经济，2002（2）：10—18.

（续表）

国立大学基础经费	运营费交付金预算额	教育研究经费	特别教育研究经费	其他经费
2007年度	12 043	9 884	781	1 378
2008年度	11 813	9 735	790	1 288
2009年度	11 695	—	—	—
2010年度	11 585	—	—	—
2011年度	11 528	—	—	—

资料来源：文部科学省.国立大学法人運営費交付金の推移［EB/OL］.［2016-03-16］.http://www.mext.go.jp/b_menu/houdou/20/05/08060201/001/008/004.pdf.

2. 学费收入。20世纪90年代以来，日本政府在实施财政紧缩政策的同时，提出高等教育“受益者负担”的原则，教育成本依赖逐渐从政府或纳税人转移到家长和学生身上。自此日本政府开始逐年减少对国立大学办学经费的投入。为了弥补经费补助减少造成的财务缺口，国立大学必须自筹经费，而自筹方式中最便捷的当属提高学费。由此教育负担模式逐步从以公共开支为主转变为以学生及其家庭承担为主。

国立大学法人化改革后，为了鼓励大学开拓经费来源渠道，日本政府不再把学校的自我收入一并收缴国库，纳入到运营费交付金的预算中。关于学费及入学金等收入，在文部科学省每年公布的“学费标准额”的基础上，给予校方一定的自主裁量权。同时，为了减轻受教育者的负担，保障高等教育正常化，文部科学省将国立大学学费的调节上限设为“学费标准额”的10%。但是，为了减轻国家教育经费逐年递减带来的压力，维持大学的正常运营，共计81所国立大学于法人化改革的翌年采取了提高学费的措施，约占国立大学总数的93%。其中，2005年学费的标准额是535 800日元，比2004年提高了15 000日元。①

① 芝田政之.我が国の学費政策の論点（国立大学を中心に）［J］.大学財務経営研究，2007（8）：97.

表2为2004—2008年度国立大学法人财政收入统计情况。

表2 2004—2008年度国立大学法人财政收入统计

单位：亿日元

国立大学财政收入	运营费交付金	学费及入学金	附属医院收入	其他收入	总计
2004年度	12 415（56.5%）	3 481（15.8%）	5 957（27.1%）	121（0.6%）	21 974
2005年度	12 317（55.8%）	3 567（16.2%）	6 062（27.5%）	120（0.5%）	22 066
2006年度	12 215（55.4%）	3 566（16.2%）	6 145（27.8%）	130（0.6%）	22 056
2007年度	12 044（54.8%）	3 567（16.3%）	6 219（28.3%）	137（0.6%）	21 967
2008年度	11 813（54.2%）	3 557（16.3%）	6 284（28.8%）	154（0.7%）	21 808

资料来源：文部科学省.国立大学等の法人化について［EB/OL］.［2016-03-23］.http://www.mext.go.jp/a_menu/koutou/houjin/houjin.htm.

3.科学研究费补助金。与政府公共财政资助范围和额度逐年减少形成鲜明对比的，是竞争性研究经费的逐年递增。总体来说，国立大学科学研究经费的来源主要由以下三部分组成：

（1）经常性教育研究经费。它是根据各国立大学的教师人数为基数乘以人均补助额度，以政府财政预算拨款形式下拨的一次性预算拨款。经常性教育研究经费作为保障日常教育研究活动正常运营的资金，是运营费交付金的重要组成部分。主要用于支付研究人员以及助理研究人员的工资、最低限度的研究经费、研究基础运营费（保养、维护实验室设施费用、设备费、研究杂费）等。2004—2008年的经常性教育研究经费分别是10 369亿日元、10 148亿日元、9 984亿日元、9 884亿日元、

9 735亿日元，成逐年递减态势。①

（2）竞争性研究经费。由日本文部科学省掌管的科研经费包括科学研究费补助金、战略性创造研究推进事业资助金、科学技术振兴调整费、研究基地创建费补助金等。其资助对象为国立、公立、私立大学，国立、公立实验研究机构以及企业、独立科研政策与管理行政法人中的研究人员和研究集体。竞争性经费的设立改变了政府过去将专项研究经费按科研人员的人头平均下拨的做法，而是需要通过公开招标等竞争性方式来获取。

（3）外部研究经费。主要是大学与日本公司企业或财团合作的研究经费。日本政府鼓励产学合作，希望大学能够吸引社会上的委托和合作的科研项目，推动科学研究成果的产业化。在日本文部科学省制定的“竞争性资金制度”中，金额数量最大并且保持稳态增长的是“科学研究费补助金”。科学研究费补助金由文部科学省与学术振兴会共同管理，用于资助人文社会科学和自然科学领域从基础研究到应用研究的所有学术研究。在1993年至2011年的18年内，科学研究费补助金从736亿日元增加到2 633亿日元，增幅超过258%。②

表3为部分年度科学研究费补助金的变化情况。

表3　部分年度科学研究费补助金的变化

年度	2004	2005	2006	2007	2008	2009	2010	2011
预算额（亿日元）	1 830	1 880	1 895	1 913	1 932	1 970	2 000	2 633
比上年度增长率（%）	3.7	2.7	0.8	0.9	1.0	2.0	1.5	31.7

资料来源： 独立行政法人日本学術振興会.科研費パンフレット2011（詳細版・改訂版）[EB/OL]. [2016-03-23] .http://www.jsps.go.jp/j-grantsinaid/24_pamph/index.html.

① 文部科学省.国立大学法人運営費交付金の推移［EB/OL］.［2016-03-23］.http：//www.mext.go.jp/b_menu/houdou/20/05/08060201/001/008/004.pdf.

② 独立行政法人日本学術振興会.科研費パンフレット2011（詳細版・改訂版）［EB/OL］.［2016-03-23］.http：//www.jsps.go.jp/j-grantsinaid/24_pamph/data/pamph2011_kaitei.pdf.

在文部科学省“竞争性资金制度”中，除科学研究费补助金的资助主体是国立大学外，另一项与人文社会科学发展有密切关系的是“研究基地项目创建费等补助金”，主要包括“21世纪COE计划”、“全球COE计划”、独具特色的大学教育改革支援计划（特色GP）、满足现代化教育需求的项目支援计划（现代GP）、高质量的大学教育推进计划（教育GP）等一系列国家重点支援的教育科研建设项目。与以往经由日本政府召开科学技术会议等形式来予以推动的重点科研基地建设项目不同的是，这类项目的科研资助经费的拨发主要依据独立于政府和大学之外的第三方评价机构对国立、公立、私立大学的绩效评价考核的结果，强调竞争性原则，而不是按照大学设置形态来重点分配政府的专项资金。其目的是通过实行倾斜式的重点科研项目优先拨款，引导和促进各大学形成自身优势、个性和特色，创建具有国际竞争力的、特色鲜明的世界最高水平大学。这些重点资助项目的出台不但避免了因为相应财政资金不到位而导致计划“流产”，也意味着法人化改革后的国立大学，虽然主要预算仍将由国家财政拨款，但也将同其他大学一样，更多地参与市场竞争，以获取充足的办学经费。随着国立大学的独立行政法人化改革的推进，作为大学的独立法人由以往的政府经营转变为自律型经营模式，各大学的学费将会出现上调的可能性，教职员工的待遇也可能随着大学的运营业绩而变化。各大学之间的竞争将更加激烈，特别是“产学研”合作将使大学的研究活动更为活跃，外部资金的筹集竞争将更加白热化。

（三）法人化改革给日本国立大学财政资助带来的成效、问题与争议

一方面，法人化改革在进一步强化国立大学在财政管理方面的裁量权，提高大学财政的灵活性等方面起到了积极的推动作用。“独立行政法人国立大学”这一新称谓的出现意味着国立大学脱离了“国家设施型”的经营形态，在法律地位上发生了根本性质的改变。根据2003年7月16日颁布的《国立大学法人法》〔法律第112号〕的规定，日本国立大学由国家行政机构身份转变成为由文部科学省设置和监督的独立行政法人。两者之间“统制”与“被统制”的行政隶属关系逐渐淡化，国立大学作为一个独立的采用企业会计制度提供行政服务的机构将享受充分的裁量权。新的财政管理体系旨在保障国立大学拥有相对独立于政府的自主性的同时，提高大学组织的自律性。它改变了以往政府对行政事业单位的

事前干预与限制，使政府的管理重心转为事后监督。为此，除了直接管辖大臣的管理与监督之外，来自于政府的财政干预只能保持在必要的最小限度内。虽然国立大学仍然处于政府的间接管理之下，国立大学的教育经费的主要来源依然依赖于政府的财政拨款，政府作为国立大学主要经费负担者的地位并没有发生本质上的改变。但是，在高等教育大众化、大学机能多样化的潮流中，“法人型”的国立大学在财政方面不必再束缚于政府预算的种种繁琐的制度，在依赖来自政府的财政拨款及学生缴纳的学费的同时，也可以通过向社会提供教育、研究等公共服务来增加学校资金来源，进一步开拓多元性资金渠道，增强大学财政的灵活性。①

另一方面，法人化改革对原有的国立大学的财政资助体系造成了强烈冲击。具体体现为：

（1）运营费交付金制度中“效率化系数”及“经营改善系数”的导入带来的“双刃剑”效应不可小觑。一方面，法人化改革有利于减轻日本政府财政负担。依据对国立大学的评价结果，政府将通过资源分配的重点性、倾斜性方针重新对其财政收入进行分配，进而提高资金的有效利用率。另一方面，由于国立大学在设立之初就存在财政和制度上的差距，不同的国立大学间存在金字塔式、相对固定的等级关系，占绝大多数的普通地方国立大学与少数社会威望和声誉极高的、研究型国立大学之间在国家财政的各项拨款上存在巨大差距。法人化改革打破了原来教育经费的分配比例，对每年的运营经费实施逐年削减1%的措施。与此同时，在经费配置上增加了竞争性科研经费拨款的比例，这就使在外部资金的竞争中处于不利地位的“非研究型”国立大学陷入运营经费短缺的困境之中，进而影响到大学日常教育研究活动的正常运作。再加上，政府只把有限的财政资源重点分配到培养社会精英和推动国家科研竞争力提升的一些有实力的综合性国立大学及实用性领域，并未从根本上改变传统的倾斜性教育财政投入机制。长久以来这种资源分配的重点性、倾斜性方针导致了国立大学间的不均衡发展格局，法人化改革不但没有从根本上加以改善，反而对在法人化后的大学评价过程中外部创收没有发生很大变化、财政压力很大的地方国立大学以及以培养教师为主的师

---

① 金子元久.大学的经营形态——日本的特征［J］.教育与经济，2002（2）：5—9.

范类大学造成更为猛烈的冲击。①

（2）学费的上涨违背了教育机会均等的原则。国立大学法人化改革后，随着政府教育经费拨款的逐年递减，为了弥补经费补助减少造成的财务缺口，国立大学必须逐步负担自筹经费之重责，而自筹方式中最便捷的当属提高学费。由此教育负担模式逐步从以公共开支为主转变为以学生及其家庭承担为主。例如绝大多数国立大学都于2005年采取了提高学费的措施，2005年学费标准额是535 800日元，比2004年提高了15 000日元。如此一来，无疑增加了中低收入家庭的学生的择校难度和家庭开支负担，高额的学费侵害到教育机会均等及宪法保障国民受教育的权利，并且学费的划一性也阻碍了国立大学个性化、多样化的发展。

此外，国立大学虽然在称谓上发生了改变，但在根本性质上可以将其看作是介于政府直属机构和民间法人组织之间的一种“准”政府机构，财政大权、制定中期目标的主导权以及中期计划结束后决定国立大学存亡的特权依旧紧握在政府手中，这种政府权力的隐性膨胀，无疑将会严重影响大学的自治与学术自由。支撑学术自由必须允许浪费、重复等与学问有关的没有效率的投入等现象的出现。过度的注重效率，追求收益，尽可能减少资源分配，有陷入追求利润倾向的危险。只有在一定广度上开展研究活动，才能够形成激发研究整体活力的基础。特别是如果大学的财政支援过度依赖于短期研究的绩效评估的话，不仅会危害大学长期性研究的生产率，而且也会妨碍其教育质量的提高。

日本国立大学法人化改革是21世纪初日本高等教育改革的重要方略。在国内经济不景气、现有教育资源有限的前提下，日本政府开始追求竞争和教育投资效率，希望在减轻财政负担的同时，将国立大学推向市场，增强其竞争能力，激发大学在科研方面的潜力。从高等教育政策层面来看，政府的管理由原来的政府统一管制转变成为政府宏观调控和指导，政府的拨款由以往对各大学“均摊”的非竞争性“大锅饭”式分配方式，转变成以科研能力为评判基准的“优胜劣汰”式的竞争性研究经费拨款方式。日本高等教育财政拨款制度改革摈弃了平均主义、本位主义的做法，打破了“出身”桎梏，刺激了大学之间的竞争，有利于加快大学的优胜劣汰，提升国家的整体科研水平，代表了高等教育的改革

① 鲍威.法人化改革后日本国立大学财政管理体系的重构——从“行政隶属型”向“契约型”的转化［J］.比较教育研究，2007（9）：62—67.

方向。但是，由于日本大学长期以来形成的传统不可能在短期内得到改变，在体制转轨时期必然会出现这样那样的问题，法人化改革难免会给国立大学财政资助带来诸多问题与争议。

高等教育的市场化不仅是日本高等教育面临的问题，而且也是一个跨越国界的、带有普遍意义的问题。在高校体制改革方面，我国也面临着类似的机遇和挑战，关注日本高等教育财政拨款制度改革的措施和进展，将为我国高校未来财务管理体制的构建提供有益的借鉴。

第三章
日本创建世界一流大学卓越研究中心政策的实施过程与效果

截至目前，“21世纪COE计划”和“全球COE计划”有关COE的立项审批工作已经全部结束。本章主要从各学科领域中COE的申报、评审及审批通过率，COE在国立、公立、私立大学中的分布情况，COE建设资助金在各学科领域及国立、公立、私立大学中的分布情况等几个方面详细介绍这两个计划的具体实施过程，归纳总结COE立项审核的特点，同时参考文部科学省实施的问卷调查，对政策的实施效果进行概括分析。

第一节　日本创建世界一流大学卓越研究中心政策的实施过程

“21世纪COE计划”自2002年6月正式启动后，分别于2002年度、2003年度、2004年度3个年度开展了COE卓越研究中心的申请和遴选工作；“全球COE计划”自2007年接棒“21世纪COE计划”后，分别于2007年度、2008年度、2009年度3个年度继续开展COE卓越研究中心的审查与遴选工作。

一、“21世纪COE计划”的实施过程

（一）2002—2004年度“21世纪COE计划”的具体实施情况

2002年度，“21世纪COE计划”首先在生命科学、信息电气电子

类、化学与材料科学、人文科学、交叉学科·复合学科·新兴学科等5大学科领域实施，预算金额为182亿日元，共有163所大学提出464项申请。其中，国立大学提交283项申请，占61.0%；公立大学提交38项申请，占8.2%；私立大学提交143项申请，占30.8%。经过“21世纪COE计划委员会”的审查，在2002年10月日本文部科学省公布的“21世纪COE计划”首批立项COE资助名单中，共有50所大学的113项研究课题入选，审批通过率为24.4%。

从大学类别、入选COE数量以及资助金额的具体分布来看，在入选2002年度卓越研究中心的大学中，国立大学31所，入选项目84个，占入选COE总数的74.3%，获得资助金130.02亿日元，占实际资助总金额的77.6%；公立大学4所，入选项目4个，占入选COE总数的3.6%，获得资助金5.32亿日元，占实际资助总金额的3.2%；私立大学15所，入选项目25个，占入选COE总数的22.1%，获得资助金32.09亿日元，占实际资助总金额的19.2%。

从各学科领域中COE的申请与审批状况来看，审批通过率由高至低依次为：信息电气电子领域的COE申请共计78项，获批20项，审批通过率为25.64%；化学与材料科学领域的COE申请共计82项，获批21项，审批通过率为25.61%；人文科学领域的COE申请共计79项，获批20项，审批通过率为25.32%。生命科学领域的COE申请共计112项，获批28项，审批通过率为25.00%；交叉学科·复合学科·新兴学科领域的COE申请共计113项，获批24项，审批通过率为21.24%。①

2003年，文部科学省在对2002年度已选定的项目拨付第二年的科研资助金的同时，还在医学类、数学·物理学·地球科学、机械·土木·建筑及其他工学、社会科学、交叉学科·复合学科·新兴学科等5大学科领域进行公开招标并遴选出了新一批的COE。2003年度“21世纪COE计划”的预算总金额为334亿日元（其中除2003年度预算金额为158亿日元外，还包括对2002年度选定项目的第二年度的拨款176亿日元）。委员会从225所大学的611项申请（其中，国立大学提交了337项申请，占提交申请总数的55.2%；公立大学提交了55项申请，占提交申

① 文部科学省.平成14年度「21世紀COEプログラム」の研究教育拠点の選定について［EB/OL］.［2016-03-24］. http://www.mext.go.jp/a_menu/koutou/coe/021001.htm .

请总数的9.0%；私立大学提交了219项申请，占提交申请总数的35.8%）中，选定了56所大学的133个基地项目，审批通过率为21.8%。

从大学类别、入选COE件数以及资助金额的具体分布来看，在入选2003年度卓越研究中心的大学中，国立大学31所，入选项目97个，占入选COE总数的72.9%，获得资助金121.81亿日元，占实际资助总金额的77.0%；公立大学4所，入选项目5个，占入选COE总数的3.8%，获得资助金4.16亿日元，占实际资助总金额的2.6%；私立大学21所，入选项目31个，占入选COE总数的23.3%，获得资助金32.21亿日元，占实际资助总金额的20.4%。

从各学科领域中COE的申请与审批状况来看，审批通过率由高至低依次为：数学・物理学・地球科学领域的COE申请共计86项，获批24项，审批通过率为27.9%；医学领域的COE申请共计138项，获批35项，审批通过率为25.4%；社会科学领域的COE申请共计105项，获批26项，审批通过率为24.8%；机械・土木・建筑及其他工学领域的COE申请共计106项，获批23项，审批通过率为21.7%；交叉学科・复合学科・新兴学科领域的COE申请共计176项，获批25项，审批通过率为14.2%。①

2004年度，“21世纪COE计划”仅在创新・前沿科学领域进行了COE的公开遴选工作，预算总金额为365亿日元（其中除2004年度预算金额为34亿日元外，还包括对2003、2002年度选定项目的第二、三年度的拨款331亿日元）。委员会从186所大学的320项申请（其中，国立大学提交了156项申请，占提交申请总数的48.8%；公立大学提交了34项申请，占提交申请总数的10.6%；私立大学提交了130项申请，占提交申请总数的40.6%②）中选定了24所大学的28个基地项目，审批通过率为8.8%。

从大学类别、入选COE数量以及资助金额的具体分布来看，在入选2004年度卓越研究中心的大学中，国立大学19所，入选项目23个，占入选COE总数的82.1%，获得资助金27.14亿日元，占实际资助总金额

① 文部科学省.平成15年度「21世紀COEプログラム」の研究教育拠点の選定について［EB/OL］.［2016-03-24］. http://www.mext.go.jp/a_menu/koutou/coe/03071701.htm.

② 文部科学省.平成16年度「21世紀COEプログラム」申請状況について［EB/OL］.［2016-03-24］. http://www.mext.go.jp/a_menu/koutou/coe/04030901.htm.

的88.4%；公立大学1所，入选项目1个，占入选COE总数的3.6%，获得资助金1.10亿日元，占实际资助总金额的3.6%；私立大学4所，入选项目4个，占入选COE总数的14.3%，获得资助金2.47亿日元，占实际资助总金额的8.0%。①

（二）COE申报、立项、项目资助经费等在各学科领域和各类大学的分布情况

通过研究和分析2002—2004年度“21世纪COE计划”的具体实施情况，我们可以看出：

1. 从不同类别大学每年度的申报情况来看，无论是COE的申报数、立项数，抑或是审批通过率，都呈现出对国立大学的方向性倾斜的特点。“21世纪COE计划”在10大学科领域共设置了274个COE，这些卓越研究中心分别隶属93所大学，其中，国立大学51所，占学校总数的54.8%；公立大学7所，占学校总数的7.5%；私立大学35所，占学校总数的37.6%。从COE在各类大学的分布情况来看，国立大学占据一定优势，在国立大学设置的卓越研究中心数为204个，占COE设置总数的74.5%；公立大学为10个，所占比例最低，仅占COE设置总数的3.6%；私立大学为60个，占COE设置总数的21.9%，居于中位。②

2. 从不同类型大学提交的COE申请占COE申请总数的比例来看，虽然国立大学所占比例始终拔得头筹，但是逐渐呈下滑趋势，由2002年度的61.0%滑落至2004年度的48.8%。与此形成鲜明对照的是，私立大学与公立大学提交的COE申请所占比例呈稳步上升趋势，其中尤以私立大学提交的COE申请所占比例提升速度明显，从2002年度的30.8%上升至2004年度的40.6%，逼近了国立大学的比例。③

3. 从COE立项成功率来看，无论是国立、公立还是私立大学，都呈现出逐年递减的趋势。国立大学2002年度的立项成功率为29.7%，2003年微降为28.8%，2004年度跌至14.7%，跌幅超过50%；公立大学2002年度的立项成功率为10.5 %，2003年微降为9.1%，2004年度跌至

① 文部科学省.平成16年度「21世紀COEプログラム」申請結果について［EB/OL］.［2016-03-24］. http：//www.mext.go.jp/a_menu/koutou/coe/04072101.htm.

② 文部科学省.21世紀COEプログラムの成果［EB/OL］.［2016-03-24］. http：//www.mext.go.jp/a_menu/koutou/coe/06092116/all.pdf.

③ 文部科学省.21世紀COEプログラムの成果［EB/OL］.［2016-03-24］. http：//www.mext.go.jp/a_menu/koutou/coe/06092116/all.pdf.

2.9%，跌幅超过70%；私立大学2002年度的立项成功率为17.5%，2003年度微降为14.2%，2004年度跌至3.1%，跌幅超过75%。①影响不同类型大学立项成功率大幅度变化的关键因素是国立大学在COE申请总数中所占的比例。2004年度立项成功率大幅度暴跌，一个重要原因是该年度国立大学COE申请数占总数的比例较低。从这一点可以得出“21世纪COE计划”在立项审核政策上“偏袒”国立大学的结论。

4. 从COE项目资助经费的分配情况来看，如表1所示，2002—2004年度立项的274个卓越研究中心在“21世纪COE计划”实施的7年间（2002—2008）共计获得政府资助的卓越研究中心建设费补助基金约为1759.78亿日元。其中，国立大学获得的COE资助经费合计约为1 381.74亿日元，占总经费的78.5%；公立大学获得的COE资助经费合计约为46.66亿日元，占总经费的2.7%；私立大学获得的COE资助经费合计约为331.38亿日元，占总经费的18.8%。

表1　“21世纪COE计划”国立、公立、私立大学COE资助经费分配一览表（单位：万日元）

年度	国立大学	公立大学	私立大学	总计
2002	1 300 200	53 200	320 900	1 674 300
2003	2 390 700	86 900	598 300	3 075 900
2004	2 677 620	88 380	617 000	3 383 000
2005	2 766 720	88 240	664 040	3 519 000
2006	2 735 451	87 543	665 269	3 488 263
2007	1 710 610	52 470	418 616	2 181 696
2008	236 126	9 900	29 654	275 680
合计	13 817 427	466 633	3 313 779	17 597 839

① 文部科学省.21世紀COEプログラムの成果［EB/OL］.［2016-03-24］. http：//www.mext.go.jp/a_menu/koutou/coe/06092116/all.pdf.

资料来源： 文部科学省.平成14年度「21世紀COEプログラム」採択拠点補助金交付決定について；平成15年度「21世紀COEプログラム」（平成14年度採択拠点）補助金交付決定について；平成15年度「21世紀COEプログラム」（平成15年度採択拠点）補助金交付決定について；平成16年度「21世紀COEプログラム」（平成14、15年度採択拠点）補助金交付決定について；平成16年度「21世紀COEプログラム」（平成16年度採択拠点）補助金交付決定について；＜21世紀COEプログラム＞平成17年度補助金交付決定（平成14、15、16年度採択拠点）について；＜21世紀COEプログラム＞平成18年度補助金交付決定（平成14、15、16年度採択拠点）について；「21世紀COEプログラム」平成19年度補助金交付決定（平成15、16年度採択拠点）について；「21世紀COEプログラム」平成20年度補助金交付決定（平成16年度採択拠点）について［EB/OL］.［2016-03-24］. http：//www.mext.go.jp/a_menu/koutou/coe/main6_a3.htm.

5. 从COE在10大学科领域中的设置情况来看，交叉学科・复合学科・新兴学科领域的COE设置数量位居榜首，2002、2003年度共计设置了49个COE；其次是医学领域，设置了35个COE；再次是生命科学领域和创新・前沿科学领域，各设置了28个COE；以下依次是社会科学领域，设置了26个COE；数学・物理学・地球科学领域，设置了24个COE；机械・土木・建筑及其他工学领域，设置了23个COE；化学与材料科学领域，设置了21个COE；信息电气电子领域和人文科学领域的COE设置数最低，各设置了20个COE。从各学科领域中的COE审批通过率来看，审批通过率由高到低依次为：交叉学科・复合学科・新兴学科领域的审批通过率为40.0%（2002年度与2003年度之和）；医学领域的审批通过率为26.3%；生命科学领域的审批通过率为24.8%；社会科学领域的审批通过率为19.6%；化学与材料科学领域的审批通过率为18.6%；数学・物理学・地球科学领域的审批通过率为18.0%；信息电气电子领域的审批通过率为17.7%；人文科学领域的审批通过率为17.7%；机械・土木・建筑及其他工学领域的审批通过率为17.3%；创新・前沿科学领域的审批通过率为8.8%。①这一方面反映出日本大学在创新・前沿科学领域的研究能力的欠缺；另一方面，也反映出日本政府为提升高水平的学科创新力和带动力，开展高水平的研究活动，催生高

① 文部科学省.21世紀COEプログラムの成果［EB/OL］.［2016-03-24］. http：//www.mext.go.jp/a_menu/koutou/coe/06092116/all.pdf.

水平研究成果，坚持高标准、严要求，从严控制COE立项的决心与力度。

（三）2002—2004年度“21世纪COE计划”立项审批的特点

通过对2002—2004年度入选“21世纪COE计划”的93所大学274个COE在国立、公立、私立大学的具体分布情况做进一步深入考察和探究后发现，该计划的立项审批具有以下几个特点：

1. 具有悠久历史传统和雄厚科研实力的综合性研究型大学——7所旧制帝国大学占据绝对优势地位

19世纪中叶的明治维新之后，为实现文明开化、殖产兴业和富国强兵的近代化目标，日本政府在其本土设立了以“攻研国家进展所必要之学理及有关应用之蕴奥为目的，以陶冶学徒之人格，涵养国家思想为使命”，“育就国家需要之才”①为目的的7所帝国大学。按成立时间先后顺序依次为：东京帝国大学（1877年）、京都帝国大学（1897年）、东北帝国大学（1907年）、九州帝国大学（1911年）、北海道帝国大学（1918年）、大阪帝国大学（1931年）和名古屋帝国大学（1939年）。以上7所帝国大学被定位为具有国家最高水平的国立高等教育机构和研究机构，承担着培养国家急需的最高层统治管理人员、学者、医生、高级技术人员等拔尖精英人才的重要任务。这些帝国大学都是门类齐全的综合性大学，并在设立之初就设置了研究生院。1949年日本政府开始全面实施新制大学制度，采取升格、改编合并、直接过渡等方法对旧制高等教育机构进行“改造”，建立了“新制大学”。经过第二次世界大战后的新学制改革后，从表面上来看，国立大学整体是被国家平等对待、一视同仁的，但实际上，国立大学内部分化为如下三个梯队：第一梯队——直接过渡成为四年制新制大学的旧帝国大学；第二梯队——升格成为新制大学的旧单科大学，如现在的一桥大学、东京工业大学、神户大学、筑波大学、广岛大学、千叶大学等；第三梯队——第二次世界大战后建立的“新制大学”。长期以来，日本政府对于这7所“嫡系”国立大学在资金分配上实行政策性倾斜，加大扶持力度，使得“旧帝大”盘踞高等教育“金字塔尖”经年，始终位居国立大学中的“第一梯队”。如表2所示，7

① 文部科学省.学制百年史 資料編［一 教育法規等（四）·帝国大学令］[EB/OL]．[2016-03-24]. http：//www.mext.go.jp/b_menu/hakusho/html/hpbz198102/hpbz198102_2_078.html.

所“旧帝大”获得立项的COE达到113个，占COE立项总数的41.2%；获得的科研补助金拨付额约169.46亿日元，占资助经费总数的47.6%。这7所大学无论是在COE申报数量、立项数量，还是在科研补助金拨付额上都令其他大学难以望其项背。国立大学在日本学术研究中的优势地位是毋庸赘言的。

表2　2002—2004年度入选“21世纪COE计划”卓越研究中心项目数量排名前列的大学

排名	大学名称	学校性质	入选个数/（申请项目数）				科研补助金拨付额（日元）
			2002年度	2003年度	2004年度	合计	
1	东京大学	国立	11	15/24	2/8	28	43亿3930万
2	京都大学	国立	11	11/15	1/7	23	33亿7480万
3	大阪大学	国立	7	7/13	1/4	15	24亿6980万
4	名古屋大学	国立	7	6/12	1/3	14	17亿8630万
5	东北大学	国立	5	7/14	1/8	13	19亿5460万
6	东京工业大学	国立	4	5/9	3/8	12	17亿8060万
6	北海道大学	国立	4	6/13	2/5	12	17亿5450万
6	庆应义塾大学	私立	5	7/9	0/1	12	17亿5110万
9	早稻田大学	私立	5	4/10	0/6	9	10亿3730万
10	九州大学	国立	4	4/13	0/3	8	12亿6640万
11	神户大学	国立	1	6/9	0/4	7	13亿8720万

资料来源：文部科学省.平成14年度国公私別申請・採択状況；平成15年度国公私別申請・採択状況；平成16年度国公私別申請・採択状況［EB/OL］.［2016-03-24］. http：//www.mext.go.jp/a_menu/koutou/coe/main6_a3.htm.

2. 享有日本"私学双璧"美誉的庆应义塾大学与早稻田大学力保前十；拥有国际知名学者的普通私立大学奋力"突出重围"

根据文部科学省公布的2010年度《学校基本调查》统计数据显示，日本现有778所大学（国立86所、公立95所、私立597所），大学在校学生总数2 887 396人（国立625 026人、公立142 568人、私立2 119 802人）。在日本的778所大学中，私立大学有597所，约占学校总数的76.7%，约为国立和公立大学总数的3.298倍；私立大学在校学生数为2 119 802人，约占在校学生总数的73.4%，约为国立和公立大学在校学生总数的2.761倍。①虽然日本的私立大学在数量上以压倒性优势胜过国立大学与公立大学，但在"21世纪COE计划"的整个实施过程中，综观其COE立项数量不足总数的四分之一。其中具有良好声誉和影响且可以同"旧帝大"一搏的私立大学只有两所，就是在日本享有"私学双璧"美誉的庆应义塾大学与早稻田大学。这两所著名的私立大学分别获得立项COE数为12和9，分别位列入选"21世纪COE计划"卓越研究中心项目数量排行榜的第六和第九。这两所大学获得的立项COE数约占COE立项总数的7.7%；获得的科研补助金拨付额约27.88亿日元，占资助经费总数的7.8%。此外，一些拥有国际知名学者的普通私立大学也在该计划中崭露头角。虽然该计划的评审方针对于研究领域"世界领先性"与"独特性" 这一堪称苛刻的要求使得一些大学"无功而返"，却也使得一些在整体实力上无法与名校抗衡的普通院校"异军突起"，通过打"特色牌"，争取到COE立项。例如曾在国际上率先发现一种新型金属类高温超导材料二硼化镁的青山学院大学固体物理学教授秋光纯所在的理工学部附属先端技术研究开发中心②、曾因发现"碳素纳米管"而获得富兰克林奖章（Benjamin Franklin Medal in Physics）的名城大学的饭岛澄

① 文部科学省.学校基本調査–平成22年度（確定値）結果の概要（高等教育機関）[EB/OL]．[2016-03-24]. http: //www.mext.go.jp/b_menu/toukei/chousa01/kihon/kekka/k_detail/1300352.htm.

② 文部科学省.平成14年度「21世紀COEプログラム採択拠点」【分野：化学・材料科学】[EB/OL]．[2016-03-24]. http: //www.jsps.go.jp/j-21coe/03_saitaku/index.html.

男教授所在的理工学研究科电气电子工学专业等。①

3. “旧单科大学”“旧专门学校”发挥特色学科优势，得以“分得一杯羹”

虽然那些历史底蕴厚重、科研实力强大的国立大学在大学卓越研究中心的评选中斩获颇丰，但一些富有鲜明个性特色的地方单科性大学同样获得青睐。由于COE计划的评选摈弃了以往按大学的综合实力进行评比的方式，而是以具有博士及优秀科研人员培养能力的学科为对象进行评审，因此规模较小的地方大学和单科性大学只要拥有优势学科照样可以在评审中脱颖而出。例如在审批通过率仅为8.8%、竞争趋白热化的2004年度COE评审中，鸟取大学医学系研究科机能再生医科学专业的“染色体工学技术开发研究中心”、琉球大学理工学研究科海洋环境学专业的“珊瑚礁岛屿系的生物多样性的综合解析研究中心”、九州产业大学艺术研究科造型表现专业的“柿右卫门样式陶艺研究中心”等一些地方性大学的特长学科突出国立大学的重重“包围圈”成功获得COE立项。②前身是旧单科大学——神户经济大学的神户大学在2002年度仅入选了1个COE，一桥大学（旧东京商科大学）、千叶大学（旧千叶医科大学）、德岛大学（旧德岛医科大学）、冈山大学（旧冈山医科大学）等综合实力并不弱的大学更是颗粒无收，铩羽而归。上述大学深感危机，采取了校内预审，对申请内容进行精查、筛选、锁定等一系列对策，摆脱“吃老本”，萌生了竞争意识。在其后的2003、2004年度评审中，神户大学“一雪前耻”，取得了辉煌战绩。2002年度获得COE立项的“旧制专门学校”有带広畜产大学（旧带広农业专门学校）、秋田大学（旧秋田矿山专门学校）、东京农工大学（旧东京林业专门学校·东京纤维专门学校）、名古屋工业大学（旧名古屋工业专门学校）、爱媛大学（旧新浜工业专门学校）等等；2003年度电气通信大学（旧中央无线电信讲习所）、山梨大学（旧山梨工业专门学校）、九州工业大学（旧明治工业专门学校）各入选1个COE，将旧工业专门学校的优势发挥到最大。

---

① 文部科学省.平成14年度「21世紀COEプログラム採択拠点」【分野：情報・電気・電子】［EB/OL］.［2016-03-24］. http：//www.jsps.go.jp/j-21coe/03_saitaku/index.html.

② 文部科学省.平成16年度「21世紀COEプログラム採択拠点」【分野：革新的な学術分野】［EB/OL］.［2016-03-24］. http：//www.jsps.go.jp/j-21coe/03_saitaku/index.html.

4. COE设置份额偏低凸显公立大学科研实力薄弱

从“21世纪COE计划”历经3个年度的评审结果来看，日本95所公立大学中仅有9所入围，设立了10个COE，占设置总数的3.6%，战果不可谓不“惨淡”。①公立大学卓越研究中心设置数量偏少的原因在于其自身特点与功能定位。日本的公立大学普遍规模较小，偏重于特定的专业领域，学科门类不齐全，仅设置一个学部的大学在公立大学中约占五成以上。公立大学设置的主要目的是通过与产业界的共同研究，向企业进行知识产权的转让，与企业共同创办公司等活动来满足学校所在地区的经济发展需求；通过开展非盈利、非政府组织等活动，提供满足市民学习需求的循环教育等终身教育活动；作为区域知识交流的据点，通过提升和充实区域文化水平，挖掘所在地区的内在潜力；对地方政府实施的政策、法规等进行事前与事后的评价，积极建言献策，发挥“智囊团”的作用等。在人才培养方面，公立大学侧重于对各类应用型人才的培养，如医生、看护师等。在科学研究方面，公立大学大多扎根于所在地区，接受地区产业界的委托研究，开展具有地区特色的产学合作等共同研究，科研实力相对薄弱。

二、“全球COE计划”的实施过程

（一）2007—2009年度“全球COE计划”的具体实施情况

2007年度，“全球COE计划”首先在生命科学、信息电气电子类、化学与材料科学、人文科学和交叉学科・复合学科・新兴学科等5大学科领域进行公开遴选，共有111所大学提出281项申请。其中，国立大学提交200项申请，占申请总数的71.2%；公立大学提交22项申请，占申请总数的7.8%；私立大学提交59项申请，占申请总数的21.0%。经过“全球COE计划委员会”的审查，选定了28所大学的63个基地项目，审批通过率为22.4%。

从大学类别、入选COE数量以及资助金额的具体分布来看，在入选2007年度卓越研究中心的大学中，国立大学21所，入选项目50个，占

① 文部科学省.平成14年度国公私別申請・採択状況；平成15年度国公私別申請・採択状況；平成16年度国公私別申請・採択状況［EB/OL］.［2016-03-24］. http://www.mext.go.jp/a_menu/koutou/coe/main6_a3.htm.

入选COE总数的79.4%，获得资助金约134.64亿日元，约占实际资助总金额的84.9%；公立大学3所，入选项目3个，占入选COE总数的4.8%，获得资助金约4.74亿日元，约占实际资助总金额的3.0%；4所私立大学的10个项目入选，占入选COE总数的15.9%，获得资助金约19.11亿日元，约占实际资助总金额的12.1%。“21世纪COE计划”2002年度的COE平均经费分配额约为148 168 142日元，而“全球COE计划”2007年度的COE平均经费分配额约为251 571 429日元，约是前者的2倍。①

从各学科领域中COE的申请与审批状况来看，审批通过率由高到低依次为：信息电气电子领域的COE申请共计37项，获批13项，审批通过率为35.1%；人文科学领域的COE申请共计39项，获批12项，审批通过率为30.8%；化学与材料科学领域的COE申请共计45项，获批13项，审批通过率为28.9%；生命科学领域的COE申请共计55项，获批13项，审批通过率为23.6%；交叉学科・复合学科・新兴学科领域的COE申请共计105项，获批12项，审批通过率为11.4 %。②

2008年度，文部科学省在对2002年度已选定的项目拨付第二年的科研资助金的同时，还在医学类、数学・物理学・地球科学、机械・土木・建筑及其他工学、社会科学、交叉学科・复合学科・新兴学科等5大学科领域进行公开招标并选定了新一批的COE。2008年度“全球COE计划”的预算总金额为349亿日元（其中除2008年度预算金额180亿日元外，还包括对2007年度选定项目的第二年度的拨款169亿日元）。2008年度，“全球COE计划”从130所大学315项申请（其中，国立大学提交211项申请，占提交申请总数的67.0%；公立大学提交24项申请，占提交申请总数的7.6%；私立大学提交80项申请，占提交申请总数的25.4%）中选定29所大学的68个基地项目，审批通过率为21.6%。

从大学类别、入选COE项目数以及资助金额的具体分布来看，在入选2008年度卓越研究中心的大学中，国立大学21所，入选项目55个，

---

① 文部科学省.「グローバルCOEプログラム」平成19年度採択拠点の補助金交付決定について［EB/OL］.［2016-03-24].http：//www.mext.go.jp/b_menu/houdou/19/08/07080801.htm.

② 文部科学省.学術審議会「科学技術創造立国を目指すわが国の学術研究の総合的推進について：知の存在感のある国を目指して」［EB/OL］.［2016-03-12].http：//www.mext.go.jp/b_menu/shingi/12/gakujutu/goushin/990602.htm.

占入选COE总数的80.9%，获得资助金148.8亿日元，占实际资助总金额的83.1%；私立大学8所，入选项目13个，占入选COE总数的19.1%，获得资助金30.2亿日元，占实际资助总金额的16.9%。公立大学虽然也有15所大学申请了共24个项目，但无一入选。

从各学科领域中COE的申请与审批状况来看，审批通过率由高到低依次为：数学・物理学・地球科学领域的COE申请共计36项，获批14项，审批通过率为38.9%；社会科学领域的COE申请共计48项，获批14项，审批通过率为29.2%；机械・土木・建筑及其他工学领域的COE申请共计48项，获批14项，审批通过率为29.2%；医学领域的COE申请共计72项，获批14项，审批通过率为19.4%；交叉学科・复合学科・新兴学科领域的COE申请共计111项，获批12项，审批通过率为10.8%。①

表3为2007—2008年度入选"全球COE计划"国立、公立、私立大学COE资助经费的分配情况。

表3　2007—2008年度入选"全球COE计划"国立、公立、私立大学COE资助经费分配一览表（单位：万日元）

年度	国立大学	公立大学	私立大学	总计
2007	1 346 397	47 359	191 100	1 584 856
2008	2 928 230	57 571	503 347	3 489 148
合计	4 274 627	104 930	694 447	5 074 004

资料来源：文部科学省.「グローバルCOEプログラム」平成19年度採択拠点の補助金交付決定について;「グローバルCOEプログラム」平成20年度補助金交付決定（平成19年度採択拠点）について;「グローバルCOEプログラム」平成20年度補助金交付決定（平成20年度採択拠点）について[EB/OL]. http://www.mext.go.jp/a_menu/koutou/globalcoe/index.htm/2016-03-24.

2009年度，"全球COE计划"仅在交叉学科・复合学科・新兴学科领域进行了COE的公开遴选工作，资助金支援规模为5 000万日元至3

① 文部科学省.平成20年度グローバルＣＯＥプログラム申請・採択状況一覧［EB/OL］.［2016-03-24］. http://www.mext.go.jp/b_menu/houdou/20/06/08061107/001.pdf.

亿日元不等。最终从85所大学的145项申请（其中，国立大学提交了103项申请，占提交申请总数的71.03%；公立大学提交了7项申请，占提交申请总数的4.83%；私立大学提交了35项申请，占提交申请总数的24.14%）中选定了9所大学的9个基地项目，审批通过率为6.2%。

从大学类别、入选COE数量以及资助金额的具体分布来看，在入选2009年度卓越研究中心的大学中，其中国立大学7所，入选项目7个，占入选COE总数的77.78%；私立大学2所，入选项目2个，占入选COE总数的22.22%；公立大学再次“名落孙山”。①

（二）2007—2009年度“全球COE计划”立项审批的特点

通过对2007—2009年度入选“全球COE计划”的66所大学140个COE在国立、公立、私立大学的具体分布情况做进一步深入考察和探究后发现，该计划的立项审批具有与“21世纪COE计划”相似的特点。

表4列举了2007—2009年度入选“全球COE计划”基地项目数量排名前列的13所大学及其具体入选基地项目个数。其中国立大学10所，私立大学3所。科研实力强大的旧制7所帝国大学继“21世纪COE计划”后再创辉煌，无论是在申请基地项目数还是在最终入选基地数上都位居前列；熊本大学和神户大学作为第二次世界大战后建立的新制地方国立大学，发挥各自的学科优势，在生命科学、数学・物理学・地球科学、机械・土木・建筑及其他工学、医学类等领域有所斩获。而在科学技术研究方面，一直与主要国立大学无法相提并论的私立大学中，早稻田大学、庆应义塾大学、立命馆大学等三所著名的私立大学通过采取加大科研经费的投入和积极招揽优秀的科研人员等方法，在此次“全球COE计划”重点科研基地项目遴选中突出重围，取得了骄人的成绩。

虽然“21世纪COE计划”与“全球COE计划”的科研资助金额并不大，但从以往历年应募的状况来看，各大学为争取获得COE基地的提名均付出了大量的精力，大学之间展开了十分激烈的竞争。因为能否入选“21世纪COE计划”作为衡量一个学校科学研究水平的重要指标之一，不仅直接关系到大学及其直属科研机构的形象，而且直接影响到大学的社会声誉和社会地位。对于身陷“生源危机”之中的日本大学而

① 文部科学省.平成21年度「グローバルCOEプログラム」の採択拠点の決定について［EB/OL］.［2016-03-24］.http：//www.mext.go.jp/b_menu/houdou/21/06/1269798.htm.

言，能够入选“21世纪COE计划”或“全球COE计划”同时也意味着增加了吸引优秀生源的筹码。故而为争取到更多财政支持和办学资源，提高自身的科研信誉，各类大学均积极申请重点科研基地项目以期能够入选。

表4 2007—2009年度入选“全球COE计划”卓越研究中心项目数量排名前列的大学

排名	大学名称	学校性质	入选个数/（申请项目数）			
			2007年度	2008年度	2009年度	合计
1	东京大学	国立	6/19	10/17	1/6	17/42
2	京都大学	国立	6/12	6/15	1/7	13/34
3	东北大学	国立	5/11	7/11	0/4	12/26
3	大阪大学	国立	7/11	4/11	1/3	12/25
5	东京工业大学	国立	5/6	3/7	1/3	9/16
6	早稻田大学	私立	4/7	3/7	1/2	8/16
7	北海道大学	国立	3/6	3/9	1/7	7/22
7	庆应义塾大学	私立	3/5	4/8	0/3	7/16
7	名古屋大学	国立	3/7	3/11	1/7	7/25
10	九州大学	国立	2/9	2/13	1/4	5/26
11	熊本大学	国立	1/2	2/3	0/0	3/5
11	立命馆大学	私立	2/6	1/4	0/2	3/12
11	神户大学	国立	1/5	2/7	0/2	3/14

资料来源：文部科学省.平成19年度「グローバルCOEプログラム」大学别

申請・採択状況一覧；平成20年度「グローバルＣＯＥプログラム」大学別申請・採択状況一覧；平成21年度「グローバルCOEプログラム」申請・採択状況［EB/OL］.［2016-03-24］http://www.mext.go.jp/a_menu/koutou/globalcoe/index.htm.

对于政府来说，通过"21世纪COE计划"和"全球COE计划"的实施，仅动用年约250亿日元左右少额的财政预算，国家科研政策就能够得以通过资金支持的形式深入到大学科研活动之中，且能够达到促进大学之间形成良性竞争环境的目的，不失为一项"一石二鸟"的良策。此外，COE计划在评审及立项审核方针上虽然宣称秉承一视同仁、公平竞争的原则，但无论从"21世纪COE计划"还是"全球COE计划"的评审结果来看，始终没有改变以旧制7所帝国大学为重点，以国立大学为中心的传统做法。COE计划的绝大部分科研资助经费向具有国际领先水平的学科群的倾斜，有助于这些优势学科得以继续保持世界领先水平，推动日本的基础科学研究进一步向集中化的趋势发展。

第二节　日本创建世界一流大学卓越研究中心政策的实施效果

日本创建大学卓越研究中心政策实施以后，日本政府和社会对该政策的实施效果都表现出极大的关注。为了考察和检验日本创建大学卓越研究中心政策作用于预期目标的影响和效果，日本文部科学省分别于2005年和2010年展开了对"21世纪COE计划"实施效果的问卷调查，于2007年展开了对"全球COE计划"实施效果的问卷调查。

一、2005年文部科学省对"21世纪COE计划"实施效果的问卷调查

2005年12月，在对2003年立项的第二批COE进行中期评价考核之后，文部科学省对设置研究生院的558所大学的校长①实施了关于"21世纪COE计划"实施效果的问卷调查。与此同时，"21世纪COE计划委

① 以大学校长为对象的调查是既包括拥有立项COE的大学，也包括没有申报COE的大学。

员会”也以274个立项COE负责人和COE计划评审委员为对象实施了针对“21世纪COE计划”的评价及成果检验的专项调查。其中，504所大学的校长、265个立项COE项目负责人和198位COE计划评审委员会委员对调查做出了回应。①

文部科学省和“21世纪COE计划委员会”设计的调查问卷主要就“是否有利于推动大学改革、改善教育研究环境”“是否有助于优秀科研人员的培养”“是否有助于提高大学的科研水平”等三大方面进行了具体的问题设置。例如为了全面了解“21世纪COE计划”实施后，设置博士课程的研究生院在人才培养方面具体取得的成就，问卷调查设置了如下几个问题：“21世纪COE计划”的实施是否有助于培养学生自主开展科研活动的能力？通过海外实践是否有助于激发和提高学生的研究欲望和兴趣？是否有助于加强跨专业学生之间的交流？等等。

关于“21世纪COE计划”取得的实际成效，笔者从“推进大学改革、改善教育研究环境”“培养优秀的年轻研究人员”“提高研究的水准”等几个方面对此次的问卷调查结果进行了归纳和总结。

（1）在推进大学改革方面，第一，99%的立项COE项目负责人、92%的审查・评价委员以及76%的大学校长认为“21世纪COE计划”对于激活日本国内整体的教育研究环境起到了积极的推动作用，并且通过COE申报的程序与过程，也在一定程度上起到了改善大学自身运营机制的间接效果，有助于激发大学的活力。第二，在拥有立项COE的大学中，98%的校长认为“为了申报COE而在校内开展的讨论有助于激发组织活力”，而在未能获得立项COE的大学中，只有39%的校长做出了肯定回应。第三，在入选“21世纪COE计划”的大学中，97%的立项COE项目负责人和100%的大学校长对于该计划激发了组织活力给予了极高的评价，具体体现在推进了“超越校内组织界限的实质性的合作・联合体制的构建”和“项目参与人员为共同的目的在研究教育活动中的配合的意识改革”。公开竞争机制对于今后的大学管理及其科研教育内容、方式方法和大学定位的明确产生了深刻影响，必将促进大学内部研究者之间的合作和新的研究群体的形成，合作研究的趋势将进一步得到加强。

① 文部科学省.21世紀COEプログラムの成果［EB/OL］.［2016-03-24］. http：//www.jsps.go.jp/j-21coe/07_sonota/index.html.

（2）在培养优秀的年轻研究人员方面，卓越研究中心的获批有利于年轻的优秀科研人员的成长。第一，入选“21世纪COE计划”成为大学吸引生源的亮点和“资本”。拥有立项COE的大学所属研究生院博士课程的报考人数、入学人数以及在校人数整体比该校申报COE前增长了十个百分点。第二，博士研究生毕业后去大学、国家研究机构、企业的研究开发部门就职的人数较申报COE之前分别增长了0.1倍、0.2倍和0.3倍，培养了一大批活跃在广泛研究领域的年轻研究人员。特别是去企业的研究开发部门就职的博士毕业生人数较之前明显增加。第三，“21世纪COE计划”对于充实研究生院博士课程学生的经济性支援所起到的作用得到了受访者的一致好评。在立项COE中，在校博士研究生被聘为研究助理的人数较之前增长了1.6倍。此外，聘用博士后、外国研究人员、其他研究机构的研究人员的人数也分别增长了1.2倍、1.6倍和2.2倍，为提高研究组织的国际化和人员流动性做出了贡献。第四，在人才培养方面取得的具体成果是博士研究生发表学术论文的数量增长了0.3倍，由申报COE前的1.2万篇增长到1.6万篇，其中约有四分之三的文章发表在该领域代表世界最高水准的学术刊物上。此外，在学术会议中发表论文的数量也增加了0.3倍，特别是在国外学术会议中发表论文的数量增长了0.5倍，推进了各卓越研究中心学生的研究水平的提升和国际化进程。

（3）在提高研究的水准方面，第一，COE的参与人员发表论文的数量整体上增长了0.1倍，由2.5万篇增长到2.7万篇，研究成果实现了质与量的双突破。第二，立项COE与国内外的大学、研究机构、企业等的共同研究项目取得了大幅度增长，由之前的9 694项增长到14 707项，在研究方面进一步推动了产学合作和国际化进程。第三，举办学术研讨会的次数以及学术研讨会中包括外国研究者在内的参加人数较之前大幅度增加。拥有立项COE的大学举办学术研讨会的次数由申报前的1 366次上升到3 078次，增长了1.3倍。

二、2010年文部科学省对“21世纪COE计划”实施效果的问卷调查

2010年4—5月，文部科学省再次实施了关于“21世纪COE计划”

的问卷调查。①调查对象是设置研究生院的615所国立、公立和私立大学的校长以及入选“21世纪COE计划”的274个立项COE项目负责人。其中，497所大学的校长、226个立项COE项目负责人对调查做出了回应。

问卷上共有12个问题，其中，针对大学校长的问题主要包括以下4个：

（1）对于所在大学提交COE申报情况以及立项情况，问卷调查显示，做出回应的497所大学的校长中，所在大学拥有立项COE的占17%，所在大学提交申报却没有获批COE的占17%，所在大学没有提交COE申报的占66%。

（2）对于如何看待“21世纪COE计划”的实施对于激活日本整体研究、教育环境的贡献，13%的校长认为做出了巨大的贡献，47%的校长认为做出了贡献，34%的校长表示出中立的态度，6%的校长认为没做出什么贡献。

（3）对于如何看待该计划对激发大学运营机制的活力做出的贡献，12%的校长认为做出了巨大的贡献，23%的校长认为做出了贡献，36%的校长依然保持中立的态度，20%的校长认为没有做出什么贡献，9%的校长认为完全没有贡献。

（4）对于如何看待实施该计划的适宜周期，45%的校长认为应在4～5年，12%的校长认为应在1～3年，7%的校长认为应在6～10年，19%的校长认为应根据不同领域单独设置项目周期，5%的校长认为不应该设置项目时限，8%的校长认为应根据基地不同单独设置项目周期，其他意见占4%。

针对立项COE项目负责人的问题（多项选择）主要有以下几点：

（1）对于在“21世纪COE计划”中立项COE的研究活动是否依然在开展中，56%的负责人回答研究活动经过进一步充实依然在进行，31%的负责人回答缩小了研究活动的规模但活动依然在开展，13%的负责人回答研究活动在保持原规模的状态下进行着。

（2）当问到“是在什么样的体制下开展卓越研究中心的研究活动”时，42.5%的负责人回答通过新设或改组的方式，组建崭新的专业、研

① 文部科学省.国公私立大学を通じた大学教育改革支援プログラムにおける成果［EB/OL］.［2016-03-24］.http：//www.mext.go.jp/b_menu/shingi/chukyo/chukyo4/031/siryo/1294202.htm.

究科、研究所等研究组织开展研究活动，52.2%的负责人回答通过构建两个或两个以上的专业、研究科等相关组织间的合作体制开展研究活动，30.1%的负责人回答通过维持和强化校长直接管辖的支援组织等为形成研究教育活动卓越研究中心而成立的支援体制，推动研究活动的进一步开展，19.0%的负责人回答在各专业、研究科等既有组织体制的范围内开展研究活动。

（3）当问到“在继续开展研究活动的过程中，受到了何种形式的资金援助”时，49.1%的负责人回答入选了“全球COE计划”，受到新计划的研究补助金援助，49.1%的负责人回答受到其他竞争性资金的援助，45.6%的负责人回答受到所属大学的资金援助，17.3%的负责人回答受到其他的资金援助，6.2%的负责人回答受到特别的资金援助。

（4）当问到“通过入选该计划，国际化程度及国际竞争力得到进一步强化的具体成果体现在哪些方面”时，34.1%的负责人认为是留学生人数的增加，12.4%的负责人认为是外国教师的增加，23.5%的负责人认为是在国际上公开招聘年轻的研究人员，75.2%的负责人认为是教师及学生在国际学术会议上发表论文数量的增加和学生通过参加海外派遣项目、实习活动等在海外活动机会的增加，54.4%的负责人认为是邀请海外研究人员演讲次数的增加，46.9%的负责人认为是刊登在国外学术杂志等上的论文数量及论文被引用次数的增加，5.8%的负责人认为是取得国外发明专利数量的增加，15.9%的负责人认为是在国外的学会奖项中得奖次数的增加，73.5%的负责人认为是与国外大学、研究机构开展共同研究次数的增加，58.8%的负责人认为是与国外大学、研究机构等签订交流协议，31.0%的负责人认为是英语授课等教育课程的国际化，42.9%的负责人认为是促进了科学英语教育、用英语完成论文写作、演讲技术的提升，47.3%的负责人认为是提升了研究内容在海外的知名度，69.5%的负责人认为是国际会议等的召开，11.9%的负责人认为是学生在国外企业、研究机构就业机会的增加，15.0%的负责人认为是设置了海外办公室及负责海外交流工作的职位。

（5）当问到“通过入选该计划，教育改革和人才培养的具体成果具体体现在哪些方面”时，33.6%的负责人认为是对招收学生起到了良好的宣传效果，35.0%的负责人认为是对教师教育意识的改革，46.5%的负责人认为是系统性教育课程的改善和充实，16.4%的负责人认为是教师教育教学能力开发等组织性教育体制的推进，59.3%的负责人认为是在跨学科领域的两位或两位以上教师指导下开展的多样化教育活动，14.2%的负责人认为是学位授予过程的改善与充实，25.7%的负责人认为是博士学位授予率的提高，58.0%的负责人认为是学生学习与研究环境的改善，27.0%的负责人认为是学生流动性的提高，63.3%的负责人认为是国内学生研究活动、水准（在学会及学术期刊中发表论文数量等）的提高，74.8%的负责人认为是国际上学生研究活动、水准（在学会及学术期刊中发表论文数量等）的提高，29.6%的负责人认为是学生自立能力的养成，65.5%的负责人认为是对学生经济支援体制的充实，33.2%的负责人认为是学生积累了有效的工作经验，69.5%的负责人认为是推进了国际化进程，11.1%的负责人认为是推广了网络教育等教育新模式。

（6）当问到“通过入选该计划，研究活动的具体成果具体体现在哪些方面”时，62.4%的负责人认为是优化了教师（含博士后等研究人员）的研究环境，21.7%的负责人认为是增强了教师的流动性，78.8%的负责人认为是实现了研究成果（论文、学会论文发表、专利获得等）质与量的飞跃，77.4%的负责人认为是与国内外大学及企业间共同研究项目的增多，56.2%的负责人认为是对获取外部资金产生了波及效果，38.1%的负责人认为是推动了校内项目的开展，42.0%的负责人认为是邀请教员演讲次数的增加，74.8%的负责人认为是召开学术研讨会议、国际会议等次数的增加，55.8%的负责人认为是通过既有学术领域的互动、合作与融合得出了学术性新见解，开拓了学术领域，65.5%的负责人认为是促进了研究成果的传播，24.8%的负责人认为是研究成果对社会做出了一定贡献。

（7）当问到“今后是否应该推出与‘21世纪COE计划’‘全球COE计划’相似的政策”时，74%的负责人认为应该实施，19%的负责人认为在条件允许的情况下应该实施，6%的负责人认为没有实施的必要，1%的负责人认为完全没有实施的必要。

（8）当问到“‘21世纪COE计划’终止后维持卓越研究中心继续运营的课题是什么”时，88.5%的负责人认为是运营资金的确保，28.8%的负责人认为是学生数量的维持与确保，30.1%的负责人认为是教师数量的维持与确保，44.7%的负责人认为是设施设备的维持与确保，50.4%的负责人认为是事务组织等支援体制的维持与确保，12.4%的负责人认为是学生质量的保障，9.3%的负责人认为是教师质量的保障，35.0%的负责人认为是针对研究生院教育的社会需求等的变化，15.9%的负责人认为是研究内容、周围环境的变化（如社会各界的强烈希望、技术革新等），2.7%的负责人认为是制度的变化（如药学系改成六年制等），9.3%的负责人认为是校内研究科等组织的变化，24.3%的负责人认为是新旧计划移交过程中如何应对研究焦点的变化，25.7%的负责人认为是学生及项目推进负责人等积极性的维持，26.1%的负责人认为是针对继续维持卓越研究中心运营教员意见等的汇集与统一，2.7%的负责人认为是针对继续维持卓越研究中心运营学生意见等的汇集与统一，7.5%的负责人认为是与未能入选“21世纪COE计划”校内相关人员之间关系的调整（如校内差距等），2.7%的负责人认为在继续维持COE运营上没有什么问题。

三、2008年度文部科学省对“全球COE计划”实施效果的问卷调查

继对“21世纪COE计划”的实施效果分两次展开问卷调查后，文部科学省还针对2007年度入选“全球COE计划”的63个卓越研究中心，做了一个入选COE前（2006年）与入选COE后（2008年）两年间各项指标推移的对比调查。①

首先是关于卓越研究中心教育能力的相关指标。博士课程修了者②的就业率由74.9%升至75.9%（全国平均就业率为64.3%）；在大学、企业、国家研究机构等研究岗位就业的比例由66.1%升至68.6%；博士课程在校生在学术会议上发表论文的数量由14 778篇升至15 360篇，增幅为3.9%，其中，在国外发表论文的数量由4 621篇升至5 797篇，增幅为

① 文部科学省.国公私立大学を通じた大学教育改革支援プログラムにおける成果—グローバルCOEプログラムの成果［EB/OL］.［2016-03-24］.http：//www.mext.go.jp/b_menu/shingi/chukyo/chukyo4/031/siryo/1294202.htm.

② 在日本，设有研究生院的大学，对于该院完成博士课程、毕业考试合格并且学位论文审查通过的毕业生可授予博士学位。博士生即使实际并不在学，根据相关规定，通过博士论文审查，并具有博士课程修了者同等及以上的学历，亦可授予博士学位。通常称前者为课程博士，后者为论文博士。课程博士的课程修学条件是：须在研究生院在学5年以上，修满30个以上的学分，并且在接受研究指导的基础上，通过该研究生院的博士论文审查及考试。

25.4%；博士课程在校生在学术核心期刊上发表论文的数量由6 213篇升至7 335篇，增幅为18.1%；外国留学生的人数由2 049人增至2 256人，增幅为10.1%；担任研究助理（RA，Research Assistant）的人数由3 234人增至3 677人，增幅为13.7%；

其次是关于卓越研究中心研究能力的相关指标。与大学·研究机构之间的共同研究数量由5 354项增至7 309项，增幅为36.5%，其中，与国外大学·研究机构之间的共同研究数量由1 690项增至2 199项，增幅为30.1%；与企业等之间的共同研究数量由3 464项增至4 400项，增幅为27.0%，其中，与国外企业等之间的共同研究数量由130项增至185项，增幅为42.3%；教师在国际学术会议上发表主题演讲及特邀演讲的次数由1 972次增至2 369次，增幅为20.1%；教师在学术核心期刊发表论文的数量由7 938篇增至8 328篇，增幅为4.9%；卓越研究中心获得的竞争性研究资金（不包括COE研究资助金）的金额由403亿日元增至500亿日元，增幅为24.1%。

第四章 日本创建世界一流大学卓越研究中心政策的评价与调整

本章主要围绕日本创建大学卓越研究中心政策所得到的评价与所进行的调整展开述评。先针对政策的执行机构——独立行政法人日本学术振兴会、入选COE大学、日本国内主流媒体等从不同视角对政策进行的评价进行内容翔实的介绍，然后对于政策的调整与补充——“独具特色的大学教育改革支援计划”“满足现代化教育需求的项目支援计划”等一系列“GP计划”的内容、实施状况与所得到的评价等方面进行考察与研究。

第一节 日本创建世界一流大学卓越研究中心政策的评价

自“21世纪COE计划”和“全球COE计划”出台以来，备受社会各界关注。计划执行机构——独立行政法人日本学术振兴会、入选COE大学、日本国内主流媒体纷纷针对该政策给予了不同的评价。其中，日本学术振兴会侧重对各COE研究活动进展状况实施了中期评价与事后评价；入选COE大学对卓越研究中心的研究实绩进行了自我评价；日本各大主流报刊基于外部视角侧重对“21世纪COE计划”第一批立项COE名单给予了客观评价。

一、独立行政法人日本学术振兴会的评价

“21世纪COE计划”和“全球COE计划”的实施周期原则上为5年，获批COE须在立项2年后与5年期满后分别接受“21世纪COE计划委员会”“全球COE计划委员会”对其研究活动进展状况实施的中期评价考核与事后评价，评价考核的结果将与经费分配直接挂钩。一方面，“21世纪COE计划委员会”于2004、2005、2006年分别对2002、2003、2004年度立项的COE进行了中期评价考核；又于2007、2008、2009年分别对2002、2003、2004年度立项的COE进行了事后评价。另一方面，“全球COE计划委员会”于2009、2010年分别对2007、2008年度立项的COE进行了中期评价考核。

（一）“21世纪COE计划委员会”对立项COE的中期评价

“21世纪COE计划委员会”对于立项COE运营状况实施的中期评价考核评审基准主要侧重以下几个方面：（1）是否按照COE立项时提交的建设实施计划开展研究活动；（2）在研究活动中，是否推出新的学术成果；（3）是否建立培养年轻研究人员的有效机制；（4）在以COE项目负责人为中心的研究团队成员之间，是否形成了进行有机合作、开展具有活力的研究活动的组织形式；（5）在具有国际竞争力大学建设方面进行了何种尝试与努力；（6）在校长负责制的运营体制下，研究活动是否受到学校的重点支持；（7）是否有效地使用了研究经费；（8）面向国内外，采取了何种形式进行学术成果相关信息的对外宣传等。

中期评价考核采取书面评价与听证会·合议评价两种方式。其中，在书面评价阶段，各立项COE须提交“21世纪COE计划”或“全球COE计划”中期评价报告（包括进展状况报告书和COE建设计划报告）、审查结果表、COE建设计划报告（基于审查结果的修正版）。

中期评价考核的综合评价结果共分为5个等级，即A. 计划进展顺利，保持现有状态可达成预定目标；B. 达成预定目标，还需进一步努力；C. 若维持现状恐难达成预定目标，须对原计划做适当调整与修订；D. 鉴于当前进展状况，今后即使尽最大的努力恐也难以达成预定目标，有必要对原计划做大幅度的缩小调整；E. 鉴于当前进展状况，今后即使尽最大的努力恐也难以达成预定目标，故决定终止资助该研究中心建

设。①

从表1中可以看出，“21世纪COE计划”的实施基本上还是顺利的。

表1 “21世纪COE计划”中期评价考核结果一览表

等级	生命科学	化学材料	信息	人文科学	交叉Ⅰ	医学类	数理	工学	社会科学	交叉Ⅱ	创新前沿	总计
A	12	13	6	2	8	16	11	11	13	7	10	109
B	16	8	13	10	13	17	12	11	12	17	17	146
C	0	0	1	6	3	2	0	1	0	1	1	15
D	0	0	0	2	0	0	0	0	0	0	0	2
E	0	0	0	0	0	0	1	0	1	0	0	2
合计	28	21	20	20	24	35	24	23	26	25	28	274

资料来源：文部科学省.「21世紀COEプログラム」平成16年度（平成14年度採択拠点）中間評価について;「21世紀COEプログラム」平成17年度（平成15年度採択拠点）中間評価について;「21世紀COEプログラム」平成18年度（平成16年度採択拠点）中間評価について［EB/OL］.［2016-03-25］.http: //www.jsps.go.jp/j-21coe/05_chukan/index.html.

在2005年对2003年度立项COE进行了中期评价考核后，“21世纪COE计划委员会”终止了对两所大学的卓越研究中心建设费补助金资助。其中，一个是社会科学领域的东京都立大学社会科学研究科经济政策专业的项目名为“金融市场的微观构造与制度设计”的COE，另一个

① 文部科学省.「21世紀COEプログラム」（平成14年度採択拠点）中間評価について［EB/OL］.［2016-03-25].http: //www.jsps.go.jp/j-21coe/05_chukan/index.html.

是数学·物理学·地球科学领域的设立在旧帝国大学之一的名古屋大学多元数理科学研究科多元数理科学专业的项目名为“创造等式的数学新概念”的COE。前者是由于COE所在的东京都立大学面临着与东京都立科学技术大学、东京都立保健科学大学、东京都立短期大学这三所大学重组合并，而在构建新大学的过程中，由于机构调整导致教师与研究人员的外流，致使研究工作无法继续开展。鉴于此，大学方面不得不于2004年12月向“21世纪COE计划委员会”提交退出COE申请。后者是由于在COE申报资料中出现与事实不符的描述，发现学术造假现象，项目推进负责人因此引咎辞职，导致项目被迫终止。大学方面于2005年9月向委员会主动提交退出申请。委员会对其研究活动进展状况做出了以下总结：现在的进展状况与预期相去甚远，今后即使尽最大的努力也无法达成预期目标。①

从整体来看，在总计274个COE中，“计划进展顺利，保持现有状态可达成预定目标”的有109个，占总数的39.8%；“达成预定目标，还需进一步努力”的有146个，占总数的53.3%；“若维持现状恐难达成预定目标，须对原计划做适当调整与修订”的有15个，占总数的5.5%；“鉴于当前进展状况，今后即使尽最大的努力恐也难以达成预定目标，有必要对原计划做大幅度的缩小调整”的有2个，占总数的0.7%。从学科及专业领域来看，问题最多的是人文科学领域，有6个“须对原计划做适当调整与修订”，有2个“有必要对原计划做大幅度的缩小调整”，占人文科学领域COE总数的40%。

根据上述中期评价考核的结果，文部科学省对2005、2006与2007年度的资助经费进行了重新审核，对设置COE的各大学的COE补助金也进行了相应的调整。如表2所示，2005年度获得一等评价的COE经费比上年有一定幅度的增加，平均增幅为18.3%。其中人文科学领域的增幅最大，为67.9%；获得二等评价的COE经费在基本维持上年水平的基础上略有增加，平均增幅为2.8%；获得三等评价的COE经费除交叉学科·复合学科·新兴学科领域外，其余均比上年减少10%左右；获得四等评价的COE经费大幅度减少，均比上年减少70%左右。

① 文部科学省.「21世紀COEプログラム」（平成15年度採択拠点）中間評価について［EB/OL］.［2016-03-25］.http：//www.jsps.go.jp/j-21coe/05_chukan/index.html.

表2　中期评价考核结果影响2005年度补助金分配情况一览表（单位：亿日元）

等级	A			B			C			D		
年度	2004	2005	增幅	2004	2005	增幅	2004	2005	增幅	2004	2005	增幅
生命科学	18.78	22.35	19%	18.29	18.39	0.5%	—	—	—	—	—	—
化学材料	18.93	21.41	13.1%	10.12	10.12	0.0%	—	—	—	—	—	—
信息	8.48	10.37	22.3%	15.89	16.04	0.9%	1.03	0.95	-7.8%	—	—	—
人文科学	1.4	2.35	67.9%	8.02	9.17	14.3%	5.46	4.84	-11.4%	1.39	0.44	-68.3%
交叉Ⅰ	12.22	14.29	16.9%	16.80	17.34	3.2%	1.60	1.54	-3.8%	—	—	—
合计	59.81	70.77	18.3%	69.12	71.06	2.8%	8.09	7.33	-9.4%	1.39	0.44	-68.3%

资料来源：文部科学省. 中間評価結果の17年度補助金配分への反映状況（14年度採択拠点）[EB/OL]. [2016-03-25]. http://www.mext.go.jp/a_menu/koutou/coe/05041401/005.htm.

如表3所示，2006年度获得一等评价的COE经费比上年有一定幅度的增加，增幅在15%～20%之间，平均增幅为16.5%；获得二等评价的COE经费除交叉学科・复合学科・新兴学科领域出现小幅度下跌外，其余在基本维持上年水平的基础上略有增加；获得三等评价的COE经费比上年减少10%左右。

表3　中期评价考核结果影响2006年度补助金分配情况一览表（单位：亿日元）

等级	A			B			C			D		
年度	2005	2006	增幅	2005	2006	增幅	2005	2006	增幅	2005	2006	增幅
医学类	30.68	35.29	15.0%	24.28	24.56	1.2%	2.05	1.93	-5.9%	—	—	—
数理	14.25	16.94	18.9%	15.11	15.13	0.1%	—	—	—	—	—	—
工学	16.85	19.43	15.3%	15.86	15.89	0.2%	1.75	1.55	-11.4%	—	—	—
社会科学	13.94	16.66	19.5%	11.43	11.45	0.2%	—	—	—	—	—	—
交叉Ⅱ	9.50	10.99	15.7%	18.46	18.09	-2%	1.06	0.91	-14.2%	—	—	—
合计	85.22	99.31	16.5%	85.14	85.12	0.0%	4.86	4.39	-9.7%	—	—	—

资料来源：文部科学省.中間評価結果の18年度補助金配分への反映状況（15年度採択拠点）［EB/OL］.［2016-03-25］.http://www.mext.go.jp/b_menu/houdou/18/04/06041308/002.htm.

2007年度在“创新·前沿领域”中获得一等评价的COE经费由2006年度的10.08亿日元增至11.60亿日元，增幅为15.1%；获得二等评价的COE经费由13.71亿日元增至14.33亿日元，增幅为4.5%；获得三等评价的COE经费由1.21亿日元降至1.17亿日元，降幅为3.3%；D等空缺。①

这几轮经费资助的调整情况反映出“21世纪COE计划”在运营管理方面的动态性和淘汰性特征。这种特征在一定程度上有利于竞争性经费获得机制的建立，即经费的分配与绩效考核结果直接挂钩，从而达到提

① 中間評価結果の19年度補助金配分への反映状況（16年度採択拠点）［EB/OL］.［2011-02-02］.http://www.mext.go.jp/b_menu/houdou/19/04/07042019/002.htm.

高有限教育研究经费的使用效率的目的。

（二）“21世纪COE计划委员会”对立项COE的事后评价

“21世纪COE计划委员会”对立项COE实施的事后评价的评审基准主要侧重于以下几个方面：（1）关于大学的未来规划。在校长负责制的经营体制下，是否开展了重点支援；COE资助项目结束后，大学是否打算为维持世界性研究教育据点的研究教育活动进行具体的支援活动，或者是否已经着手实施了。（2）世界最高水准的研究教育中心建设计划整体目标的达成度。是否达成COE立项时的预期目标。（3）在人才培养方面取得的成果对研究教育据点建设做出的贡献。年轻研究人员的培养效果是否显著，为研究教育卓越研究中心的形成做出了哪些贡献。（4）在研究活动方面是否创建了新的领域及取得了重大学术成果等。（5）项目推进负责人之间有机的合作等。以项目负责人为中心的各项目推进负责人之间是否进行了有机的合作，构建了能够开展活跃研究活动的组织。（6）是否有助于具有国际竞争力大学的建设。（7）是否面向国内外进行了积极的信息公开。（8）是否有效使用了COE补助金等。（9）是否设计了研究教育据点的未来发展愿景。（10）世界性研究教育据点的建设与形成给大学内外带来了哪些影响。（11）是否对入选时的审查结果与中期评价考核结果中提及的注意事项做出了适当的反馈等。

事后评价采取书面评价、听证会·合议评价或现场调查等方式。其中，在事后评价的书面评价阶段，各立项COE须提交实绩报告（5年总结）、“21世纪COE计划”中期评价报告（含代表性学术论文在内的进展状况报告书、COE建设计划报告）、审查结果表及中期评价总结。在评价结束后，各研究教育中心须将中期评价结果、事后评价结果、研究进展状况等公布在各自的网站主页上。

事后评价的总结评价结果共分为4个等级，即A. 达成预定目标，取得了超出预期的研究成果；B. 基本上达成预定目标，取得了预期的研究成果；C. 在一定程度上达成了预定目标；D. 没有完全达成预定目标。

从表4事后评价结果中评价等级的分布情况来看，“21世纪COE计划”的实施取得了较好的成果。在总计271个COE中，“达成预定目标，取得了超出预期的研究成果”的有106个，占总数的39.1%；“基本上达成预定目标，取得了预期的研究成果”的有141个，占总数的52.0%；“在一定程度上达成了预定目标”的有24个，占总数的8.9%；

"没有完全达成预定目标"的COE为0。

表4　"21世纪COE计划"事后评价结果一览表

等级	生命科学	化学材料	信息	人文科学	交叉Ⅰ	医学类	数理	工学	社会科学	交叉Ⅱ	创新前沿	总计
A	5	9	6	4	7	19	15	9	11	6	15	106
B	20	9	14	11	14	12	8	11	12	17	13	141
C	3	3	0	5	3	4	0	2	2	2	0	24
D	0	0	0	0	0	0	0	0	0	0	0	0
合计	28	21	20	20	24	35	23	22	25	25	28	271

资料来源：文部科学省.「21世紀COEプログラム」平成19年度（平成14年度採択拠点）事後評価について;「21世紀COEプログラム」平成20年度（平成15年度採択拠点）事後評価について;「21世紀COEプログラム」平成21年度（平成16年度採択拠点）事後評価について［EB/OL］.［2016-03-25］. http://www.jsps.go.jp/j-21coe/08_jigo/index.html.

"全球COE计划"自2007年实施以来，共开展过两次中期评价考核。从表5中可以看出，"全球COE计划"的实施基本上还是顺利的。从综合评价等级分布来看，在总计130个COE中，"计划进展顺利，保持现有状态可达成预定目标"的有89个，占总数的68.5%；"达成预定目标，还需进一步努力"的有38个，占总数的29.2%；"若维持现状恐难达成预定目标，须对原计划做适当调整与修订"的有3个，占总数的2.3%；"鉴于当前进展状况，今后即使尽最大的努力恐也难以达成预定目标，有必要对原计划做大幅度的缩小调整"的为0。通过对上述综合评价结果的分析可以得出以下结论，即入选"全球COE计划"的大学在经过"21世纪COE计划"的历练之后，在卓越研究教育中心的建设上积累了一定的经验，已经可以做到从容应对评价考核。

表5 “全球COE计划”中期评价考核结果一览表

等级	生命科学	化学材料	信息	人文科学	交叉Ⅰ	医学类	数理	工学	社会科学	交叉Ⅱ	总计
A	11	10	8	8	5	12	13	8	8	6	89
B	2	3	5	4	7	1	1	5	6	4	38
C	0	0	0	0	0	1	0	1	0	1	3
D	0	0	0	0	0	0	0	0	0	0	0
E	0	0	0	0	0	0	0	0	0	0	0
合计	13	13	13	12	12	14	14	14	14	11	130

资料来源：文部科学省.「グローバルCOEプログラム」平成19年度採択拠点中間評価結果について；グローバルCOEプログラム」平成20年度採択拠点中間評価結果について［EB/OL］.［2016-03-25］.http：//www.jsps.go.jp/j-globalcoe/07_chukan_kekka.html.

二、入选“21世纪COE计划”大学的自我评价

（一）名古屋大学的自我评价

在COE的评审结果引起媒体的大肆报道的背景下，有关入选COE大学的具体状况却很少被触及。那么，COE究竟是如何改变大学教育的呢？在此，我们以名古屋大学为例考察“21世纪COE计划”给大学教育带来的影响。①

2003年7月17日，文部科学省公布了“21世纪COE计划”的第二批COE评审结果。至此，广泛涉及人文科学、社会科学、自然科学的10

① COEは大学教育をどのように変えるのか［EB/OL］.［2016-03-25］. http：//benesse.jp/berd/center/open/kou/view21/2003/12/03univ_01.html.

个学科领域的评审落下帷幕。名古屋大学分别在2002年度、2003年度的COE评审中获批7个COE和6个COE，在获批COE总数排行榜中位列东京大学（26个）、京都大学（22个）、大阪大学（14个）之后，排名第四位。名古屋大学能取得如此骄人的成绩，是全校师生齐心协力努力拼搏的结果。在“21世纪COE计划”还被称为“国公私TOP30方案”，并且计划内容尚不明朗的时候，名古屋大学就已经进入“备战状态”，成立了由各学科领域10余名专家教授组成的“关于学术研究计划具体化工作小组”。或许正是这种强烈的恐为人后的危机意识才使得该校能够在COE评审中脱颖而出。

在COE研究计划的校内预审阶段，名古屋大学首先确定了校内预审的评审方针，即《名古屋大学学术宪章》第一条：创造世界顶尖的科研成果，培养富有逻辑思维与想象力、勇于探索和挑战的知识型人才。

其次，在项目的选择上从学校全局出发，在明确学校个性、发挥学校特色的基础上判断研究的重要性及合理性。该校成立了以校长为首的专家评审组，主要从是否真正具备发展成为世界水平研究中心的潜力、研究计划的内容、研究组织的人员构成、迄今为止的研究业绩等方面进行了严格的审查精选。在具体实施过程中采取了把一些主题相似的研究计划及关联性强的研究整合为一个研究主题，要求一些在内容上欠缺冲击力的研究放弃申报，对项目申报者进行了时限为35分钟的模拟口头审查等措施。

再次，扩大了研究单位的规模，打破学科及专业界限，实现研究活动的跨领域合作。此举大大激发了校内年轻研究人员的热情，在一些由经验丰富的前辈研究人员掌握主导权的项目中，年轻研究人员也开始积极地参与进来。

最后，制订重视人才培养的研究计划，大幅度改善研究环境。“21世纪COE计划”在寄望于提高先端领域的研究能力的同时，还重视担负未来使命的年轻研究人员的培养。例如在COE研究活动中有偿聘用博士后及研究生，充实学生经济支援体系。2003年度的COE评审中进一步明确了这一目标。在名古屋大学获批的COE中，有的研究计划将研究资助金的80%左右用于人才培养方面。许多入选COE的研究单位每年大约需要10亿日元左右的研究经费，而COE预算顶多也就是一两亿日元，因此，许多卓越研究中心都把筹措到的科学研究费补助金等竞争性外部资金作为研究经费，而把COE预算全部用在人才培养方面。这是因为入选COE后就会提升知名度，对于外部资金的获取也更加有利。

名古屋大学的坂神校长助理与福井校长助理高度评价了“21世纪COE计划”，称其为“数十年来日本最成功的大学改革政策”。他们认为，该计划固然存在着许多问题，“滋生大学等级序列化”“忽视基础研究”等也都是不可否认的事实。名古屋大学一直以来笼罩在“旧帝国大学”的光环之下，大学自身的特色并不被社会认同，“21世纪COE计划”给予其一个向外界彰显个性、展示实力的机会。此外，该计划在改善研究环境方面，也具有不可估量的意义，特别是对于有意向报考研究生院的学生是一种鼓励。或许再过5年、10年，拥有卓越研究中心的大学与落选大学之间学生能力的差距就会显现。

（二）广岛大学高等教育研究开发中心入选“21世纪COE计划”前后比较

“21世纪COE计划”自2002年度实施以来，文部科学省7年间先后投入1 759.78亿日元卓越研究中心建设费补助基金，重点建设世界最高水平的研究教育中心，从而达到创建世界最高水准大学的终极目标。该计划在财政资源重点配置方面对推动与促进大学研究活动的开展具有重大的意义。以广岛大学高等教育研究开发中心入选“21世纪COE计划”人文科学领域（教育学）的COE为例，在COE设置以前，高等教育研究开发中心每年接受文部科学省下拨的经常性教育科研经费约4 000万日元。COE设置以后，2002—2007年5年间在经常性教育科研经费的基础上，每年接受文部科学省下拨的约5 000万日元的竞争性经费——COE建设经费“卓越研究中心建设费补助基金”①。这笔研究补助金有利于高等教育研究开发中心改善研究环境、研究教育工作的深化以及积极开展对外学术交流活动。

在研究成果方面，自2003年3月至2006年9月，该中心出版COE项目相关研究报告22份；自2002年至2006年，该中心在学术期刊《大学论集》（上集）中发表COE项目相关学术论文共6期；自2002年10月至2006年，该中心在《高等教育研究丛书》（Reviews in Higher Education）

① 广岛大学高等教育研究开发中心设置COE后，历年接受的补助金具体为5 100万日元（2002年度）、4 400万日元（2003年度）、4 120万日元（2004年度）、5 940万日元（2005年度）、5 390万日元（2006年度）。

上发表COE专题共计18期等。此外，为及时了解并掌握全球范围内的高等教育改革现状，自2003年2月至2006年5月，该中心COE项目参与研究人员先后对13个国家及地区的50多所大学进行了实地考察并开展了调查研究活动。

在对外学术交流方面，从2002年4月至2006年12月，该COE共主办国际学术研讨会6次，聘请国内外著名的高等教育研究专家举办专题报告会72场，COE参与研究人员研究会8场。由此，扩大了广岛大学在高等教育研究方面的国际知名度。①

在年轻研究人员的培养方面，高等教育研究开发中心利用COE资助经费按国立大学助教的薪酬标准从博士研究生及博士后中聘用了5名COE研究员。此外，由于COE研究经费的相对充裕，研究组织规模得以扩大。该研究中心的研究人员由COE设置前的10余名扩充至65名，其中COE项目负责人1名、专职教员10名、研究员3名、校内兼职研究员22名、客座研究员29名。除专职教员外，其他研究人员一律采用任期制的形式。例如COE项目负责人任期为2年；研究员任期至COE项目结题时，一般为5年；校内兼职研究员和客座研究员任期为4年。②在国立大学普遍削减经费，人员编制规模普遍受到抑制的趋势下，设置COE的研究组织规模反而得到大幅扩大，这在一定程度上反映出日本科研经费的分配开始打破旧有的按人头平均摊派的传统，提高经费使用效率，呈现重点倾斜式分配的趋势。同时，在COE的项目研究过程中科研机构大量聘用有任期限制的研究人员，大大冲击了国立大学教师终身制的固有观念，对于打破封闭的大学现状，促进大学研究的灵活性具有积极的意义。通过任期制推动人才的合理流动，促进年轻研究人员的成长也是日本政府实施“21世纪COE计划”的一个主要目的。

---

① 有本章.21世紀COEプログラム（平成14年度採択）研究教育拠点21世紀型高等教育システム構築と質的保証—COE最終報告書—第1部（中）［R］.広島：広島大学高等教育研究開発センター，2007.

② 広島大学高等教育研究開発センター「21世紀COEプログラム」（2002~2007）［EB/OL］．［2016-03-25].http：//rihe.hiroshima-u.ac.jp/html/center_021_1.html.

三、日本国内主流媒体的评价

“21世纪COE计划”一经推出，就引起了日本教育界、学术界、科技界、产业界等的强烈反响和国内主流媒体的普遍关注。2002年10月2日，随着第一批立项COE名单的公布，日本国内具有相当影响力的全国性报纸《每日新闻》《朝日新闻》《读卖新闻》《日本经济新闻》等和地方性报纸《东京新闻》《京都新闻》《河北新报》《北海道新闻》《北国新闻》《山阳新闻》《高知新闻》等主流媒体针对此事相继发表社论，并给予了不同的评价。其中，仅有《读卖新闻》《朝日新闻》《山阳新闻》三家媒体在社论中对“21世纪COE计划”的实施给予了肯定性评价，其他几家媒体的社论持“一边倒”的批评态度。

（一）全国性报纸对“21世纪COE计划”的评价

《每日新闻》是日本五大全国性、综合性对开日报之一，是传统的自由派报纸。姑且先不讨论评审结果的妥当与否，社论指出“21世纪COE计划”的审查方式存在诸多问题。首先是审查时间太短，该计划从6月份开始受理COE申报，8、9月份对大学递交的相关申报资料进行审查，仅用了区区两个多月的时间就决定了入选COE大学的名单，未免过于仓促，也令许多没有接受公开听证审查就落选的研究机构无法信服。其次，COE审查过程几乎没有对外公开，该计划将COE设置基准定为以下三点：（1）已被公认为是具有世界级研究水平的研究中心；（2）具备5年内达到世界级研究水平的可能性；（3）研究内容富有独创性。但是最终评审结果以“研究秘密”为由，并没有具体说明入选大学与落选大学究竟在哪一方面符合或未达到上述三项标准，而关于“独创性”的具体界定标准也遭到质疑。社论认为“21世纪COE计划”非但没有推动大学改革，反而有强化高等院校体系内部固有的等级序列之嫌。造成这一局面的根源在于文部科学省“先给大学披上构造改革的外衣”的态度和立场。社论建议为打消社会各界对该计划持有的种种质疑、取得社会信任，“21世纪COE计划”须在打破暗箱操作、公开信息、明确评审标准等方面做出更多的努力。①

《朝日新闻》是日本五大全国性、综合性对开日报之一，在政治观

① 社説.「トップ３０」.どこがいいのかわからない［N］.每日新聞，2002-10-05.

点上与《每日新闻》相似。社论首先肯定了“21世纪COE计划”让大学置身于竞争的环境中提高自身研究能力的导向。同时，在进行COE申报的大学中，以校长为中心打破系部、专业界限进行合作研究的趋势有所加强，对于促进大学内部研究人员之间的合作和新的研究组织形式的形成在一定程度上也起到了积极的作用。但是从评审结果来看，旧帝国大学及规模较大的国立大学依然“傲视群雄”，地方性公立大学和私立大学虽然在交叉学科·复合学科·新兴学科领域的申报上做出了不懈努力，却被淹没在其中，固有的大学内部序列等级仍然存在且有进一步强化的趋势。一直以来，旧帝国大学及规模较大的国立大学在科学研究费补助金及文部科学省的预算分配上享受着“优待”，所谓“卓越研究中心建设费补助基金”的新制度的导入并没有实质性的意义。虽然独立行政法人学术振兴会将评审基准设定为实际业绩、发展潜力与独创性，但是从最终评审结果来看，对实际业绩的考量占了相当重的比例，忽视了发展潜力与独创性。社论认为虽然“21世纪COE计划”被视为构建世界最高水平研究中心的一次具有特殊意义的尝试，是推动大学改革的“催化剂”，但是其评价及组织管理体制在追赶世界水平上尚需努力。①

《读卖新闻》是日本五大全国性、综合性对开日报之一。一直以来，该报被视为日本保守主义的重镇，其编辑方针和报道持右倾和保守主义立场。除此之外，该报与自民党关系密切，经常在政策领域发表带有执政党意识的言论。因此，该报的社论首先肯定了“21世纪COE计划”的积极意义，即该计划通过第三方评价的方式进行科研经费的分配，此举将推动大学的研究实力及研究成果向社会公开，有利于取得社会的信赖与支持。这种主张基本反映了自民党与文部科学省的观点。社论同时也指出了COE审查基准的不透明性。各申报点的实际研究业绩是以参与学术会议，发表学术论文、专著的情况，科学研究经费的资助金额为衡量标准的，但是这一基础数据并没有对公众公开。而关于发展前景及特色学科领域的评审，虽然掺杂评委的主观意识是在所难免的，但是如果不公开评审内容，所谓的第三方评价最终将无法获取社会公众的

① 社説.トップ３０.これが起爆剤なのか［N］.朝日新聞，2002-10-04.

信任和认同。社论还以英国大学研究评价为例①，指出日本的第三方评价须履行信息公开职责，凝练评价理念和手法。社论还指出大学评价之所以未能深入民心，与大学方面过于强调“大学的自治”与“学问的自由”、排斥外部评价有一定的关系。因此，研究评价的公众认同度、信赖度的提升和大学相关人士的意识改革是当务之急。②

《日本经济新闻》是日本五大全国性、综合性对开日报之一，因受经济界影响较大，报道立场较客观。社论指出，入选COE集中分布在以旧帝国大学为中心的国立大学和早稻田大学、庆应义塾大学等一部分私立大学中，而地方性大学成绩惨淡，反映出在研究实力方面两者之间存在着巨大的差距。由于本年度的学科领域是围绕自然科学领域为中心展开COE遴选的，产生这种结果也是在意料之中的。旧帝国大学原本就通过研究生院重点化政策获得了巨额的国家财政拨款，此次又在“21世纪COE计划”中再次获得了国家的研究资金资助，这种“双重”拨款机制遭到社会各界的质疑与批判。此外，由于研究计划的评价基准与评审的过程没有公开，对于评审结果中名牌大学及知名学者林立的现象，不少参与COE申报的大学对第三方评价的可信度提出了质疑。社论认为，对于身处竞争激烈的生态环境下的日本大学来说，为发展世界级水准的研究，由国家提高竞争性资金的比率原本是无可厚非的。但是，由于国立、公立、私立大学设置形态的不同，三者之间存在着国家分配给教师经常性研究经费及税制方面的差距。如果对这些因素不予考量而采取同样的评价基准进行资金分配的话，只会进一步巩固现有的大学内部呈金字塔形序列化的位阶制的秩序。因此有必要通过改善第三方评价的机制，建立良性竞争秩序，构建流动性的竞争环境。③

（二）地方性报纸对“21世纪COE计划”的评价

《东京新闻》指出，从第一批入选COE在国立、公立、私立大学中所占的比例来看，依次是74%、4%和22%，而2002年度文部科学省下辖的未通过竞争招标形式拨付的科学研究费补助金在不同设置形态的大

---

① 英国按照7个等级给大学的研究活动打分，并根据不同的等级分配金额不同的研究补助金，实施严格的研究业绩考核，同时听取大学方面的意见与批评，改善评估方法。

② 社説.研究業績評価 信頼獲得で大学改革につなげよ［N］.読売新聞，2002-10-04.

③ 社説.国立大圧勝の「COE」選定［N］.日経新聞，2002-10-04.

学中的分配比例依次是70%、7%和23%，两者基本一致。这究竟是偶然还是潜规则，总之非常耐人寻味。另外，仅分布在7所旧帝国大学的COE就占了入选COE总数的43%，东京大学和京都大学更是分别取得了入选11个COE的“优异成绩”。私立大学中的COE则是集中分布在有“私大双雄”之称的早稻田大学和庆应义塾大学，分别入选了5个COE。该报社论认为，一直以来，政府的高等教育研究科研投资政策就向以东京大学、京都大学为首的旧帝国大学倾斜，“21世纪COE计划”若是与以往的政策保持一致的话，那么推出新政策的意义何在呢？如果评选的基准与理由明确的话，倒是可以解决上面的疑惑。但是事与愿违，审查委员会以“评审基准是委员讨论的结果，合格与否的理由只能告诉当事者”为由，拒绝公开。不仅如此，评审委员中还有人放言“就连诺贝尔奖的评审理由也没有向公众公布”。诺贝尔财团是民间机构，而“21世纪COE计划委员会”使用的是处于财政困难窘境中的国家的税收。该报社论最后建议文部科学省如果想获得国民的支持发展COE的话，应该积极履行信息公开的职责。①

除《东京新闻》外，其他几家地方性报纸均提及地方性国立、公立大学在COE竞争中处于弱势。

《京都新闻》于文部科学省公布“21世纪COE计划”第一批入选名单当天，就发表了社论。该报指出，第一批入选COE名单中，京滋②地区只有京都大学和立命馆大学两所大学入选。审批结果如同之前预测的一样，旧帝国大学占据优势地位。再加上审查过程与基准的不透明，招致众多大学的不满。京都大学金田章裕副校长认为“京都大学获批11个COE并不是为了与东京大学调和平均数，而是公正评审的结果”，针对其他大学对于科学研究经费的分配排序与原有的序列保持一致的批评，他做出“此次招标的学科领域是国立大学原本就擅长的理科领域，因此出现这种结果也是无可奈何”的回应。立命馆大学在此次评审中获得3个COE，在私立大学中排名第三位，仅次于早稻田大学、庆应义塾大学。立命馆大学以私立大学中唯一的放射光装置及传统艺术的数字保存（Digital Preservation）等具有特色的研究获得了评委的青睐。取得这样的成绩，长田丰臣校长认为“没有模仿国立大学，而是以构建独具个

① 社説.卓越大学拠点 もっと透明でないと［N］.東京新聞，2002-10-04.

② 京都府或包括京都市和滋贺县在内的区域。

性大学为奋斗目标的结果”。京滋地区的同志社大学、龙谷大学、京都产业大学、京都工艺纤维大学、京都府立大学、京都府立医科大学及滋贺医科大学等参加了此次的评选，但没能入选。而入选的私立大学几乎都集中在以东京为中心的关东地区，关西地区只有立命馆大学和近畿大学入选。要推动大学改革，评价的公平性与透明性是不可或缺的必要条件。但是，这次评价的过程带有暗箱操作的色彩。对此，龙谷大学的河村能夫副校长说：“既然使用了180多亿日元的政府预算，文部科学省应该尽到‘问责’（Accountability）的职责。特别是，在很难使用客观性评价的人文社会科学领域究竟参照了哪些评价指标，在此希望官方予以公开说明。”京都工艺纤维大学的平山锐副校长也提出“希望官方在计划5年期满后如实公布入选大学取得的实际研究业绩”。针对以上意见，江崎玲于奈委员长回应“评价是带有主观性色彩，只能依靠评价人的判断力”。①

《北海道新闻》中指出，在2002年度5大学科领域的COE遴选中，北海道地区在生命科学等领域共入选了5个COE，其中北海道大学4个，带広畜产大学1个。作为理工科的研究经费来说，COE资助金额并不算多，但各大学争先恐后地进行申报。这在一定程度上反映了在大学改革的大潮中，在大学重组整合的压力之下，各大学为了彰显自身“存在感”而做出的不懈努力。该报社论指出“21世纪COE计划”存在的缺陷是评审基准与入选、落选理由的不透明。并且COE的评审过程也是非公开的，最终公布的只有入选大学的名称和研究课题的标题。这样一来，那些落选的大学就难免会产生不满和不信任感。“21世纪COE计划”是首次正规地根据第三方评价结果进行财政预算分配的计划，那么，为了提高第三方评价制度的社会信任度，必须引入公正、透明的评价机制。此外，在一些地方性小规模大学中，也不乏从事特色研究的学校，希望该计划也关注到这些从地区向世界辐射的研究活动。在此次COE遴选中，北海道地区的弘前大学、岩手大学、山形大学等在第二次世界大战后设置的新制国立大学也未能入选。弘前大学的神田健策副校长深感生存危机重重，“如果自暴自弃的话，那么大学间差距只会越来越大。明年打算在医学领域继续进行COE申报，所以从现在开始就要进

① 社説.「審査に不透明さ」もれた大学に不満も ＣＯＥプロ 京滋は京大・立命館大のみ［N］.京都新聞，2002-10-02.

入‘备战状态’”。福岛大学由于没有设置博士课程，不具备申报资格。该校的臼井嘉一校长认为“现行的评审基准不利于地方性大学发挥特色，应该修改完善审查条件，期待发挥重视教育活动、区域服务等地方性大学特征的政策出台”。①

《河北新报》是由位于宫城县仙台市的河北新报社发行的日报，也是代表日本东北地区的地方性报纸。该报在社论中提到东北地区的各大学师生面对文部科学省公布的5大学科领域COE评审结果露出悲喜交集的表情。“21世纪COE计划”的出台必然会导致大学间竞争的激化，进而或将产生新的等级序列差别。在生命科学领域，东北地区只有东北大学和秋田大学获批COE。秋田大学的COE项目负责人稻垣畅也说“原本还有些担心此次的COE遴选是否会被旧帝国大学独领风骚，但依靠自信在地方性国立大学中成功突出重围，今后希望能在研究中取得成果”。在化学与材料科学领域获批COE的东北大学金属材料研究所的井上明久所长直言“胸中的一块巨石落了地”。对于在材料科学领域位列世界论文引用次数排行榜第一的东北大学来说，入选“21世纪COE计划”被认为是理所当然的事，但井上所长强调“至此，才获取了被世界认知的资格”。但是，从大学整体入选COE的总数来看，东北大学只有5个COE，与东京大学、京都大学等竞争对手拉开了差距。对此，东北大学马渡尚宪副校长归结为“为了争取入选‘21世纪COE计划’而奋起搜集信息等感染力与冲击力的欠缺”。②

《北国新闻》是位于石川县金泽市的北国新闻社发行的地方性报纸。该报社论指出，此次地方性大学入选COE项目大都体现了地域的特性及优点，如北陆地区唯一一所入选COE的金泽大学自然科学研究科的“环日本海域的环境测量与中长期变化预测”和鸟取大学的“干燥地形科学项目”。以超电导材料研究闻名的青山学院大学、以特殊电子显微镜挑战新元素开发的名城大学等私立大学则凭借“一技之长”得以成功入选。该报社论认为，COE的设置重心与文部科学省的科学研究费补助金的分配趋向基本一致，均侧重于旧帝国大学。以2002年度科研费分配情况为例，国立大学占预算总额的65%，其中7所旧帝国大学约占国立

---

① 社説.大学ＣＯＥ 研究意欲を促す制度に［N］.北海道新聞，2002-10-04.

② 社説.大学間競争激化も 東北の関係者 新たな序列化警戒［N］.河北新聞，2002-10-03.

大学预算总额的50%。而此次入选“21世纪COE计划”的COE中国立大学占74%，其中7所旧帝国大学约占40%。虽然在评价过程中无法完全排除主观判断，但是从目前的政策选择来看孕育出具有发展前景的卓越研究中心是有一定难度的。社论还批评了COE评审基准的不透明性，认为该计划的实施强化了固有的大学等级制度。①

《山阳新闻》是位于冈山县冈山市的株式会社山阳新闻社发行的一家地方性报纸。该报社论认为，促使政府出台“21世纪COE计划”的背景缘于日本的大学中无法聚集在国际上享有高知名度的研究人员，并且本国优秀的研究人才向海外流失现象严重。社论首先肯定了该计划提高了大学学术研究水平，激发了大学研究教育活动的活力等成功之处。而后除批判评审基准不透明外，还提到评审结果与科学研究费补助金的分配比例基本一致，起到了进一步强化大学等级序列化的反作用。最后对于在此次COE评审中“败北”的冈山大学寄予厚望，希望其在来年的评审中取得成绩。②

《高知新闻》是位于高知县的株式会社高知新闻社发行的一家地方性报纸。该报社论认为从公布的第一批审查结果来看，“21世纪COE计划”的实施在继承自明治时期以来的大学等级序列制度的基础上，进一步强化了“集中与排除”理论，加速了大学淘汰的进程。社论还提到既然该计划强调的是竞争，那么其前提条件就应该是确保评审规则的公正。但是COE评审过程不公开，评审基准不明确，无法保证评审的客观性。如果继续将扶持重点放在高等教育金字塔形构造的“塔尖”，不谋求高等教育机构整体的均衡发展的话，必将动摇高等教育之根本。社论还提及在四国地区仅有爱媛大学入选了1个COE。在这种不完善的评价制度下，许多地方性大学不幸落选，落选带来的重创不仅反映在招生及就业方面，也直接影响到研究人员的向心力。不止如此，文部科学省过度追求效益的“短视”行为放任了忽视周期长、见效慢的基础研究的不良倾向的进一步滋长。③

综上所述，日本国内的主流媒体把批评与关注的重点放在了评审过

① 社説.重点大学研究 基準明確にし過程の公表を［N］.北國新聞，2002-10-04.

② 社説.21世紀ＣＯＥ 示したい大学の存在感［N］.山陽新聞，2002-10-04.

③ 社説.【ＣＯＥ】「集中」を促すだけか［N］.高知新聞，2002-10-04.

程的客观性与评审结果的合理性上。虽然并未对“21世纪COE计划”全盘否定，但对其改革方向持质疑与观望态度。这是因为该计划的经费分配方式与日本传统的科研经费“大锅饭”分配方式截然不同，并且第一次在研究领域引入了第三方评价，对大学造成巨大的冲击。这与国立大学法人化改革措施出台后各大新闻媒体的反应基本一致。

（三）《读卖新闻》对“21世纪COE计划”的中期评价

2003年，在文部科学省公布“21世纪COE计划”第二年度的评审结果之际，全国性报纸中只有《读卖新闻》发表了题为《大学研究评价：实践建设世界最高水平研究中心的诺言》的社论。社论中提到预计实施的9大学科领域的COE评审工作已全部结束，共计遴选出246个COE。在该计划实施之初，来自大学方面的反对呼声很高，如“国家主导的研究评价会侵害大学的自治制度”，但是各大学最终在两年间共提交了1 075份COE申报。研究评价给大学带来了巨大的变革。为了确定申报的领域及主题，各大学必须对校内的研究成果进行严格公正的评价，还要明确大学的未来规划。这些对于一直回避对校内研究领域进行比较进而分出优劣的大学教师来说是一次全新的体验。共计上千名研究人员经历了2002、2003年度的审查，其结果几乎网罗了最先端的研究。事实证明经由同一学科领域的研究人员进行的“同行评价”是有效的。至此，最初对于研究评价能够客观公正的疑问和担忧也被一扫而空了。入选的COE虽然多集中在以旧帝国大学为中心的国立大学中，但令人关注的是，在并不具备研究条件但具有鲜明研究特色的私立大学和地方性公立大学中也有相当一部分大学入选。既然入选了该计划，也就意味着大学须履行建设成为能与欧美匹敌的世界最高水平的研究中心的承诺。针对2003年文部科学省削减了研究基地的补助金总额，社论认为维持稳定的财政预算资助是确保入选COE实践诺言的最低条件，强调了行政支持的重要性。卓越研究中心的建设固然是强化大学国际竞争力的必要手段，但仅靠所公布的一两批COE就试图提高大学学术研究的国际竞争力是远远不够的。社论建议政府应该缩小募集规模，力争每年审批和设置一批COE，以此激发大学研究的活力。①对比《读卖新闻》先后发表的两篇社论可以看出，该报对“21世纪COE计划”的舆论导向发生了变

① 社説.大学研究評価・世界的拠点形成の“公約”果たせ［N］.読売新聞，2003-07-08.

化，不再对该计划的评价方式与研究经费方式提出质疑，这表明第三方评价与竞争性经费分配方式已逐渐为大学及社会所接受。

除媒体外，各专业学术团体对“21世纪COE计划”的批评也十分引人注目。例如针对文部科学省的科学研究经费分配方式，日本数学会于2003年9月发表声明，提出了以下四点建议：（1）科研经费的分配方式应集中针对应用性及短期性科研项目，对基础性及中长期研究项目须慎重对待。（2）COE计划适合需要团队合作的大型科研项目，但是基础研究多采取单个研究组织或小规模研究组织形式。为确保日本学术研究可持续发展，应注重对基础研究领域的资助。（3）为确保COE评审结果的公正公平，须对获得重点资助的科研项目中期以及结题进行严格审核。（4）发挥各学科及专业学会的力量，依靠各研究领域的权威专家，辅以通讯评审的方式，确保科研经费分配方案的公平合理。①

第二节　日本创建世界一流大学卓越研究中心政策的调整与补充

近年来，先进而科学的教育理念不断地被大众了解和接受，人们对教育的关注程度大幅度提高，对优质教育的需求也日益旺盛。早在20世纪80年代初，美国就提出了优质教育的改革方略。受其影响，许多国家都提出了优质教育的理念并付诸实践。2000年，联合国教科文组织在《全民教育行动纲领》中明确提出了优质教育的理念，申明各国不仅要为“所有人提供教育”，还要为“所有人提供优质教育”。同时，《全民教育行动纲领》还提出世界教育的发展应从全民教育目标向全民优质教育目标转变。在我国，《国家中长期教育改革和发展规划纲要（2010—2020年）》的第一部分“总体战略”中，也强调要“提供更加丰富的优质教育”。扩大优质教育资源总量，从整体上提高教育质量，追求教育优质均衡发展是世界各国教育发展的趋势，已经成为教育界和整个社会的共识。

教育的核心是学习，优质教育的核心是优质学习。所谓优质学习，即是高质量的学习。本科教育是高等教育的主体和基础，提高本科教育

---

① 徐小洲，王家平.卓越与效益——大学重点发展战略研究［M］.杭州：浙江教育出版社，2007.165—167.

质量是高等教育发展的核心任务，抓好本科教学是提高整个高等教育质量的重点和关键。自20世纪90年代中期以来，日本的高等教育改革在国家“科学技术创造立国”论主导下，政策重点向构建高水平大学卓越研究中心倾斜，过分强调大学的科研职能，教育和教学没有得到应有的重视。同时，由于财政资助原则与设置基准面向大学的科研活动，出现了扶持对象向重点研究型大学“一边倒”的局面，阻碍了科研实力薄弱而教学具有特色的私立大学及地方公立大学的全面发展，对日本高等教育的整体发展产生了错误导向和一定的负面影响。为了纠正“重研究轻教学”的不良风气，有效地保障大学的特色定位和高等教育结构的均衡，对于那些没有获得政府资助、在科研方面不具优势而教学独具特色的大学，日本政府基于重视对大学教育活动的评价的考虑，将这类大学定位为教育基地，鼓励具有鲜明学科特色或行业特色的单科或多科大学发展。自2003年开始，文部科学省先后实施了“独具特色的大学教育改革支援计划”“满足现代化教育需求的项目支援计划”“高质量大学教育推进计划”等一系列“GP”教育支援项目，以能增强与提高学生学习实效，造就独具个性、富有魅力的特色化大学教育为最终目标。

一、独具特色的大学教育改革支援计划（特色GP）

2003年6月，文部科学省开始实施“独具特色的大学教育改革支援计划”，简称“特色GP”（Support Program for Distinctive University Education Good Practice）。因其与“21世纪COE计划”同样是采取重点资助金的形式，且申报及审批程序也相似，所以该计划又被称为“教育版COE”。文部科学省将“Good Practice”（优秀实践）作为大学教育改革支援计划的关键词，对于诸如教育方法和教育课程（课程编制等）方面的创意与改进、为满足社会需求较高的课题而开展的举措等，对于在大学里为提高对学生的教育质量而推行的富有特色的优秀教育改革方案进行募集、筛选并提供支持，从而达到改进大学教育，进一步激发高校人才培养活力的目的。

“独具特色的大学教育改革支援计划”以创建富有个性化的大学，充实并提高大学教学质量，强化大学的国际竞争力为主要目的。其具体实施是在各大学自主实施改善自身教育活动的基础上，从改进和扩充大学教育内容的观点出发，根据授予学位的课程，公开募集有利于提高教育内容与方法的精度和丰富程度的富有特色的优良方案，遴选出富有特色的大学的学科及专业给予财政支持，并通过项目推广广泛地向社会公开优秀教育改革方案信息，实现资源的共享，激发所有的大学努力提升教育活动的积极性，促使大学的教育活动满足21世纪知识社会的需求。

“独具特色的大学教育改革支援计划”除面向所有的国立、公立、私立大学之外，也把短期大学列入资助范围之内。各大学既可以以整个大学作为申报单位，也可以把下属学院、学科及专业作为一个独立的单位进行申报。该计划和“21世纪COE计划”一样采取公开遴选制，有关项目的具体评选及审查工作由文部科学省委托财团法人大学基准协会组成“特色大学教育支援计划实施委员会”负责操作。实施委员会下设“综合评价部会”和“各审查部会”两个分支机构，负责对不同类型学校所提交的项目进行评审，两个分支机构下又分设若干部门，按照学科领域的不同进行划分，负责各学科领域的评审工作。该计划预期将在全国的国立、公立、私立大学中筛选出100所特别重视教育、积极推行教育改革，并在教学工作中形成一定特色、取得明显成效的学校向它们提供财政支持，对它们进行重点扶助。被选中的大学将获得私立学校扶助金或由国立学校特别审计部门划拨的重点扶助金。该计划的实施周期原则上规定为2～4年，每个项目受资助的最高金额不超过2 400万日元，其中文部科学省的拨款以1 550万日元为上限，其余不足部分由各大学及短期大学自主筹集。

2003—2005年度，“特色GP”在以下五种主题类型中开展了特色学科的申报及评审工作，即（1）综合性教育活动的改善；（2）教育课程类教育的改善；（3）教育方法类教育的改善；（4）学生学习及课外活动等方面的支援；（5）大学与区域、社会关系的改善。2006年度，文部科学省将申报的类别范畴更改为学士课程、短大学士课程和硕士课程三大类，尔后又在学士课程和短大学士课程下设教育课程类教育的改善、教育方法类教育的改善、非教育课程和教育方法类的教育活动的改善等三种主题类别；在硕士课程下设以人文社科类教育活动为主的改善、以理工农类教育活动为主的改善和以医疗类教育活动为主的改善等三种主题类别。2007年度，文部科学省取消了硕士课程，仅保留了学士课程和短大学士课程两大类别。各大学、短期大学及其所属的学科及专业可以根据以上的主题类型，结合自身学科与专业的特色进行申报。为避免资源配置和财政支持的重复浪费，该计划还规定各大学的研究生院研究科及短期大学的专门科等研究组织不能提出教育改革方案的申报。与“21世纪COE计划”关注世界最高水平研究活动不同，该计划的审核基准更为关注学科及专业中教育活动的特色与发展前景，重视理念、特点、组织性、有效性、发展性。

2003年度，“独具特色的大学教育改革支援计划”从664个应募项目中选出80个作为资助对象，投入13亿日元的预算，获得立项的每个计划可获得约为1 550万日元的资助，用于提高教育课程的质量，促进教育方法的改善。该计划从2003年度开始实施，截至2007年度共提交申报2 270个，批准设立特色学科285个。其中，2003年度申报664个，获批80个，审批通过率为12.0%；2004年度申报534个，获批58个，审批通过率为10.9%；2005年度申报410个，获批47个，审批通过率为11.5%；2006年度申报331个，获批48个，审批通过率为14.5%；2007年度申报331个，获批52个，审批通过率为15.7%。预算金额也由最初的13亿日元增至35亿日元。①

通过研究和分析2003—2007年度“特色GP”的具体实施情况，我们可以看出：（1）从不同类别大学和短期大学每年度的申报情况来看，由于私立大学和私立短期大学的总数与申报基数较大，其获批特色学科的数量远远超过国立、公立大学（短期大学）的总和。“特色GP”共设立特色学科285个，这些特色学科分别隶属278所大学和68所短期大学。其中，国立大学87所，占获批大学总数的31.3%；公立大学28所，占获批大学总数的10.1%；私立大学163所，占获批大学总数的58.6%；国立短期大学2所，占获批短期大学总数的2.9%；公立短期大学10所，占获批短期大学总数的14.7%；私立短期大学56所，占获批短期大学总

① 文部科学省.特色ある大学教育支援プログラム—特色GPの審查と選定［EB/OL］.［2016-03-25］. http：//www.mext.go.jp/a_menu/koutou/kaikaku/gp/003.htm.

数的82.4%。①国立短期大学的特色学科获批率不尽如人意是由于日本的短期大学多以私立为主体。（2）从特色学科在各类大学中的分布情况来看，私立大学也占据一定优势。国立大学获批特色学科85个，占大学获批特色学科总数的40.9%；公立大学获批特色学科18个，占大学获批特色学科总数的8.7%；私立大学获批特色学科105个，占大学获批特色学科总数的50.5%。国立短期大学获批特色学科2个，占短期大学获批特色学科总数的2.9%；公立短期大学获批特色学科10个，占短期大学获批特色学科总数的14.7%；私立短期大学获批特色学科56个，占短期大学获批特色学科总数的82.4%。②与"21世纪COE计划"中具有悠久历史传统和雄厚科研实力的综合性研究型大学占据绝对优势地位不同的是，在日本高等教育体系中主要承担教学职能的私立大学在此次"特色GP"的申报及评审中受到青睐且斩获颇丰。（3）在特色学科的审批通过率上，国立大学的比率虽呈逐年递减的趋势，但仍然高出公立或私立大学的2倍左右。值得一提的是，短期大学虽然也被列入资助范围之内，但无论是获批特色学科的数量，还是审批通过率都逊色于大学太多。

"独具特色的大学教育改革支援计划"和"21世纪COE计划"的不同之处在于：COE的目的是为了促进大学的专业定位，强化学术组织的弹性与学术交流，进一步提高大学的科学研究的整体实力，把日本大学建设成为具有世界顶级水平的科学技术研究中心；而"特色GP"的基本理念是实现"个性化""多样化"的教育，注重教育课程、教育方法的改善，明确要求项目的实践性和可持续性，以提高学生学习实效，造

---

① 文部科学省.平成15年度「特色ある大学教育支援プログラム」の選定について；平成16年度「特色ある大学教育支援プログラム」審査結果について（報告）；平成17年度「特色ある大学教育支援プログラム」審査結果について（報告）；平成18年度「特色ある大学教育支援プログラム」の選定状況について；平成19年度「特色ある大学教育支援プログラム」の選定状況について［EB/OL］.［2016-03-25］. http：//www.mext.go.jp/a_menu/koutou/kaikaku/gp/003.htm.

② 文部科学省.平成15年度「特色ある大学教育支援プログラム」の選定について；平成16年度「特色ある大学教育支援プログラム」審査結果について（報告）；平成17年度「特色ある大学教育支援プログラム」審査結果について（報告）；平成18年度「特色ある大学教育支援プログラム」の選定状況について；平成19年度「特色ある大学教育支援プログラム」の選定状況について［EB/OL］.［2016-03-25］. http：//www.mext.go.jp/a_menu/koutou/kaikaku/gp/003.htm.

就独具个性、富有魅力的特色化大学教育为最终目标。从预算金额规模来看，与“21世纪COE计划”对大学卓越研究中心的大力扶持相比，“独具特色的大学教育改革支援计划”对大学教学改善方面的资助是非常有限的，年度预算均约30亿日元。

二、满足现代化教育需求的项目支援计划（现代GP）

2004年，文部科学省推出了“满足现代化教育需求的项目支援计划”（Support Program for Contemporary Educational Needs Good Practice），简称“现代GP”。该计划依据各种审议会提交的建议，针对社会各界要求较强烈的政策课题确立计划实施主题，如参与区域性服务、知识产权教育等，从全国各大学、短期大学、高等专门学校等高等教育机构上报的方案中，筛选出特别优秀的教育策划项目，并就选定的优秀方案广泛地向社会提供信息，进行财政支持，从而实现推动培养肩负未来新时代使命的优秀人才的目的。

“满足现代化教育需求的项目支援计划”的资助对象除面向所有的国立、公立、私立大学以及短期大学以外，把高等专门学校也列入资助范围之内。该计划与“独具特色的大学教育改革支援计划”一样，实行三级管理制度。计划的审查机构是由各领域的专家和有识之士组成的“满足现代化教育需求的项目支援计划选定委员会”。独立行政法人日本学术振兴会负责管理该委员会日常工作。

“满足现代化教育需求的项目支援计划”共设定了六大主题类型，根据不同年度社会需求的不同，对主题类型的内容进行适当调整。例如2004年度的主题类型是：（1）对区域活性化的贡献；（2）对知识产权相关教育活动的推进；（3）对工作中能够熟练应用英语交流的日本人的培养；（4）通过与其他大学的联合、合作实现教育机能的强化；（5）通过人才交流实现产学合作教育；（6）运用IT开展实践性远程教育（网络教育，E-Learning）。2005年度除保留了2004年度的（2）（3）（5）外，将（1）中的“对区域活性化的贡献”范围扩展为当地密集型和广域展开型两大类，还增设了“以基于需求的人才培养为目标的网络教育项目（E-Learning Program）的开发”一个主题类型。2006年度增设了“对实现社会的可持续发展息息相关的环境教育的推进”和“对实践性综合职业教育的推进”两个主题类型等等。各大学、短期大学、高等专门学校及其所属的学科及专业可以根据以上的主题类型，结合自身学科与专业的特色进行申报。

“满足现代化教育需求的项目支援计划”从2004年度开始实施，截至2007年共申报2 233个，批准设立特色学科401个。总入选率不超过总量的20%，每年拨款预算额从10多亿日元至40多亿日元不等。其中，2004年度申报559个，获批86个，审批通过率为15.4%；2005年度申报509个，获批84个，审批通过率为16.5%；2006年度申报565个，获批112个，审批通过率为19.8%； 2007年度申报600个，获批119个，审批通过率为19.8%。①

通过研究和分析2004—2007年度“现代GP”的具体实施情况，我们可以看出：（1）从不同类别大学、短期大学和高等专门学校每年度的申报情况来看，“现代GP”共设立特色学科401个，这些特色学科分别隶属292所大学、29所短期大学和30所高等专门学校。其中，国立大学110所，占获批大学总数的37.7%；公立大学32所，占获批大学总数的11.0%；私立大学150所，占获批大学总数的51.4%；国立短期大学2所，占获批短期大学总数的6.9%；公立短期大学6所，占获批短期大学总数的20.7%；私立短期大学21所，占获批短期大学总数的72.4%；国立高等专门学校30所，占获批高等专门学校总数的100%；公立和私立高等专门学校颗粒无收。②在获批特色学科的大学、短期大学和高等专门学校中，国立的142所，公立的38所，私立的171所，私立学校略胜一筹。而导致国立高等专门学校一家独大的现象出现的原因在于日本的高等专门学校以国立为主，这与其他阶段的学校私立占多数的情况形成鲜明对比，说明国家重视工业、科技方面的教育。（2）从特色学科在各

---

① 文部科学省.現代的教育ニーズ取組支援プログラム——現代GPの審查と選定［EB/OL］.［2016-03-25］. http：//www.mext.go.jp/a_menu/koutou/kaikaku/gp/005.htm.

② 文部科学省.平成16年度現代的教育ニーズ取組支援プログラム選定結果について（報告）；平成17年度現代的教育ニーズ取組支援プログラム選定結果について（報告）；平成18年度現代的教育ニーズ取組支援プログラム選定結果について（報告）；平成19年度現代的教育ニーズ取組支援プログラム選定結果について（報告）［EB/OL］.［2016-03-25］. http：//www.mext.go.jp/a_menu/koutou/kaikaku/gp/005.htm.

类大学中的分布情况来看，2005—2007年度国立大学获批特色学科为92个，占大学获批特色学科总数的37.0%；公立大学获批特色学科27个，占大学获批特色学科总数的10.8%；私立大学获批特色学科130个，占大学获批特色学科总数的52.2%。国立短期大学获批特色学科1个，占短期大学获批特色学科总数的4.2%；公立短期大学获批特色学科5个，占短期大学获批特色学科总数的20.8%；私立短期大学获批特色学科18个，占短期大学获批特色学科总数的75%。国立高等专门学校获批特色学科31个，占高等专门学校获批特色学科总数的100%，公立和私立高等专门学校则“无功而返”。①在以私立为主体的大学和短期大学中，私立学校获批特色学科数量较多，而在以国立为主体的高等专门学校中，国立学校发挥了绝对优势。（3）在特色学科的审批通过率上，不同类别的大学和高等专门学校的比率一直是相持不下的，短期大学则稍逊色一些。

三、“特色GP计划”和“现代GP计划”的实施效果

在“特色GP”“现代GP”等一系列大学教育改革支援计划的推动下，日本在教育课程改革、成绩评价、教师培训等大学教育教学活动的各领域得到了长足的发展。根据2007年文部科学省的调查显示，在课程改革方面，2003—2007年内在本科层次实施教育课程改革的大学由553所升至628所，增幅为13.6%；在成绩评价方面，在本科层次实施严格成绩评级，导入GPA（Grade Point Average，平均成绩点数）的大学由163所升至295所，增幅为81.0%；在教师培训方面，实施教师教育教学能力开发即FD制度的大学由482所升至664所，增幅为37.8%。②

① 文部科学省.平成16年度現代的教育ニーズ取組支援プログラム選定結果について（報告）；平成17年度現代的教育ニーズ取組支援プログラム選定結果について（報告）；平成18年度現代的教育ニーズ取組支援プログラム選定結果について（報告）；平成19年度現代的教育ニーズ取組支援プログラム選定結果について（報告）［EB/OL］.［2016-03-25］. http：//www.mext.go.jp/a_menu/koutou/kaikaku/gp/005.htm.

② 文部科学省.教育GP（大学教育推進プログラム）の成果［EB/OL］.［2016-03-25］.http：//www.mext.go.jp/b_menu/shingi/chukyo/chukyo4/031/siryo/1294202.htm.

同年，日本广岛大学高等教育研究开发中心主任山本真一教授接受文部科学省委托，对“特色GP”“现代GP”的实施效果进行了问卷调查。调查对象是日本所有国立、公立、私立大学（共计756所大学）的校长，其中532所大学的校长对调查做出了回应，问卷回收率为70.4%。关于GP的实际成效，87%的校长认为GP的实施在改善教育方法方面起到了推动作用；86%的校长认为GP的实施在充实学习支援体系方面起到了积极作用；85%的校长认为GP的实施强化了区域和相关机构的合作、信赖关系；72%的校长认为GP的实施充实了有关教育设施。①

日本私立大学协会附属私学高等教育研究所对于入选GP计划大学的改革状况进行了调查。调查数据显示，77.8%的大学在教学大纲中明确提出预期学习成果；50.0%的大学备有将课程的目标及与其他相关课程的关系图表化资料；80.0%的大学在设置教学课程时，办理了获得上级主管部门组织认可的手续；59.6%的大学在成绩的评分标准方面是通过协商决定的。②

此外，伴随着“特色GP”“现代GP”等一系列大学教育改革支援计划的逐步推广与应用，GP计划的评审结果逐渐成为日本国内新闻媒体评价大学“教育力”的参考指标。例如《东洋经济周刊》杂志在评选2009年度“实力强大的大学”综合排行榜时，把是否入选GP计划作为评价一所学校教育活动优劣的参考指标；《周刊读卖》杂志在评选2009年度“就业力最强的大学”时，把2007年度入选GP计划大学名单作为了解大学的特色、优势专业及办学理念、选择大学的最新指标。③

---

① 文部科学省.教育GP（大学教育推進プログラム）の成果［EB/OL］.［2016-03-25］.http：//www.mext.go.jp/b_menu/shingi/chukyo/chukyo4/031/siryo/1294202.htm.

② 文部科学省.教育GP（大学教育推進プログラム）の成果［EB/OL］.［2016-03-25］.http：//www.mext.go.jp/b_menu/shingi/chukyo/chukyo4/031/siryo/1294202.htm.

③ 文部科学省.教育GP（大学教育推進プログラム）の成果［EB/OL］.［2016-03-25］.http：//www.mext.go.jp/b_menu/shingi/chukyo/chukyo4/031/siryo/1294202.htm.

四、高质量的大学教育推进计划（教育GP）

2008年，文部科学省将“独具特色的大学教育改革支援计划”和“满足现代化教育需求的项目支援计划”统合为“高质量的大学教育推进计划”，简称“教育GP”（Program for Promoting High-Quality University Education Good Practice）。该计划以积极应对《大学设置基准》等规定的修订为前提，旨在从大学上报的为提高教育质量而进行的教育改革活动中，筛选出特别优秀的教育改革方案予以重点财政资助。其最终目的主要有两个，一是使各个大学明确自己的个性和特色；二是加强各个大学的人才培养职能。独立行政法人日本学术振兴会接受日本文部科学省的委托成立了“高质量的大学教育推进事业委员会”，专门负责对各大学、短期大学、高等专门学校申报的“大学教育改革方案”进行审查。

文部科学省按照教育课程类教育的改善、教育方法类教育的改善、非教育课程和教育方法类教育活动的改善等三大类别对“高质量的大学教育推进计划”的申报内容进行了分类。该计划的审查基准主要着眼于大学自身和教育改革方案两个方面。首先，大学须明确人才培养目标定位和成绩评定基准，具备完善的评价体制和方法，实施大学教师生涯发展规划；其次，从方案的目的、内容、评价体制、实施计划四个方面对教育改革方案做出了具体规定。该计划的资助对象与“现代GP”一致，为国立、公立、私立的大学、短期大学以及高等专门学校。

2008年“教育GP”共计投入预算86亿日元，共申报特色学科939个，批准设立特色学科148个，审批通过率为15.8%。从不同类别大学、短期大学和高等专门学校每年度的申报情况来看，这些特色学科分别隶属92所大学、17所短期大学和11所高等专门学校。其中，国立大学39所，占获批大学总数的42.4%；公立大学11所，占获批大学总数的12.0%；私立大学42所，占获批大学总数的45.6%；国立短期大学0所；公立短期大学2所，占获批短期大学总数的11.8%；私立短期大学15所，占获批短期大学总数的88.2%；国立高等专门学校11所，占获批高等专门学校总数的100%；公立和私立高等专门学校为0所。从特色学科在各类大学中的分布情况来看，2008年度国立大学获批特色学科为54个，占大学获批特色学科总数的46.2%；公立大学获批特色学科11个，占大学获批特色学科总数的9.4%；私立大学获批特色学科52个，占大学获批特色学科总数的44.4%。国立短期大学0个；公立短期大学2个，占短期大学获批特色学科总数的11.8%；私立短期大学15个，占短期大学获批特色学科总数的88.2%。国立高等专门学校13个，占高等专门学校获批特色学科总数的100%；公立和私立高等专门学校为0个。①（此外，还包括熊本大学等3所国立大学联合1所私立大学共同申请的特色学科1个）

“特色GP”“现代GP”“教育GP”等一系列教育支援项目是21世纪初日本高等教育改革的重要组成部分。“GP”教育支援项目着眼于通过竞争机制来推动不同类别的高等学校重视教育教学活动的改革，并逐步形成个性和特色，以达到提高教育质量、实现优质学习的终极目标。日本高等教育学会前任会长有本章教授认为一系列“GP”教育支援项目在日本高等教育史上是具有划时代意义的改革尝试。他还特别指出，自20世纪90年代中期以来，日本的教育改革在国家科学技术基本计划主导下，政策重点向构建研究基地倾斜，教育教学没有得到应有的重视。“GP”政策的出台，意味着21世纪的教育政策价值正在逐渐转变，有利于纠正教育界“重研究、轻教学”的不良风气。日本政府推进以研究为中心的“21世纪COE计划”和“全球COE计划”，追求建设世界级的研究基地和世界最高水准的大学。而“特色GP”“现代GP”“教育GP”注重提升日本大学的教育水准，同样也是以实现世界水准的教育为目的的。两者互为补充，是对传统大学文化的一种反省和纠偏，具有方向性的引导作用。②“GP”教育支援项目的运作方式、内容及其成效或许对于我国实施“高等学校本科教学质量与教学改革工程”，提升教育质量具有一定的参考价值。

---

① 独立行政法人日本学術振興会.平成20年度質の高い大学教育推進プログラム審査結果報告［EB/OL］.［2016-03-25］.http：//www.jsps.go.jp/j-goodpractice/koubo.html.

② 熊庆年，长生拓磨.具有划时代意义的教育改革尝试——日本特色GP的形成和特点［J］.复旦教育论坛，2009（2）：83.

结论与启示

“21世纪COE计划”和“全球COE计划”是在高等教育市场化背景下，日本政府为创建具有国际竞争力的世界高水平大学而实施的科研基地建设资助金计划。同时，它们也是通过第三方评价和对教育资源的竞争性配置，将市场竞争原理引入高等教育领域的日本大学教育管理体制改革的一项重要举措。一方面，该政策的实施在日本大学管理体制的改革、研究与教学的内容、高端人才培养的方式和目标等方面产生了深远的影响；另一方面，该政策的决策过程、运作的方式、内容及其成效也能为我国的世界一流大学建设提供重要参考。

第一节 新公共管理视角下日本创建世界一流大学卓越研究中心政策分析

从“21世纪COE计划”和“全球COE计划”的理论根基来看，是主导公共部门行政改革的新公共管理理论在高等教育领域的适用和体现；从政策的价值取向来看，主要表现为竞争、“3E”（经济、效率和效益）、绩效责任以及政府资助方式的转变的市场取向。本节拟从新公共管理理论的视角，分析新公共管理理论在日本“21世纪COE计划”和“全球COE计划”中的应用，剖析两者之间的内在联系，提炼该计划管理模式的科学性与合理性。

一、引入竞争机制，追求效率

关于新公共管理的理论渊源，英国学者罗伯特·罗茨认为，新公共管理理论的两个重要基础是管理主义和新制度经济学。管理主义指的是把私人部门的管理手段引入公共部门，新制度经济学指的是把市场竞争等激励结构引入公共服务中。他还认为，以1988年为分界点，1988年以前管理主义占据主导地位，1988年以后，新制度经济学的观点变得更为突出。①从20世纪80年代中期开始，缩减公共财政支出、削减政府财政赤字，通过采取市场调节和引入竞争机制等手段提高包括大学在内的公共行政机构效率等，成为许多国家（地区）行政改革的共同课题。高等教育领域的这一变化反映了新自由主义和新公共管理运动“大市场与小而能政府”的理念。新公共管理理论认为，在公共领域引入自由竞争及采用自由市场的供需法则运作，可以打破政府部门对工作的传统垄断，使公共部门提高效率、降低成本，并且能够保证所提供的公共服务与产品的质量。

竞争机制和效益观念是市场经济的主要特征，也是市场介入大学后所带来的最突出的影响。一方面，随着经济领域的国际竞争渗透到大学领域，促使高等教育系统内部的竞争机制的逐渐形成，打破了“象牙塔”的藩篱，为大学的发展注入了活力；另一方面，随着效益观念的植入，特别是市场手段在大学运营管理和服务领域中取得的成效，使得大学的资源利用效益得以提高，在一定程度上缓解了教育经费短缺的问题。

日本社会普遍认为大学校际间没有形成有效的竞争是造成日本大学的教育和研究缺乏国际竞争力的重要原因之一。1984—1987年，日本首相直辖的教育改革咨询机构——临时教育审议会（以下简称“临教审”）先后提交了《关于教育改革》的四份审议报告，对学校教育的划一性、刻板性和封闭性进行了强烈的批判，倡导教育自由化论，主张实现教育的“自由化”“个性化”与“多样化”。由于临教审直接隶属首相，其所公布的一系列教育改革方案具有改革力度大、涉及面宽和政策性强的特点，直至今日仍深深影响着日本的教育改革。

20世纪80年代末，以教育自由化、市场化、多样化为口号的新自由主义教育改革率先在高等教育领域展开。日本高等教育领域逐步从“计划模式”向“市场模式”转化，进入“自由竞争、优胜劣汰、适者

---

① 罗伯特·罗茨.新的治理［A］.俞可平.治理与善治［M］.北京：社会科学文献出版社，2000：89.

生存”的时代。在高等教育领域引入市场竞争机制，高等教育的市场化趋势反映在日本高等教育改革中的具体体现是“规制缓和”（deregulation）、消除垄断（de-monopolization）和私有化（Privatization）三个方面。①其中，消除垄断即政府放宽或取消那些禁止私立大学和国立、公立大学竞争的有关规定，如收费标准、招生标准、课程规划等。其目的在于促使不同设置主体的大学能够在一个平等的平台上自由竞争。私有化，日文译为“民营化”。在全球范围内的新公共管理运动中，国家预算中高等教育经费的增加对国家公共财政产生的压力导致旨在减少公共财政支出的民营化政策越来越流行。1997年由日本前首相桥本龙太郎直接领导的行政改革委员会将“国立大学民营化”的构想纳入国家行政改革项目。其根本目的是在国立大学中引进市场竞争机制，使其向民营化方向发展，改变其“国立”的性质，促进高等教育经费的多元化，不以政府公共经费为国立大学办学经费的单一来源，在拨款机制中加入竞争元素，增加私有资金的比例。竞争和效益是市场的介入给高等教育带来的最为突出的影响，也是高等教育从精英化到大众化转型过程中所体现出的基本特征。由于竞争的导入产生了高等教育多样化的必然结果，高等教育系统内部的竞争机制逐渐形成，改变了以往精英教育阶段大学封闭在“象牙塔”之内的状况，为大学的发展注入了活力。

日本在推行“21世纪COE计划”和“全球COE计划”之前，采用的是高度集权式的教育管理体制，其高等教育长期处于高度集权主义的控制之下。日本政府重点支持若干所国立大学，每年向这些大学按人头统一拨付办学经费。此时的国立大学的教职员工属于国家公务员，大学的管理机构实际上是政府的行政机构在高等学校的延伸，大学的权利为政府所垄断，大学成为一个无权无责的执行机构。从教育经济学的观点来看，高等学校也是提供公共产品的机构，这种特殊产品就是高等教育和科研成果。而之前的日本国立大学，处于政府教育主管部门的严格控制之下，其自主性较差，具有强烈的行政机构色彩，其提供的公共产品，任务指标、科研经费、评价机制都是政府部门下达的，实际上处于高度的垄断状态。而新公共管理理论认为，政府机构与公共组织的关键性特征之一是其产出的非市场性质。允许一个机构对特定服务的提供进

① 戴晓霞，莫家豪，谢安邦.高等教育市场化［M］.北京：北京大学出版社，2004：23—25.

行垄断的通常理由在于为了避免浪费性的重复生产，但其结果却是使这些机构免除了竞争压力，变得没有效率。并且，政府机构产出的质和量难以进行测定和量度，同时加上在垄断服务的同时也垄断了信息，公众和民意机关难以对其工作效率实施有效的监督和控制。国立大学的“官体制”所造成的恶果，一方面是其自身的“结构臃肿”和资源浪费增加了国家的负担，另一方面是“大锅饭”“铁饭碗”现象的存在使得大学教职员工普遍缺乏竞争意识和效率意识，导致了大学工作效率的低下和竞争力的下降，从而无法提供高水准的教育与科研服务。因此，运用新公共管理原理对国立大学进行改革是必然选择，而“21世纪COE计划”和“全球COE计划”正是这场深刻变革在科研管理体制上的集中体现，是从过去的计划经济方式向市场经济竞争方式转变的结果，是根据市场机制进行运作的提升国家国际竞争力的计划。

“21世纪COE计划”和“全球COE计划”的出台，为大学之间营造竞争环境、激发大学活力创造了良好的政策氛围。近年来，受经济低迷影响，日本政府迫于教育资源的制约而逐渐减少了对大学的直接拨款，推动大学走市场化道路。以往完全依赖于政府从国家财政渠道保证大学的办学经费已经变得不现实。研究内容不受干涉、只需依据科学逻辑和内在的学术竞争开展研究活动的模式也受到质疑。在现有教育资源有限的前提下，日本政府开始追求竞争和教育投资效率。从高等教育政策层面来看，政府的管理由原来的政府统一管制转化为政府宏观调控和指导，政府的拨款由以往对各大学“均摊”的计划方式，变成以科研能力为评判基准的竞争性课题费用拨款方式。正是这种间接资金的提供，打破了“大锅饭”、平均化的格局，刺激了大学之间的竞争。

在“21世纪COE计划”和“全球COE计划”的实施过程中，不管是在COE的遴选还是基于绩效评价的研究资金的资助方面，都引入了竞争机制，这样一来，既维护了竞争个体之间的公平，又有利于提高资金的使用效率。例如在COE的遴选上，日本学术振兴会采取了公开竞争招标（competitive tendering）的形式，取消“嫡出”国立大学以往享有的优待，对国立、公立、私立大学一视同仁，最终的入选凭借各自综合实力，体现能者上、庸者下的原则；在研究资金的分配上，首先经由第三方评价组织“计划委员会”的专家、学者对各COE所隶属大学的未来发展规划报告、COE建设计划报告和研究教育活动报告等进行综合评价后，决定是否给予资金支持，而后在中期考核评价阶段，通过书面评价与听证会·合议评价两种方式对COE中期评价报告等进行审查后决定具体的资助数额。“21世纪COE计划”和“全球COE计划”在通过重点投资充实国立大学实力的同时，摒弃平均主义、本位主义，打破“出身”桎梏，给予公立大学和私立大学一个公平竞争的机会。其不限出身的选拔方式调动了公立大学和私立大学的积极性，活跃了大学整体的科研气氛。

二、放松严格管制，实行分权化管理

新公共管理理论认为，与集权的政府机构相比，授权或分权的机构更富有效率，更富有灵活性，主张放松严格的规制，减少行政干预。1998年，经济合作与发展组织（OECD）在发表《重整高等教育》（Redefining Tertiary Education）报告中指出国家（政府）应“还政于高等院校”，减少政府对大学财务、人事、课程设置等方面的管制，将决策权下发给学校，对高等院校的管理要由以往的微观调控转为宏观调控。

自20世纪80年代中后期起，“规制缓和”就成为日本国家改革的关键词。所谓“规制缓和”，换言之就是“去行政化”，即以市场力量取代政府行政干预，赋予高等教育机构更大的管理弹性，使其在面对社会变化及竞争时能够积极、迅速地做出反应。20世纪90年代以后，随着社会服务和公共政策私有化的流行，为了增加公共政策和社会服务的效率和效益，日本政府开始运用新公共管理理论的思维和手段来管理和经营大学。具体表现为：以市场逻辑引导大学的发展，以自由化、弹性化、个性化以及绩效责任等取代政府的干预与管制。权责下放并不意味着政府放弃对大学的管理与控制，而是采取不同于以往的宏观指导手段，扩大大学办学自主权及自我负责的合理空间。在国家公共部门改革过程中，政府在提供公共服务时扮演的角色发生了巨大转变。新公共管理理论提出政府应将“掌舵”与“划桨”两种责权分离，应成为“掌舵者”而非“划桨者”，将微观管理领域放手给市场，由公共部门、私人部门或非营利部门来从事公共产品和服务的提供，保留政府“掌舵者”的角色，对公共产品或服务的提供者所提供的产品或服务的质量进行评价和监督，同时，还要对公共部门的绩效进行定期审查与考核，并根据公共产品或服务提供者的质量与绩效来对其实施奖惩。在提供公共服务过程中，政府角色的转变，体现在日本创建大学卓越研究中心政策上，就是采取了委托代理的方式，即由文部科学省制定和提供改革的方针政策，并不直接主导或干预具体的改革方案或改革进程，由委托代理机构——独立行政法人日本学术振兴会来提供公共服务，负责政策执行的相关事宜。

在卓越研究中心的评审过程中，身为“COE计划”的制订者的文部科学省并没有直接参与COE评审工作，而是采用委托代理方式，将COE的评审权、裁决权、执行权下放给既不直接隶属政府，也不完全由大学教师或研究人员等学术人员支配的中介机构——独立行政法人日本学术振兴会，由第三方评价机构代替政府扮演评价、审议的角色。并且，文部科学省还督促日本学术振兴会联合大学评价・学位授予机构、大学基准协会和日本私立学校振兴・共济事业团先后成立了“21世纪COE计划委员会”和“全球COE计划委员会”，负责COE评审规则的制定、对各申报点提交的申报材料进行评价和审议以及其他各种事务性工作。在“21世纪COE计划”和“全球COE计划”的实施过程中，“21世纪COE计划／全球COE计划委员会”引入第三方评价机制，灵活运用大学基准协会、大学评价・学位授予机构和日本私立学校振兴・共济事业团等第三方评价机构，对国立、公立、私立大学实施第三方评价。第三方评价包括事前评价（针对计划方案的必要性、有效性、妥当性、可行性等方面）、中期评价（或称事中评价，针对计划进展状况）和事后评价（针对计划方案完成情况，科技成果对社会、经济的贡献等）三个阶段。此举不仅避免了管理者和被管理者之间的矛盾冲突，为摆脱行政部门的直接干预创造了先决条件，而且还加大了社会参与度，尽可能地保证了评审结果的公正性和权威性，提升了“COE计划”的社会公信力。

日本学术振兴会于2003年10月起正式成为独立行政法人机构（Incorporated Administrative Agency，简称IAA），作为日本政府最重要的科学研究基金组织，日本学术振兴会在基本任务和管理体制等方面发生了重大变革。在法人化改革前，日本学术振兴会作为文部科学省的下属机构，代表政府提供公共服务，无论是关系到机构运营的重大决策还是人事管理，都必须听命于上级主管部门，缺乏独立性与自主权。法人化改革后，日本学术振兴会实施自主管理，与文部科学省之间通过契约（合同）来履行各自的职责，发挥各自的职能。文部科学省通过政策评价和行政监管，加强了制定政策以及监管的职能，而独立行政法人日本学术振兴会的职能则是重在提高执行力。文部科学省对日本学术振兴会的管理与控制由直接领导转变为通过“签订合同（制订3—5年的中期目标及计划）”以及来自第三方的“事后评价”为主要措施的间接方式来实现。如日本学术振兴会的主要职能是履行契约，完成中期计划；而负责审查日本学术振兴会中期计划的文部科学大臣根据《独立行政法人日本学术振兴会法》对其工作提出意见和建议。相较以往文部科学省对日本学术振兴会直接干预、过度干预的集权式管理模式，经历过法人化改革后，文部科学省仅承担为独立行政法人日本学术振兴会提供科研经费和审查其中期目标是否达成的职责，对于“21世纪COE计划”等科研项目的具体管理事项不再过问与干涉，而是交由后者全权负责。

日本政府实施“21世纪COE计划”和“全球COE计划”的实质是集中利用国家公共权力和公共资源，对所有国立、公立、私立大学中科研实力雄厚、特色突出的学科进行重点资助，其政策意图是刺激和鼓励大学进行相应的改革与创新，以达到国家重点扶持的标准，进而达到加强这些学科乃至大学整体的国际竞争力的目的。日本政府的这种从外部施加的强大的干预给整个高等教育系统带来的影响是不可估量的。

三、建立多元监控机制，注重产出控制

新公共管理理论作为公共行政实践与理论领域的新发展，受到管理学与私营部门管理的重要影响。新公共管理理论主张，政府作为公共产品或服务的提供者，其服务应以顾客或市场为导向，顾客作为公共产品或服务提供者的利益相关者，有权利对投入的资源所产生的效果进行监督。“顾客导向”（Customer Orientation）的理念促使公共问责制度的诞生，而绩效评价与项目评价就成为公共组织加强管理的重要方法与手段，成为了社会公众监督与参与管理的重要途径。相对传统公共行政注重对管理规则的遵循以及对管理过程的重视，新公共管理理论更加强调管理的结果——绩效。随着新公共管理运动的兴盛，绩效被广泛运用到政府管理之中，政府管理的重心发生了转移，由注重“事前干预”转向对“事后评价”的重视。所谓“事后评价”，指的是对部门、机构所要

达到的目标及管理运营的结果进行事后的监督和评价。

近年来，由于受到新公共管理理论的影响，大学开始从纯粹学术及文化教育机构转变为公营服务机构，大学教育已经被视为是公共服务，也是一种待沽的“商品”。因此，近年来大学教育改革与发展的重心一直围绕有效运用公共财政资源、提高服务质量、强调公众问责等展开。国家公共财政中的高等教育经费来源于纳税人所缴纳的税款。随着高等教育规模的扩大，公共财政投放不透明、浪费现象时有发生，服务效率不太理想。作为纳税人的公民或消费者针对其所缴税款的具体花费情况而要求知情权的呼声愈加强烈。在此情况下，新公共管理理论借鉴私营部门的做法，在高等教育领域引入了以第三方评价为代表的绩效考核机制，加强社会大众对高等教育的问责，促使大学在多元监控机制的作用下，保证其所提供产品和服务的质量。当然，在大学这一教育研究领域完全引进市场机制也许未必妥当。但是，政府通过第三方评价监控下的财政资源竞逐机制，促使大学不断改善教学与研究质量，完善有利于大学院校之间竞争的环境，对于推动大学积极开展教学与研究并提高自身水平是极为重要的。

作为一项具有政策目的的国家重大科研项目，如何有效进行项目管理，控制计划的实施过程，是“COE计划”面临的重大考验。作为积极向西方学习的亚洲国家之一，自20世纪90年代以来，日本在高等教育管理体制改革方面深受新自由主义思潮和新公共管理理论的影响。由于高等教育管理的改革大多是通过管理机制的调整和改革得以实现的，因此，从新公共管理的视角来考察日本“COE计划”的实施过程，可以更好地看出这种理论对日本高校科研管理体制产生的重要影响，更加深刻地理解日本创建高水平大学卓越研究中心计划管理模式改革的实质。

第二节　日本创建世界一流大学卓越研究中心政策的经验、教训及启示

在世纪之交，我国实施了以建设世界一流大学为宗旨的“985工程”，日本则出台了以创建大学卓越研究中心为宗旨的“21世纪COE计划”和“全球COE计划”。日本“21世纪COE计划”和“全球COE计划”的相继出台对于提升大学核心竞争力、促进大学准确定位、培养具

有国际竞争力的创新型人才、提高教育投资效率、加大评价过程的社会参与度等具有积极的推动作用。我国的“985工程”和日本的“21世纪COE计划”和“全球COE计划”在建设愿景与目标、组织与实施、资助对象与重点建设学科领域、实施周期与建设经费、评价与绩效考核等方面既有相似之处，又有很大的差异。本节归纳总结日本创建大学卓越研究中心政策的经验、教训以及对我国的启示。

一、日本创建大学卓越研究中心政策的经验

创建大学卓越研究中心政策是21世纪初日本高等教育改革的重要方略，是推动日本大学科学研究实现跨越式发展的“催化剂”，同时，也是日本创建世界最高水平大学的核心举措。日本创建大学卓越研究中心政策出台至今不足十年，改革成效已初见端倪。无论是该政策的指导思想、主要内容、具体措施的战略性和前瞻性，还是该政策运作的方式及成效，对我国的世界一流水平大学建设都不乏可借鉴之处。

（一）加强特色和优势学科建设，提升大学核心竞争力

学科是大学的基本元素，是大学教学、科研、服务活动的依托。一流的学科是培养高素质创造型人才的摇篮，是推动知识创新、促进科研成果实现生产力转化的基地。日本创建大学卓越研究中心政策通过集中有限的教育资源，对特色鲜明、优势突出、发展潜力巨大的学科进行重点扶持，以高水平学科建设为龙头带动高水平大学建设，以点带面，以点促面，实现双赢局面。

有效的教育发展战略并不只限于现实利益的实现，更在于大学系统和学校组织内涵的发展，实现核心能力的提升和创新的可持续性。“21世纪COE计划”和“全球COE计划”的COE申报是以学科或专业为单位的，提倡采取校内各学科间的横向联合、不同大学间或者与国外大学的优势学科“强强联合”的研究组织方式进行联合申报。这种打破学科或专业限制开展跨专业、跨校合作研究的研究组织强化了学术组织的弹性与学科交流，激发了大学内部活力。由于该政策规定COE申报人必须为各大学校长而非学科带头人，这就促使参与竞争的各大学打破内部学科、院系壁垒，采取多学科合作模式进行协同攻关。同时，通过整合多个学科的学术资源和研究力量，对于深化学科交流，及时把握科研发展

的动向，凝练学科方向，优化学科结构，形成新的研究领域，进而发展成为新的学科也具有积极的意义。从COE立项的结果来看，开展跨学科、跨单位共同研究项目的比例较立项前有大幅度增长。从10大学科领域来看，其中尤以人文科学领域增长最为显著。“21世纪COE计划”和“全球COE计划”对于特色鲜明、发展潜力巨大的优势学科，给予倾斜性资助，使这些优势学科得以继续保持世界领先水平，从而更加快速而有效地实现建设世界最高水平的研究教育基地这一目标。

日本创建大学卓越研究中心政策除了能够提升大学软实力，促进高等教育内涵式发展以外，还将有助于进一步提高日本科研实力和整体竞争力，为实现科学技术创造立国这一宏伟目标“添砖加瓦”。日本大学是基础研究的主要承担者，主要从事基础科学研究、边缘科学研究和新兴科学研究。加强基础研究是提高国家原始性创新能力，培养探索型、创新型人才的重要途径，是跻身世界科技强国的必要条件，也是科学技术创造立国的根本动力和源泉。“21世纪COE计划”和“全球COE计划”通过对集中分布在基础研究领域的10大学科领域群的重点资助，发挥大学开展基础研究的优势和特色，不仅可以使日本科技继续保持世界领先水平，而且通过加强大学与企业全面而深入的“产学研”合作，能够把一大批原始性高科技创新成果顺利投入到生产实践中，使日本摆脱20世纪90年代以来的经济低迷局面。

（二）依托政府宏观调控，促进大学准确定位

任何一所大学的发展都离不开准确的定位。一般认为，在市场经济体制下，高校的发展定位是市场调节、政府调控和高校自主办学三者之间相互博弈的结果。高等教育的产业属性使得市场机制对其资源配置发挥基础性作用成为可能，高校只有面向市场办学才是其生存与发展之道。但是，教育作为公益性产业，并不能完全听任市场这只“看不见的手”的操纵。对于市场失灵的领域，需要政府通过宏观调控的手段来弥补和协调。同样，高校的发展定位属于高校办学自主权的行使范畴，高校根据社会大环境的变化，密切结合自身发展的实际，做到科学和恰当定位本是无可厚非的。但是，由于高校在认识上的局限性和行动上的盲目性，导致某些有悖教育规律的现象的发生，例如存在办学类型趋同、办学层次攀高、办学规模求大等发展误区。在此情况下，政府的宏观调控显得尤为必要。

“21世纪COE计划”和“全球COE计划”通过公开招募COE，在设置博士课程的国立、公立、私立大学之间引入竞争机制，开展公开公平择优竞争，在激烈的竞争中促使各类大学重新审视与调整自身发展战略、发展方向，引导各类大学根据自身的优势和特点，布局全面，找准定位，有的放矢，特色发展。从政策的实施效果可以看出，立项COE过半数分布在国立大学，而国立大学的立项COE又有四成以上集中在具有悠久历史传统和雄厚科研实力的综合性研究型大学中。国家战略和教育财政的倾斜性扶持，势必推动这些大学的特色优势学科更好更快的发展，进而建设成为世界最高水平的卓越研究中心和世界一流人才培养基地。对于那些没有获得政府资助、在科研方面不具有优势而教学独具特色的大学，日本政府基于重视大学教育活动的考虑，将这类大学定位为教育基地，鼓励具有鲜明学科特色或行业特色的单科或多科大学发展。自2003年开始，文部科学省先后实施了“独具特色的大学教育改革支援计划”“满足现代化教育需求的项目支援计划”“高质量的大学教育推进计划”等一系列“GP”教育支援项目，以增强与提高学生学习实效，造就独具个性、富有魅力的特色化大学教育为最终目标。

日本政府的这种做法，一方面，无疑会加剧高等教育系统的分层现象，拉大重点资助学校与非重点资助学校之间的差距，导致大学间出现“新的级差”。另一方面，则人为地避免了各类大学办学类型的趋同和办学层次的攀升，即盲目地往综合化方向发展，向研究型层次提升，最终丧失个性、特色，跳入“高、大、全”的怪圈。大学定位，有个性、有特色才有生命力，才有生存下去的资本。大学定位必须充分结合学校的办学历史和实际情况，恰当定位自己，体现学校的个性和特色，以适应经济和社会发展需要。

（三）融合研究与教育职能，培养具有国际竞争力的创新型人才

近年来，随着自主创新日益成为各国发展战略的核心内容，全球化背景下国际科技人才竞争日趋白热化。科技实力的竞争，归根结底就是人才的竞争，而高层次人才持续大量地脱颖而出对研究生教育提出了更高的要求。科学研究是大学的重要职能，也是人才培养的重要载体。世界一流大学的杰出，既表现在高水平的知识创新活动上，也表现在高质量的人才培养上，两者相辅相成，不可偏废。为了在国际竞争中抢占先机，确保长期的绝对优势，日本政府坚持本土培养与全球吸引有效统一

的原则，一方面，立足于本土，加大教育投入，加强人才培养力度，不遗余力地培养本国博士、博士后，促进青年人才快速成长。另一方面，积极参与国际人才争夺战，加强对国际高层次人才的争夺，促进人才引进、集聚以及人才跨国合作。

“21世纪COE计划”和“全球COE计划”把振兴博士研究生教育作为主要战略目标之一，确立以人才培养为基点进行科学研究发展的思路，希望通过对具有世界最高水平的卓越研究中心的建设，为培养世界级顶尖科学研究人才提供丰沃的土壤和适宜的环境。自“21世纪COE计划”实施以来，日本大学产生了一批具有国际先进水平的学科，凝聚了一大批高水平的研究人员，成为高层次人才集聚的战略高地。在积极引进国外优秀研究人员的同时，设置COE的大学高度重视培养具有良好潜质的优秀青年学者，并积极为拔尖人才的成长创造条件，加大经济资助力度，扶持和激励这些优秀人才尽快成长。作为“21世纪COE计划”后续事业启动的“全球COE计划”更加强调对高素质创新型人才的培养，后者将COE“研究教育基地”的提法变更为“教育研究基地”，这一语序的变换蕴含着日本政府对具有国际竞争力创新型拔尖人才的需求更为迫切的深意。事实上也是如此，“全球COE计划”通过缩减资助COE的数量、提高每个COE的资助额度，提高了重点资助的实效性，在人才培养上取得的成就大大超过了“21世纪COE计划”。

在人才培养方面，“COE计划”产生的直接效果是各COE博士研究生报名人数、入学人数及在校生人数呈逐年递增趋势。此外，博士生在世界权威性学术刊物上发表学术论文的数量得到大幅度提升，博士研究生毕业后去往大学、国家研究机构和企业的研究开发部门就业的比例大幅度提高。经过近十年的建设，设置COE的各大学的人才培养整体环境得到显著改善，人才培养能力得到大幅度提升，为日本社会经济发展提供了强有力的高层次创新人才支撑。

（四）引入课题竞标机制，提高教育投资的效率

竞争机制和效益观念是市场经济的主要特征，也是市场的介入给大学所带来的最突出的影响。一方面，随着经济领域的国际竞争渗透到大学领域，促使高等教育系统内部的竞争机制的逐渐形成，打破了“象牙塔”的藩篱，为大学的发展注入了活力；另一方面，随着效益观念的植入，特别是市场手段在大学运营管理和服务领域中取得的成效，使得大

学的资源利用效益得以提高，在一定程度上缓解了教育经费短缺的问题。

日本社会普遍认为大学校际间没有形成有效的竞争是造成日本大学的教育和研究缺乏国际竞争力的重要原因之一。2004年国立大学法人化改革后，国立大学与政府组织脱离，被赋予了组织决策性和财政自律性，因而能够更加自由地参加市场交易，或者是不得不参加市场交易。"21世纪COE计划"和"全球COE计划"不限出身的选拔方式扩大了科研影响面，在通过重点投资充实国立大学实力的同时，打破"出身"桎梏，也给予公立大学和私立大学一个竞争的机会，真正把国公私立大学中具有国际竞争力、具有发展潜力的卓越学科遴选出来，摈弃了平均主义、本位主义的做法。调动了公立和私立大学的积极性，活跃了大学整体的科研气氛。

（五）导入第三方评价，加大社会参与力度

政策评价的有效性是一项政策能否成功的关键所在。一般来说，政策评价机制存在的缺陷不外乎以下两种：第一，评价机构的非独立性导致评价结果缺乏公正性、客观性；第二，由于政策目标妥当性有待进一步验证和考究，导致政策评价内容的模糊性和不确定性。如何确保政策评价的客观公正性，"21世纪COE计划"和"全球COE计划"在卓越研究中心的评审过程中采取了值得我国借鉴的措施。

首先，在卓越研究中心的评审过程中，身为政策的制定者的文部科学省并没有直接参与COE评审工作，而是采用委托代理方式，将COE的评审权、裁决权、执行权下放给独立行政法人日本学术振兴会，由第三方评价机构代替政府扮演评价、审议的角色。并且，文部科学省还督促日本学术振兴会联合大学评价・学位授予机构、大学基准协会和日本私立学校振兴・共济事业团先后成立了"21世纪COE计划委员会"和"全球COE计划委员会"，负责COE评审规则的制定、对各申报点提交的申报材料进行评价和审议以及其他各种事务性工作。此举不仅避免了管理者和被管理者之间的矛盾冲突，为摆脱行政部门的直接干预创造了先决条件，而且还加大了社会参与度，尽可能地保证了评审结果的公正性和权威性，提升了社会公信力。

其次，在COE各学科群的评审委员会的人员构成上，注重了委员构成的多样性。以2002年度的生命科学、信息电气电子类、化学与材料科学、人文科学、交叉学科·复合学科·新兴学科等五大“学科领域审查·评价部会”为例，有三个委员会的委员长是由非大学人士担任，他们分别是国家研究机构、企业、博物馆的负责人，其他两位委员长则来自一般高校。各部会的委员构成也是如此，按照所占比例高低排序的话，依次是国家研究机构、产业界、大学、公益法人机构的有识之士。①委员会人选的这种制度性安排具有其合理性，避免了由于出身名校的委员过多所导致的相互庇护和内部利益均沾行为的发生，有利于保证评审的客观公正性。

最后，“21世纪COE计划”和“全球COE计划”在传统评价机制的基础上，通过把过程监控、成果测量等方法有机结合起来而形成综合的反馈机制。由“21世纪COE计划委员会”和“全球COE计划委员会”实施的评价活动包括事前评价、中期评价和事后评价。② 其第三方评价体系的运行机制如下：为国立、公立、私立大学之间展开公平竞争搭建平台→第三方评价机构对各大学提交的竞标资料进行书面评价→通过公开听证会·合议评价与各大学进行面谈→公布评价结果→根据评价结果分配预算→全程评价过程中的中期评估考核→根据中期评价结果适度调整COE资助经费→评价过程结束后的事后评价。其中，委员会将中期评价结果与卓越研究中心建设费补助基金的拨付挂钩，进行了有效的过程监控。

二、日本创建大学卓越研究中心政策的教训

在“21世纪COE计划”和“全球COE计划”的实施过程中，许多问题与矛盾逐渐暴露出来。饱受社会各界的质疑与争议的问题主要集中在以下几个方面：一是政策只针对大学的科研活动，导致大学职能向科

① 独立行政法人日本学術振興会：《２１世紀ＣＯＥプログラム分野別審査·評価部会名簿》，独立行政法人日本学術振興会官网“http：//www.jsps.go.jp/j—21coe/02_meibo/index.html”。

② 事前评价主要针对研究计划的必要性、有效性和妥当性进行评价，其结果关系到公开招标课题的入选与否或直接反映到预算申请的结果上；中期评价主要针对评价研究活动的进展状况进行评价，其结果关系到研究的继续、改善或终止；事后评价主要针对研究达成度及研究成果对社会经济做出的贡献等进行评价，其结果关系到研究活动的发展，也可作为未来研究活动的事前评价业绩使用。

研严重倾斜，不利于其人才培养和社会服务职能的履行；二是政策资助的研究时限过短，不利于基础性以及中长期的学术研究的开展，有急功近利之嫌。“21世纪COE计划”的实施周期是5年，也就是说各卓越研究中心最多应在5年以内产出成效。如此一来，长期的成果研究和教学被忽视和疏远，至少把它们从主要的投资对象中排除出去，于是这些研究与教育只能陷入逐渐衰落的境地而不得翻身。支撑学问自由必须允许浪费、重复等与学问有关的没有效率的投入等现象的出现。过度的注重效率，追求收益，尽可能减少资源分配，有陷入追求利润倾向的危险。只有在一定广度上开展研究活动，才能够形成激发研究整体活力的基础。特别是如果对大学的财政支援过渡依赖于短期研究的绩效评估的话，不仅会危害长期性研究的生产率，而且也会妨碍教育质量的提高；三是教育资源向科研实力雄厚的大学集中，导致科研实力薄弱的大学面临资金瓶颈，发展受到严重制约。这种“马太效应”会产生更为严重的后果，导致现有大学格局发生变化，不同设置形态的大学之间差距进一步拉大，造成教育的“两极分化”，等等。在此，对第三方面的问题展开进一步研究与分析。

在近代大学形成的过程中，日本仿效了西方先进国家的大学模式，经历了由国家主导、计划控制的模式向以私立为中心的大众化模式转移的过程。日本的高等教育机构根据运营母体的种类和归属关系的不同，可以划分为国立、公立（都道府县立及市立的学校）和私立（学校法人经营的学校）三类。这三种设置形态迥异的学校类型，满足了社会对教育多样化的时代需求，实现了多样化兼特色化发展。同时，日本高等教育在经历过第二次世界大战前的创建、调整和第二次世界大战后的改革与发展这一个多世纪的历程后，形成了以研究生院、四年制本科大学和由短期大学、高等专门学校、专修学校组成的“非大学高等教育机构”等金字塔形三级结构的高等教育模式。但是，这种层次结构一直饱受诟病。在大学（含研究生院）这一层次，日本政府长期以来把7所旧帝国大学设置在高等教育系统的顶端，在其下设置地方性国立大学、公立大学、私立大学，并将其再度板块化、序列化，“官体制”色彩浓厚。

国立高等教育机构是由国家设立，并遵照《学校教育法》（1947年）、《国立学校设置法》（1949年）、同法施行规则及其他规章制度运行经营的。同时，《国立学校设置法》还规定在日本的都道府县等各级行政区域最少需设立一所国立大学，以协调区域间教育水平。国立大学原本是作为中央和地方政府机构的一个组成部分存在的，而自《国立大学法人法》〔2003年，法律第112号〕生效之日起，国立大学的法律地位发生了重大变化，于2004年4月1日正式过渡为独立行政法人国立大学。国立大学法律地位的改变，重构了大学与政府、社会之间的关系。国立大学是日本政府为解决特定的政策课题，在不同的历史时期创办并发展至今的组织。日本的国立大学尽管设置形态相同，但从其各自拥有的历史背景与传统、社会使命以及社会声望等方面来看，都或多或少存在着不同程度的差异。1947年，日本政府接受美国教育使节团的建议，对高等教育的体系和结构进行了改革，废除了战前高等教育的双轨制体系和复杂多样的结构，采取直接过渡、升格、合并等方法对旧制高等教育机构进行了普遍的调整和改造，统一调整成单一的四年制大学。由于成为新制大学之前的实力存在很大差距，因此，即使在国立大学内部也存在着“序列化”“级差”，既包括具有悠久历史传统的多学科的综合性大学，也包括许多“新生代”单科大学。一般认为，国立大学内部分化为以下三个层次：第一梯队，创办于第二次世界大战之前、具有悠久历史传统的7所旧帝国大学，即东京大学、京都大学、大阪大学、北海道大学、东北大学、名古屋大学、九州大学；第二梯队，旧单科大学，如千叶大学（旧千叶医科大学）、一桥大学（旧东京商科大学）、神户大学（旧神户商业大学）、广岛大学（旧广岛文理科大学）、德岛大学（旧德岛医科大学）、岡山大学（旧岡山医科大学）等；第三梯队，在第二次世界大战后学制改革中由专门学校、高等学校或师范学校升格为大学的“新制大学”，如电气通信大学（旧中央无线电信讲习所）、山梨大学（旧山梨工业专门学校）、九州工业大学（旧明治工业专门学校）、带广畜产大学（旧带广农业专门学校）、秋田大学（旧秋田矿山专门学校）、名古屋工业大学（旧名古屋工业专门学校）、爱媛大学（旧新浜工业专门学校）等。

此外，还有一种简单的分类方法，就是将国立大学分为第二次世界大战前设置的全国性国立大学（7所旧帝国大学）和第二次世界大战后成立的新制大学——地方性国立大学两类。从法律上来看，两者的地位是平等的，但是实际上存在着很大差异。第二次世界大战前设置的全国性国立大学在当时就设有以学部为基础的研究生课程或研究生院，而第二次世界大战后设置的地方性国立大学在学校设置初期曾被国家禁止设置研究生教育课程。直到20世纪60年代，国民收入倍增计划实施后，社会对人才需求量增大。为满足这一社会需求，地方国立大学才开始于1963年设置硕士层次的研究生课程或研究生院。而博士课程的设置是1974年通过制定《大学设置基准》后才开始的，并且在审查资格上要求极其严格。20世纪90年代日本政府又提出全国性国立大学的研究生课程或研究生院独立化，实施独立研究生院的改革政策，开始了以全国性国立大学研究生院为重点的组织结构调整。这样就在日本国立大学内部形成了两种研究生教育组织类型：一种是以学部为依托的研究生院或研究科（地方性国立大学）；一种是以硕士、博士课程为主，学部课程为辅的不以学部为依托的独立研究生院大学或研究科（全国性国立大学），二者各自承担着不同的社会职能。

公立高等教育机构是由都道府县市区町村等地方公共团体设立并维持其日常运营的。从由地方公共团体设置、管理这一特性来看，公立高等教育机构承担着向地方提供高等教育机会和作为地方社会知识文化的基地等重要责任，同时也被寄予对地方社会经济、文化发展做出贡献的厚望。根据公立大学协会2009年度对日本公立大学的调查显示，截至2009年5月1日，日本共有77所公立大学，其中，都道府县立大学56所，占公立大学总数的72.7%；市立大学18所，占公立大学总数的23.4%；事业组织立大学3所，占公立大学总数的3.9%。实行公立大学法人化的大学中，都道府县立大学34所，市立大学9所，事业组织立大学2所。设置研究生院的公立大学共有69所，占公立大学总数的89.6%，而只设置了硕士课程的有15所，设置博士课程的有52所，设置专业学位课程的大学有6所。从拥有学部的数量来看，拥有5学部及以上的公立大学7所，占公立大学总数的9.1%；4学部的公立大学7所，占公立大学总数的9.1%；3学部的公立大学8所，占公立大学总数的10.4%；2学部的公立大学12所，占公立大学总数的15.6%；1学部的公立大学41所，占公立大学总数的53.2%；研究生院大学2所，占公立大学总数的2.6%。从公立大学的区域分布情况来看，北海道·东北地区14所大学（18.18%）、关东·甲信越地区16所大学（20.78%）、东海·北陆地区13所大学（16.88%）、近畿地区12所大学（15.58%）、中国·四国地区11所大学（14.29%）、九州·冲绳地区11所大学（14.29%），总体呈均匀分布的局面。①

私立教育机构是指遵照《私立学校法》（1950年），由个人或民间团体等学校法人设立、管理，并维持其日常运营的，其经费来自学校法人的自筹资金和学生交纳的费用。与国立、公立大学相比，学校法人作为私立大学的设置者，独立性非常强。同时，由于其拥有自我决策的权力，因而对瞬息万变的社会变化的应对能力也较国立、公立大学强。根据《私立学校法》的规定，私立学校不是国立和公立学校的辅助机构，而是与国立、公立学校担负着同样任务的公共教育机构。同时，私立学校不是作为特许事业服从于国家的集中管制，而是适应国民的多样化要求自由开设与经营的。与国立、公立大学这些由国家、地方公共团体设置、管理的教育研究设施相比，私立大学作为以教育研究为目的的经营体而存在。②在日本，高等教育规模的扩大是依赖“私立主导型”得以实现的，私立高校在数量上发展到了与国立、公立高校分庭抗礼的态势。从功能定位来看，国立大学研究型居多，而私立大学教育型占绝大多数。学校类型上的差异，决定其各自的社会职能：国立大学在培养高精尖型人才、提高教育质量等方面发挥着龙头作用，而私立大学则主要在中高级以及应用型人才的培养和提升国民素质、满足国民对高等教育的需求等方面发挥着重要作用。

从日本创建大学卓越研究中心政策的实施结果来看，COE无论在设置数量上还是在经费分配上均大幅度向国立大学倾斜，特别是以东京大学等旧帝国大学为中心的重点研究型大学。可以预言，通过“21世纪COE计划”和“全球COE计划”的实施，这些原本科研实力已非常突出的大学在科研方面将进一步与其他大学拉开差距，导致强者愈强、弱者愈弱的“马太效应”（Matthew Effect）的出现。美国科学史研究者罗伯特·莫顿将其归纳为：任何个体、群体或地区，一旦在某一个方面（如金钱、名誉、地位等）获得成功和进步，就会产生一种积累优势，就会有更多的机会取得更大的成功和进步。总而言之，政府的经费分配过于集中于少数重点研究型大学以及重点研究领域，造成大学内部结构以及不同类型大学之间分化严重，不利于日本高等教育的整体发展。

---

① 公立大学協会.公立大学の概要（平成21年度調）［EB/OL］.［2016-03-28］.http：//www.kodaikyo.org/h21/gaiyou1.php.

② 丸山高央.大学改革と私立大学［M］.東京：柏書房，1992：198.

三、我国世界一流大学建设与日本创建大学卓越研究中心政策比较研究

在知识经济时代，一个国家只有坚持以科技进步和知识创新为先导，才能促进生产力发展实现质的飞跃，才能在激烈的国际竞争中占有一席之地。而加快高等教育的发展，创建世界一流大学和高水平研究型大学，则是迅速提升人力资源水平和科技创新能力的关键，是一个保证在激烈的国际竞争中占据主动地位的战略性措施。在20世纪90年代末至21世纪初这一历史阶段，创建世界一流大学成为许多国家高等教育改革的重要举措。在亚洲地区，我国的“985工程”（1998年）、日本的“21世纪COE计划”（21st Century COE Program，21世纪卓越研究中心计划，2002—2006）和“全球COE计划”（Global COE Program，全球卓越研究中心计划，2007—2009）均是把关系国家综合国力强盛与否的世界一流大学建设工程切实提升到国家战略层面来予以考虑和推动的。

（一）中日建设世界一流（高水平）大学政策的出台背景与影响因素

教育政策的制定需要一个漫长的过程，并不是能够在短期内形成方案并即刻付诸实践的。影响教育政策制定的因素主要有教育政策制定环境与教育政策制定主体两大方面。①任何一项重大教育政策措施的出台，都有其特定的政策制定环境。

伴随着大学在社会中所处地位的转变，高等教育的发展已提上我国政府的重要议事日程。为实现建设世界一流大学的目标，我国从20世纪五六十年代开始就采取重点投资扶持的方式，先后实施了一系列有针对性的大学改革和科研发展计划。如20世纪五六十年代的重点大学建设；1984年启动的旨在支持我国基础研究、应用基础研究和培养高层次人才的“国家重点实验室计划”；1993年开始的以重点大学和重点学科建设为核心的“211工程”和1998年启动的以创建世界一流大学为目标的“985工程”等。

在日本，“科学技术创造立国”战略的出台（1995年）、全球化背景下日趋激烈的国际竞争、新自由主义思潮的盛行、日本战后第三次国家

① 孙绵涛.教育政策学［M］.北京：中国人民大学出版社，2009：130—131.

行政体制改革的推行（1996年）、基础科研能力相对薄弱与科技体制改革滞后等因素都直接或间接地推动了日本“21世纪COE计划”的出台。为了推进具有国际竞争力的世界最高水平大学的确立，日本政府从提升本国国际竞争力的迫切需要出发，结合本国高等教育的发展实际，由文部科学省于2002年出台了“21世纪COE计划：为了形成世界性研究教育基地而实施的重点支援项目”。该计划以《大学结构改革方针：作为构建充满活力、富有国际竞争力的国、公、私立大学的一环》（通称“远山计划”，2001年）为政策依据，作为文部科学省的“卓越研究中心建设费补助基金制度”的一项改革措施，于2002年起正式开始实施。“21世纪COE计划”（2002—2006）突出了资助重点，向具有世界最高水平的研究教育中心倾斜，引导和促进各大学发挥自身优势、个性和特色，创建具有国际竞争力的、特色鲜明的世界最高水平的大学。在“21世纪COE计划”取得积极成果的基础上，日本政府又于2007年启动了作为其后续计划的“全球COE计划”。

从中日两国建设世界一流大学政策的出台背景可以看出，我国的“985工程”和日本的“21世纪COE计划”“全球COE计划”的出台并不是一件孤立的、偶然的事件，它们体现了同属“后发外生型”的中日两国为实现可持续发展、确保国际竞争优势的战略性的思考，与整个国家的宏观政策目标是一致的。

（二）中日建设世界一流（高水平）大学政策的比较研究

1. 建设愿景与目标

不论是我国的“985工程”，还是日本的“21世纪COE计划”和“全球COE计划”，都把建设具有国际竞争力的世界一流大学作为政策目标。

1998年5月4日，江泽民同志在北大百年校庆讲话中明确指出：“为了实现现代化，我国要有若干所世界先进水平的一流大学。”其后，在国务院正式批转教育部《面向21世纪教育振兴行动计划》（1999年1月）和《中共中央国务院关于〈深化教育改革全面推进素质教育〉的决定》（1999年6月）中均再次重申“创建若干所具有世界先进水平的一流大学和一批一流学科”。

2002年6月14日，日本政府正式启动“21世纪COE计划”。日本文部科学省将该计划出台的背景归纳为：“为了使我国大学与世界顶级大学为伍进行教育及研究活动，根据基于第三方评价的竞争原理，进一步形成竞争环境，使国立、公立、私立大学之间的竞争更加活跃地展开。”①为此，文部科学省从构筑核心竞争力的战略高度确定了出台该计划的目标，即在日本大学各学术领域中建立若干以学科方向为单位的具有世界最高水平的教育研究基地；进一步促进大学提升基础研究和尖端技术研究的水准，培养世界顶尖的高科技创新人才，加速学术成果的产出；采取倾斜式重点投资的方式，把资金重点分配给具有高水平和发展潜力的研究生院的教育研究基地，引导和促进各大学形成自身优势、个性和特色，创建具有国际竞争力的、特色鲜明的世界最高水平的大学，进而带动整个日本科学研究的发展。②

2. 政策的组织、实施和管理部门

“985工程”由教育部、财政部成立“985工程”领导小组和工作小组，协商决定工程建设中的重大方针政策和总体规划；领导小组和工作小组下设办公室，具体负责日常工作；有关高校成立相应的组织机构，统筹负责本校“985工程”规划与实施。

作为“21世纪COE计划”的配套措施，日本文部科学省于2002年专门设立了“卓越研究中心建设费补助基金”，详细规定了该计划的组织管理、申请、建设学科领域和审批等内容。为了确保COE评审过程的独立性、客观性、公正性和专业性，文部科学省将COE评审工作委托给中介机构——独立行政法人日本学术振兴会执行。该机构联合大学评价·学位授予机构、日本私立学校振兴·共济事业团和大学基准协会等组织共同组建了“21世纪COE计划委员会”，负责COE评审细则的制定、COE的审查及监督评价COE实施效果等相关事务。“21世纪COE计划委员会”下设“综合评价部”和“各学科领域审查·评价部”，负责对COE建设的整体计划做全面的书面审查、公听审查与和议审查。其中，“21世纪COE计划委员会”由教育界和产业界的有识之士组成，委员人数基本控制在30人以内。“综合评价部”由“各学科领域审查·评价部”的部长组成，负责协调各学科领域卓越研究中心的审核工作，以

① 独立行政法人日本学術振興会.21世紀COEプログラムの概要［EB/OL］.［2016-03-28］. http：//www.jsps.go.jp/j-21coe/06_gaiyou/data/gaiyo2008-09.pdf.

② 独立行政法人日本学術振興会.21世紀COEプログラムの概要［EB/OL］.［2016-03-28］.http：//www.jsps.go.jp/j-21coe/06_gaiyou/data/gaiyo2008-09.pdf.

保障总体的平衡及重点领域的突出。“各学科领域审查・评价部”由大学（包括研究生院）附属科研机构、国公立实验研究机构、企业附属研究开发机构的人员构成。

3. 政策的资助对象与重点建设学科领域

日本创建大学卓越研究中心政策与我国的“211工程”“985工程”一样，都是政府为创建世界最高水平大学而实施的“择优式”重点资助计划。但是，在具体的运作形式上，两者存在较大的差异。在政策重点资助对象方面，我国的“985工程”是以大学为单位进行资助，经由政府综合考察大学的综合实力后，最终确定入选名单。从目前我国对“985工程”重点建设的高等学校和重点学科点的遴选原则、条件以及遴选结果中可以看出，我国创建世界一流的大学主要是政府通过对综合实力较强的大学实行政策倾斜加以“选定”的，由于历史的原因皆为部属院校和公立大学。以入选“985工程”的39所大学为例，其中32所为教育部直属大学、7所为其他部委直属大学，均为中央部委办大学，没有一所地方政府办或民办大学。“21世纪COE计划”和“全球COE计划”是以国立、公立、私立大学中“设置博士课程”①的专业或学科为单位进行资助的，通过评审的卓越研究中心设置在大学内。以“21世纪COE计划”的评审结果为例，计划实施三年间在10大学科领域共设置了274个COE，这些COE分别隶属93所大学，其中，国立大学51所，占入选COE大学总数的54.9%；公立大学7所，占入选COE大学总数的7.5%；私立大学35所，占入选COE大学总数的37.6%。②

在重点建设学科领域方面，“985工程”建设构想模糊不清，没有对与国家发展密切相关的重点学科作出明确的宏观指导，在实际运作过程中是在大学层面进行资助和建设的。以“985工程”为例，政府通过行政主导和非公开竞争的方式确定入选大学，然后将巨额建设经费拨付到大学，再由大学确定重点建设的学科领域，分配研究经费。

4. 政策的实施周期与建设经费

“985工程”一期（1999—2003）的建设于1999年正式启动，北京大学、清华大学首批入围，尔后，又确定了中央和地方共建的32所重点

① 即具备博士研究生培养能力或拥有博士学位授予权。

② 文部科学省.21世紀COEプログラムの成果［EB/OL］.［2016-03-28］. http：//www.mext.go.jp/a_menu/koutou/coe/06092116/all.pdf.

资助大学。根据教育部《2003—2007年教育振兴行动计划》关于“继续实施‘985工程’，努力建设若干所世界一流大学和一批国际知名的高水平研究型大学”的决定，2004年6月2日，教育部、财政部联合发布了《关于继续实施“985工程”建设项目的意见》，要求实施“985工程”二期（2004—2007）建设。在“985工程”二期建设期间，新增5所重点资助大学。2008年2月17日，我国政府在教育部《2008年工作要点》中提出“继续推进高水平大学和重点学科建设，提高我国高等教育水平和竞争力。完成‘985工程’二期建设，启动‘985工程’三期建设”。①“985工程”的建设资金是由多方共同筹集的，包括中央财政专项资金、地方人民政府共建资金、项目学校主管部门共建资金以及项目学校自筹资金。其中，中央专项资金主要用于“985工程”科技创新平台和“985工程”哲学社会科学创新基地和队伍建设，其他资金可根据学校“985工程”建设规划进行安排。“985工程”专项资金的分配、使用和管理，按照财政部、教育部的相关规定执行。②

“21世纪COE计划”是以政府资金为推动型的卓越研究中心计划，由国家下拨专项经费支持卓越研究中心的建设，其特点是经费分配相对集中，资助额度较大，并呈逐年递增的趋势。对入选“21世纪COE计划”的项目，原则上立项期限以5年为一期，资助金额为一个基地每年给予1亿至5亿日元不等（2004年度实施的“创新·前沿科学领域”COE的资助金额限定在1 000万日元～5亿日元），连续资助5年。文部科学省根据委员会的审查结果向获准立项的COE基地下拨研究经费。委员会对基地实行动态管理，在立项两年后对该COE的科研活动业绩进行中期评价考核，评价结果作为后三年下拨研究经费的参考依据，与新的预算分配挂钩，评价结果不合格的COE将被及时淘汰，终止资助。立项5年后实施结果评价。COE在下一个5年是否能够继续获得资助则要看

① 中华人民共和国教育部.教育部2008年工作要点［EB/OL］.［2016-03-28］. http：//www.moe.gov.cn/publicfiles/business/htmlfiles/moe/moe_1965/201001/xxgk_81977.html.

② 中华人民共和国教育部.教育部 财政部关于继续实施“985工程”建设项目的意见［EB/OL］.［2016-03-28］. http：//www.moe.gov.cn/publicfiles/business/htmlfiles/moe/moe_162/200408/3092.html.

其研究、教育的业绩及学科、社会的发展需要。①作为“21世纪COE计划”的后续政策，“全球COE计划”在精简了入选项目数量的同时提高了每个项目的资助金额，将“21世纪COE计划”所资助的274个学科点削减为150个，同时把每个学科点年资助额度的下限提高了5倍，其资助金支援规模为每年5 000万日元至5亿日元不等，立项期限为5年一期。此外，根据COE申报学科领域的不同，5 000万日元以下的申请亦可。②

5. 政策的评价与绩效考核

我国在“985工程”的实施过程中，力图建立以投资效益为核心的公开、公平、公正的绩效考核和评价机制。“985工程”专项资金的管理原则为集中使用、突出重点；总体规划、分年实施；项目管理、绩效考评。根据财政部、教育部《“985工程”专项工程管理办法》的规定，“‘985工程’专项资金实行定期检查制度。财政部、教育部及有关主管部门将根据有关规定对项目学校‘985工程’专项资金的预算执行、资金使用效益和财务管理等情况进行监督检查，如发现有截留、挤占、挪用‘985工程’专项资金的行为，以及因管理不善导致资金浪费、资产毁损、效益低下的，将暂停其后续拨款。项目学校在限期内按要求进行整改的，可恢复或适当调整拨款，否则，将取消项目并终止拨款，对情节严重的责任人员，将按国家有关规定追究其行政或法律责任”。③

“21世纪COE计划”和“全球COE计划”的实施周期原则上为5年，获批COE须在立项2年后与5年期满后分别接受“21世纪COE计划委员会”“全球COE计划委员会”对其研究活动进展状况实施的中期评价考核与事后评价，评价考核的结果将与经费分配直接挂钩。中期评价考核采取书面评价与听证会・合议评价两种方式。其中，在书面评价阶段，各立项COE须提交“21世纪COE计划”或“全球COE计划”中期评价报告（包括进展状况报告书和COE建设计划报告）、审查结果表、

---

① 文部科学省.平成14年度「21世紀COEプログラム」(研究拠点形成費補助金（研究拠点形成費））の公募について［EB/OL］.［2016-03-28］. http：//www.mext.go.jp/a_menu/koutou/coe/020801.htm.

② 文部科学省.平成19年度グローバルCOEプログラム公募要領［EB/OL］.［2016-03-28］. http：//www.mext.go.jp/a_menu/koutou/globalcoe/06122626.htm.

③ 中华人民共和国教育部.财政部 教育部关于“985工程”专项资金管理办法［EB/OL］.［2016-03-28］. http：//www.mof.gov.cn/zhengwuxinxi/caizhengwengao/2010nianwengao/wengao11/201101/t20110125_427937.html.

COE建设计划报告（基于审查结果的修正版）。中期评价考核的综合评价结果共分为5个等级，即A.计划进展顺利，保持现有状态可达成预定目标；B.为达成预定目标，还需进一步努力；C.若维持现状恐难达成预定目标，须对原计划做适当调整与修订；D.鉴于当前进展状况，今后即使尽最大的努力恐也难以达成预定目标，有必要对原计划做大幅度的缩小调整；E.鉴于当前进展状况，今后即使尽最大的努力恐也难以达成预定目标，故决定终止资助该研究中心建设。①

事后评价采取书面评价、听证会・合议评价或现场调查等方式。其中，在事后评价的书面评价阶段，各立项COE须提交实绩报告（5年总结）、"21世纪COE计划"中期评价报告（含代表性学术论文在内的进展状况报告书、COE建设计划报告）、审查结果表及中期评价总结。在评价结束后，各研究教育中心须将中期评价结果、事后评价结果、研究进展状况等公布在各自的网站主页上。事后评价的总结评价结果共分为4个等级，即A.达成预定目标，取得了超出预期的研究成果；B.基本上达成预定目标，取得预期的研究成果；C.在一定程度上达成了预定目标；D.没有完全达成预定目标。②

（三）日本建设世界高水平大学政策对我国的启示

日本政府在推进世界最高水平大学建设过程中，以大学的"科研业绩"为导向，以第三方评价为客观依据，实施"21世纪COE计划"等举措创建大学卓越研究中心。这在强化大学的社会责任的同时，也激发了大学的教学和研究活力。在政策实施过程中，日本政府采取鼓励重点研究型大学创新学术研究组织机制，积极开展具有世界尖端水平的科学研究，特别是采取独立于政府和大学以外的第三方评价机构来组织大学科研立项等举措，非常值得我们在建设世界一流大学的过程中积极借鉴。

1.引入竞争机制，削弱教育行政干预

美国学者马丁・特罗（Matin Trow）曾将西方工业社会高等院校的分层归纳为两种截然不同的分层原则。一是高等学校的等级是由政府分

---

① 文部科学省.「21世紀COEプログラム」（平成14年度採択拠点）中間評価について［EB/OL］.［2016-03-29］.http://www.jsps.go.jp/j-21coe/05_chukan/index.html.

② 文部科学省.「21世紀COEプログラム」（平成14年度採択拠点）事後評価について［EB/OL］.［2016-03-29］.http://www.mext.go.jp/a_menu/koutou/coe/main6_a3.htm.

配给各院校和高等教育各部门的职能、权利、特权和资源决定的。而这些经由政府提供经费的院校的学术地位和生死存亡则是由政府通过一定的政策和措施来控制的。二是以各院校相互竞争为基础，即各个院校通过市场竞争获得有助于提高学术名望的条件，诸如学术声誉、著名教授、研究经费、捐赠等等，从而提高自身的社会地位。①近年来，随着经济全球化进程的不断加快，高等教育日益呈现出多元化、自由化、民主化、卓越化、国际化的发展态势。在高等教育领域引入市场竞争机制，促进大学之间营造良性竞争环境，“开放”与“竞争”已逐渐成为世界高等教育改革的主要趋势。

虽然在日本的高等教育体系中，以东京大学为首的旧帝国大学等少数研究型大学的研究水平与综合实力远远高于其他大学，但是，“21世纪COE计划”和“全球COE计划”没有将COE的建设局限于这些研究实力雄厚的大学，而是引入竞争机制，通过公开招标方式开展公平竞争。其资助对象面向所有“设置博士课程”的大学，给其他符合资助条件的公立大学、私立大学提供了一个公平竞争与发展的机会，而不是按照大学设置形态、归属在教育经费分配环节实施特殊的倾斜政策。高等教育的资源是有限的，优化资源配置，提高重点资助的实效性是十分必要的。实践证明，在资源配置过程中，引入竞争机制，创造平等竞争的平台，既有利于提高高等教育资源使用效率，也有利于增强高等学校的使命感和责任意识。但是，从目前我国对“211工程”“985工程”等重点建设的高等学校和重点学科点的遴选原则、条件以及遴选结果可以看出，我国遴选出的大学主要是政府通过政策倾斜和赋予特权来加以“钦定”的。

在高等教育领域，政府干预与市场调节，宏观调控与自由竞争，是紧密相连、相互交织、缺一不可的。如果世界一流大学的建立一味地依赖于政府干预，不仅会导致少数大学在政策的聚焦式关注和一贯支持下失去忧患意识，相对缺乏自主精神，而且还会打击并挫伤大多数大学的积极性。政府“钦定”，既是一种强有力的保护，也是一种束缚，它是以磨损自身应有的自我伸张能力为代价的。②政府可以有所侧重地扶持一批

---

① 伯顿·克拉克.高等教育新论——多学科的研究［M］.王承绪，等译.杭州：浙江教育出版社，2001：169.

② 王鹏.我国建设世界一流大学的政策回顾与政策困境［J］.河北科技大学学报（社会科学版），2009（12）：94—99.

大学，在政策上有所倾斜，但更为重要的是为大学营造一个公平有序的外部竞争环境。在竞争中形成的差距与人为倾斜的行政手段造成的差距是完全不同的，政府的责任是合理利用差距，通过政策引导，鼓励不同层次的高等学校准确定位，立足自身办学传统和条件，形成自己的特色，建立健全科学合理的高等学校的分层机制，引导高等教育健康发展。

2. 导入第三方评价制度，提高政策评价的有效性

在评审体制上，日本创建大学卓越研究中心政策与我国的“211工程”“985工程”都是采取自下而上的三级评审管理体制，但是在评审主体上却有很大的不同。为确保COE评审过程的独立性、客观性、公正性和专业性，在整个COE评审过程中，制订该计划的文部科学省都没有进行直接行政干预，而是采取委托管理方式，将COE评审工作交由非政府组织的独立行政法人日本学术振兴会监管。在政策实施过程中，导入第三方评价机制，这种评价方式既保证了权威性和有效性，也保证了评价的公正性。同时，通过绩效拨款方式，进行有力的政策实施过程监管。这些制度安排对于政策战略目标的实现，起到了十分有效的保障作用。同时，在政策的整个实施与执行过程中，“21世纪COE计划”和“全球COE计划”坚持程序公开原则，充分做到信息公开透明。不仅文部科学省、日本学术振兴会的管理信息公开，立项COE的卓越研究中心建设信息也如实地公之于众，接受专家委员会、业界同行、公众舆论的监督。如立项COE的官方网站既是资源共享、信息传播的平台，也是外部评价、监督的渠道。

为协调决定“211工程”建设中的重大方针政策问题，国务院成立了由国务院、原国家计委、原国家教委和财政部的主管领导组成的“211工程”部际协调小组。协调小组下设办公室，具体负责“211工程”建设项目的实施管理和检查评价。“985工程”则由教育部、财政部成立“985工程”领导小组和工作小组，协商决定工程建设中的重大方针政策和总体规划；领导小组和工作小组下设办公室，具体负责日常工作；有关高校成立相应的组织机构，统筹负责本校“985工程”规划与实施。以“211工程”为例，该建设项目的立项则采取专家咨询和行政部门决策相结合的方式进行。第一级，由中央主管部门和省（区、市）人民政府、原国家教委对备选高等院校和学科点进行预审；第二级，由“211工程”部际协调小组办公室部署有关主管部委或地方政府组织对项

目可行性研究报告进行论证，然后向原国家教委报送备案材料，由原国家教委向原国家计委报送项目可行性研究报告；第三级，原国家计委根据项目具体目标、自筹资金落实情况及中央专项资金安排，进行综合平衡和审核。第四级，由原国家计委协同财政部和原国家教委在年度计划中滚动安排中央补助投资并付诸实施。

此外，与以往的科学研究费补助金的审批过程相比，“21世纪COE计划”和“全球COE计划”的“卓越研究中心建设费补助基金”的分配过程具有公开化、透明化的特点。COE项目在立项2年后与5年项目期满后将分别接受“21世纪COE计划委员会”“全球COE计划委员会”对其研究活动进展状况实施的中期评价考核与事后评价，评价考核的结果将作为奖惩立项COE的参考与依据，与经费分配直接挂钩。从政策实施后的意见反馈来看，经费分配制度的公平性和合理性获得社会认可。相比之下，虽然“211工程”和“985工程”一期和二期建设投入了不少的经费，但由于缺乏监管，经费更多地用于基础设施等硬件建设和人头费，对学科发展重视不够，对科研能力和服务社会发展能力、解决问题能力的提升重视不够，对人才培养模式改革和教学过程的投入不够，既影响了有限资金的使用效益，又在一定程度上造成了浪费。

从以上两者评审过程的对比，我们不难看出，“211工程”的任何一级评审都未能摆脱行政干预。无论是“211工程”还是“985工程”，都采取了“国家行政推动、大学贯彻执行”的政策执行模式，即大学根据政府的有关政策自主制订自身的发展规划，然后通过政府的审查确定建设对象进行支援。行政主导带来的直接后果是大学的办学自主权和学术自由不可避免地受到政府干扰，特别是行政管理对学术研究的越位，大学的学术研究方向受政府需求和国家战略的左右或影响。①“21世纪COE计划”和“全球COE计划”的公开、透明的项目运行模式，严格规范的过程管理理念，值得我国在创建高水平大学的过程中参考与借鉴。

3. 明确重点建设学科领域，避免重复建设

在重点建设学科领域方面，日本创建世界最高水平大学的思路，是从创建一批世界最高水平的卓越学科基地开始着手，将建设一流大学的任务下放到设置博士课程的研究生院，并以博士学位专业点分类分学科

---

① 陈武元，洪真裁.中国一流大学建设的关键因素探析［J］.东南学术，2008（1）：159—164.

进行评价和重点资助，遴选出各大学中具有国际竞争力、具有巨大发展潜力的卓越学科。与此同时，为提高学科建设的针对性和有效性，“21世纪COE计划”和“全球COE计划”还明确规定了生命科学、信息电气电子类、化学与材料科学、人文科学、医学类、数学·物理学·地球科学、机械·土木·建筑及其他工学、社会科学、交叉学科·复合学科·新兴学科和创新·前沿科学等10大学科领域。

针对重点建设学科问题，我国建设构想模糊不清。虽然我国在建设世界一流大学的过程中，构筑了一批高水平的学科基地，在学科建设上取得了重大成效。但是，无论是以重点大学和重点学科建设为核心的“211工程”，还是以建设一流大学为目标的“985工程”，都没有对与国家发展密切相关的重点学科作出明确的宏观指导，在实际运作过程中仍然是按照大学行政级别进行资助和建设。以“985工程”为例，政府通过行政主导和非公开竞争的方式确定入选大学，然后将巨额建设经费拨付到大学，再由大学确定重点建设的学科领域，分配研究经费。如此做法可能导致入选大学中并不具备特色、优势的学科得到政府的额外资助，而落选大学中居国内领先地位的学科被冷落、忽视。这种政策“盲点”既不利于未能入选“211工程”“985工程”大学的特色学科或优势学科的发展，同时，也很有可能造成重点学科重复立项、重复建设的不良后果，导致有限教育资源的浪费。“211工程”“985工程”以大学为单位进行重点资助建设所带来的问题是，各大学为增加学科门类、扩大规模，罔顾办学理念、校风、发展方向的差异而进行形式上的合并。这种新组建的规模庞大的“联合体”，其整体研究教育水准和国际竞争力并不会发生质的飞跃。

虽然大多数世界一流大学都是学科齐全的综合性大学，但我们不能说学科不齐全的大学就办不成世界一流大学，像麻省理工学院和加州理工学院这样的一些大学选择有限的学科作为重点发展目标，就成为大家公认的世界一流大学。世界一流大学的学科不在乎有多全，而在乎有多强。一流的大学都有一流的学科。每一所大学应根据自身条件，努力建设好特色学科、优势学科，而不应该一味追求“大而全”，关键在于有特色，并把特色发挥到极致。就像生物多样性一样，大学应该有多种多样的类型，不同类型的学校各有特点，最重要的是在自己的类型中保持特色，出类拔萃，这就是一流的真正含义所在。①因此，我国教育主管部门应注意政策引导，如依据《国家中长期科学和技术发展规划纲要》(2006—2020)、《国防科技工业中长期科学和技术发展规划纲要》等指导我国科学技术发展的纲领性文件，明确科学和技术发展的重点领域及其优先主题。政府对重点学科建设领域的确定应该建立在公平、公开、有序竞争的基础之上，不论那些具有比较优势的学科所在大学的规模是大是小、属于单科大学抑或是综合性大学，都应给予重点资助。而不是笼统地支持那些既无鲜明特色又无独立性追求和信仰的“克隆型”综合性大学。只有仿效日本创建大学卓越研究中心模式，将有限的教育资源用于重点扶持富有个性特点的学科、具有比较优势的学科，然后再由点到面，积少成多，才能实现由量变到质变的飞跃。

---

① 刘宝存.世界一流大学发展模式的个性化选择［J］.比较教育研究，2007(6)：74—79.

主要参考文献

（一）中文文献

著作：

1. 伯顿·克拉克.探究的场所——现代大学的科研和研究生教育［M］.王承绪，译.杭州：浙江教育出版社，2001.

2. 伯顿·克拉克.高等教育新论——多学科的研究［M］.王承绪，等译.杭州：浙江教育出版社，2001.

3. 陈永明，朱浩，李昱辉.大学理念、组织与人事［M］.北京：中国人民大学出版社，2007.

4. 陈子辰，等.研究型大学与研究生教育研究［M］.杭州：浙江大学出版社，2006.

5. 戴晓霞，莫家豪，谢安邦.高等教育市场化［M］.北京：北京大学出版社，2004.

6. 范文曜，马陆亭.国际视角下的高等教育质量评价与财政拨款［M］.北京：教育科学出版社，2004.

7. 方勇.高等教育与创新型国家建设［M］.重庆：西南师范大学出版社，2006.

8. 菲利普·G.阿特巴赫，乔治·巴兰.世界一流大学：亚洲和拉美国家的实践［M］.吴燕，宋吉缮，等译校.上海：上海交通大学出版社，2008.

9. 菲利普·G.阿特巴赫.高等教育变革的国际趋势［M］.蒋凯，译.北京：北京大学出版社，2009.

10. 弗兰斯·F.范富格特.国际高等教育政策比较研究［M］.王承绪，等译.杭州：浙江教育出版社，2001.

11. 国家教育发展研究中心.发达国家教育改革的动向和趋势（第七集）［M］.北京：人民教育出版社，2003.

12. 黄建如.比较高等教育——国际高等教育体系变革比较研究［M］.北京：社会科学文献出版社，2008.

13. Jamil Salmi.世界一流大学：挑战与途径［M］.孙薇，王琪，译校.上海：上海交通大学出版社，2009.

14. 金子元久.高等教育的社会经济学［M］.刘文君，编译.北京：北京大学出版社，2007.

15. 李勇.高等学校成本结构的国际比较［M］.北京：北京师范大学出版社，2009.

16. 雷丁斯.废墟中的大学［M］.郭军，等译.北京：北京大学出版社，2008.

17. 刘道玉.创造：一流大学之魂［M］.武汉：武汉大学出版社，2009.

18. 刘少雪，张应强.高等教育改革：理念与实践［M］.上海：上海交通大学出版社，2007.

19. 刘念才，周玲.中外大学规划：比较与借鉴［M］.上海：上海交通大学出版社，2007.

20. 刘念才.世界一流大学：战略·创新·改革［M］.上海：上海交通大学出版社，2009.

21. 罗伯特·波恩鲍姆.高等教育的管理时尚［M］.毛亚庆，樊平军，郝保伟，译.北京：北京师范大学出版社，2008.

22. 罗伯特·罗茨.新的治理［A］//俞可平.治理与善治［M］.北京：社会科学文献出版社，2000：86—106.

23. 欧文·E.休斯.公共管理导论［M］.彭和平，等译.北京：中国人民大学出版社，2001.

24. 裴娣娜.教育研究方法导论［M］.合肥：安徽教育出版社，2008.

25. 钱小英，沈鸿敏，李东翔.日本科技与教育发展［M］.北京：人民教育出版社，2003.

26. 邱均平，等.世界一流大学与科研机构学科竞争力评价研究报告2009［M］.北京：科学出版社，2009.

27. 孙绵涛.教育政策学［M］.北京：中国人民大学出版社，2009.

28. 上海教育杂志社.此岸·彼岸——28国教育改革进行时［M］.上海：上海教育出版社，2007.

29. 矢野真和.高等教育的经济分析与政策［M］.张晓鹏，等译.北京：北京大学出版社，2006.

30. 田慧生，田中耕治.21世纪的日本教育改革——中日学者的视点［M］.北京：教育科学出版社，2009.

31. 王蓉，鲍威.高等教育规模扩大过程中的财政体系——中日比较的视角［M］.北京：教育科学出版社，2008.

32. 王英杰，刘宝存.世界一流大学的形成与发展［M］.太原：山西教育出版社，2008.

33. 谢明.政策透视——政策分析的理论与实践［M］.北京：中国人民大学出版社，2004.

34. 徐小洲，王家平.卓越与效益——大学重点发展战略研究［M］.杭州：浙江教育出版社，2007.

35. 叶澜.教育研究及其方法［M］.北京：中国科学技术出版社，1990.

36. 詹姆斯·杜德斯达.21世纪的大学［M］.刘彤，等译.北京：北京大学出版社，2005.

37. 张德才，陈虹岩.比较与借鉴——中外高等教育评价体系研究［M］.哈尔滨：哈尔滨工程大学出版社，2008.

38. 赵宏斌，陆根书.高等教育运营：理论与实践［M］.上海：上海交通大学出版社，2007.

39. 郑晓齐.亚太地区高等教育质量保障体系研究［M］.北京：北京航空航天大学出版社，2007.

40. “中外重大教育发展战略与改革政策的比较研究”课题组，方晓东，李建忠.日、德、印、俄四国“建设一流大学，培养创新人才”研究报告［A］.纪念《教育史研究》创刊二十周年论文集（17）——外国教育政策与制度改革史研究［C］.2009.

41. 中国高等教育学会高等教育学专业委员会秘书处.中日大学的管理与人才培养——第三届中日高等教育论坛论文集［C］.上海：上海交通大学出版社，2009.

42. 梅小璈，王好立，张志铭.中国社会科学文丛·政治学卷［Z］.北京：中国政法大学出版社，2005：173—185.

学位论文与期刊论文：

1. 安乔治.日本高等教育改革最新研究动态［J］.河北大学学报（哲学社会科学版），2009（6）：142—144.

2. 鲍威. 法人化改革后日本国立大学财政管理体系的重构——从“行政隶属型”向“契约型”的转化［J］. 比较教育研究，2007（9）.62—67.

3. 卞崇道. 关于日本大学教育国际化的反思［J］. 浙江海洋学院学报（人文科学版），2008（3）：121—125.

4. 陈磊，余辉. 日本国立大学法人化改革及其启示研究［J］. 理工高教研究，2006（4）：46—48.

5. 陈永明. 日本大学现行的自我检查、自我评价体系述评［J］. 外国教育研究，1998（6）：33—39.

6. 陈永明. 新世纪日本大学体制变革［J］. 全球教育展望，2003（3）：75—79.

7. 陈武元，洪真裁. 中国一流大学建设的关键因素探析［J］. 东南学术，2008（1）：159—164.

8. 楚旋. 日本教育新生计划对我国高等教育改革的启示［J］. 世界教育信息，2008（4）：16—18.

9. 戴维·G. 马希尔森，张庆东. 新公共管理及其批评家（上）［J］. 北京行政学院学报，2001（1）：90—96.

10. 菲利普·G. 阿特巴赫，覃文珍. 世界一流大学的成本与收益［J］. 北京大学教育评论，2004（1）：28.

11. 龚兴英. 日本“21世纪COE计划”［D］. 重庆：西南师范大学教育学院，2005.

12. 龚兴英，陈时见. 日本“21世纪COE计划”：背景、内容及意义［J］. 比较教育研究，2007（7）：52—57.

13. 广田照幸，张晓鹏. 现代日本教育改革的政治学分析［J］. 复旦教育论坛，2008（2）：66—70.

14. 郭朝红，王彬. 日本大学评价政策的形成过程［J］. 复旦教育论坛，2006（3）：70—74.

15. 河源. 简析日本教育政策的制订［J］. 国家高级教育行政学院学报，2001（4）：75—77.

16. 胡炳仙. 中国重点大学政策：历史演变与未来走向——基于新制度主义的政策分析［D］. 武汉：华中科技大学教育科学研究院，2006.

17. 胡炳仙. 日本重点大学建设政策：过程分析与启示［J］. 高等教

育研究，2006（8）：97—102.

18. 胡建华.20世纪末叶日本研究生教育改革述评［J］.有色金属高教研究，2001（2）：52—57.

19. 胡建华.大学审议会与日本高等教育改革［J］.中国高等教育，2001（12）：41—42.

20. 胡建华.“科学技术创造立国”政策下的日本大学改革［J］.北京大学教育评论，2004（2）：97—102.

21. 胡建华.关于大学开展科学研究的几点思考［J］.教育学报，2006（3）：64—69.

22. 刘丙辉，闫钟昌.成也萧何，败也萧何——论日本实用主义的科技发展路线［J］.日本问题研究，2000（2）：18—23.

23. 张春浩.中日韩建设世界一流大学政策比较研究［D］.长春：东北师范大学国际与比较教育研究所，2003.

24. 左雪丽.日本“21世纪COE计划”研究［D］.长春：吉林大学高等教育研究所，2009.

25. 高益民.日本国立大学“独立行政法人化”决策过程分析［J］.比较教育研究，2000（5）.15—20.

26. 高益民.日本教育改革的新自由主义侧面［J］.清华大学教育研究，2002（6）：45—52.

27. 高益民.日本专业学位研究生教育的初步发展［J］.比较教育研究，2007（5）：33—37.

28. 高益民.创新人才培养与新世纪日本研究生教育改革［J］.比较教育研究，2009（11）：46—52.

29. 李春生.日本大学的科学研究费补助金制度［J］.辽宁高等教育研究，1996（5）：83—85.

30. 李春生.论大学与日本“科技创新立国”［J］.江苏高教，2000（1）：51—55.

31. 李建民.日本私立高校的政府资助体系——21世纪以来的变迁与动因分析［J］.比较教育研究，2009（4）：82—86.

32. 李润华.独立行政法人化改革后日本国立大学财政支援体系研究［J］.比较教育研究，2010（8）：35—40.

33. 李守福.国外大学评价的几种模式［J］.比较教育研究，2002

（6）：44—48.

34. 李振玉．日本研究生教育的“三化”改革述评［J］．比较教育研究，2009（3）：35—39.

35. 李振玉．论东京大学在日本研究生教育改革中的旗舰作用［J］．高等教育研究，2009（6）：96—103.

36. 李协京．新自由主义和新保守主义路线指导下的日本教育改革［J］．教育研究，2005（8）：78—84.

37. 李岩松．东亚大学的国际化发展趋势——以北京大学、东京大学和首尔大学为例［J］．北京大学教育评论，2009（4）：103—109.

38. 刘宝存．世界一流大学发展模式的个性化选择［J］．比较教育研究，2007（6）：74—79.

39. 刘莉，刘念才．1978—2007年我国大陆与我国台湾、韩国、日本高校SSCI论文的比较研究［J］．高等教育研究，2009（12）：17—23.

40. 刘少雪．研究生教育多元化发展的时代要求与趋势［J］．高等教育研究，2009（2）：61—65.

41. 龙艳．从评价的主体看中日两国大学与政府的关系［J］．黑龙江教育（高教研究与评价），2008（1）：186—188.

42. 吕文妙．日本大学改革发展的动向探析［J］．国家教育行政学院学报，2009（5）：86—89.

43. 姜尔林．东亚地区高等教育重点建设研究——基于对中国、日本、韩国以及中国台湾地区的政策分析［J］．黑龙江高教研究，2007（9）：37—39.

44. 姜尔林．趋同与趋异：全球化背景下高等教育重点建设政策比较——以中国、韩国、日本三国为例［J］．清华大学教育研究，2007（6）：106—110.

45. 姜燕媛．略论研究型大学的发展与国家利益之间的关系——主要以美国、日本和韩国为例［J］．高等教育与学术研究，2008（11）：30—34.

46. 金华，田中虹子．日本研究生教育的启示［J］．长春工业大学学报（高教研究版），2008（1）：88—90.

47. 金子元久．大学的经营形态——日本的特征［J］．教育与经济，2002（2）：5—9.

48. 金子元久. 市场化与国立大学——当前日本高等教育改革［J］. 许嫣嫣，译. 复旦教育论坛，2003（1）：42—47.

49. 金子元久，徐国兴. 评价主义的陷阱：模拟市场化和大学评价［J］. 教育与经济，2003（4）：1—8.

50. 马越彻，张德伟，饶从满. 亚洲和太平洋地区的高等教育改革［J］. 外国教育研究，2006（6）：1—7.

51. 聂长顺. 日本高校科研的振兴［J］. 日本问题研究，1995（4）：74—78.

52. 聂长顺. 日本高校COE建设述评［J］. 外国教育研究，1998（4）：44—48.

53. 孙绵涛，石长林. 论日本教育行政的特点及其启示［J］. 外国教育研究，2002（1）：49—51.

54. 山本清. 日本大学财政的结构和课题——以国立大学为中心［J］. 教育与经济，2002（2）：10—18.

55. 沈承刚. 政策学［M］. 北京：北京经济学院出版社，1996.

56. 天野郁夫，黄梅英. 日本的大学危机［J］. 高等教育研究，1997（5）：1—6.

57. 汪辉. 日本研究生院重点化政策及其对大学组织结构的影响［J］. 比较教育研究，2004（12）：62—66.

58. 汪辉，田正平. 日本的重点学科建设计划：21世纪COE计划的特点与意义［J］. 大学（研究与评价），2006（2）：52—57.

59. 王鹏. 我国建设世界一流大学的政策回顾与政策困境［J］. 河北科技大学学报（社会科学版），2009（12）：94—99.

60. 王文静. 日本COE计划对我国研究型教学的启示［J］. 理工高教研究，2008（4）：46—48.

61. 王威. 20世纪80年代末以来日本研究生教育政策研究［J］. 比较教育研究，2008（11）：37—41.

62. 王文利，林巍. 创新能力的培养——21世纪日本研究生教育改革与发展的主题［J］. 日本问题研究，2008（2）：29—32.

63. 吴遵民. 日本高等教育改革的现状与问题——访日本比较教育学会会长马越彻教授［J］. 全球教育展望，2004（6）：3—7.

64. 吴忠魁. 论知识经济与九十年代日本大学的科研［J］. 比较教育

研究，1999（5）：7—12.

65. 吴忠魁.论日本21世纪国家发展战略与教改对策［J］.比较教育研究，2001（1）：1—7.

66. 项纯.日本“21世纪卓越科研基地计划”述评［J］.大学（研究与评价），2008（2）：87—89.

67. 谢安邦，周玲.美英德日高等教育重点建设政策的比较研究［J］.全球教育展望，2004（10）：61—66.

68. 谢少华.试论教育政策研究分类的理论基础［J］.华东师范大学学报（教育科学版），2002（3）：83—90.

69. 熊国经，熊剑琴，罗丽萍.日本COE计划对我国研究型教育发展的启示［J］.科技进步与对策，2005（11）：23—24.

70. 熊庆年.日本研究生教育改革十五年［J］.学位与研究生教育，2004（11）：56—59.

71. 熊庆年.站在时代的前列迈向世界知识的顶点——东京大学的战略［J］.清华大学教育研究，2007（10）：84—88.

72. 熊庆年.日本建设世界一流大学的战略路径［J］.中国高等教育，2007（18）：61—63.

73. 熊庆年，长生拓磨.具有划时代意义的教育改革尝试——日本特色GP的形成和特点［J］.复旦教育论坛，2009（2）：80—83.

74. 徐东.高等教育大众化阶段西方国家高等教育质量评价体系的比较研究——以美、日、英、德为例［J］.国家教育行政学院学报，2008（3）：81—84.

75. 徐国兴.日本国立大学和私立大学结构和功能分化的比较研究［J］.大学教育科学，2007（2）：43—48.

76. 许建美，单中惠.论影响日本教育政策的因素［J］.清华大学教育研究，2002（6）：53—59.

77. 闫飞龙.以自我评价为基础的日本大学多元化评价体系研究［J］.复旦教育论坛，2008（2）：13—17.

78. 阎广芬，张玉琴.日本科技创新“立国论”与高等教育资源配置重点的转移［J］.比较教育研究，2003（9）：22—26.

79. 杨栋梁.日本推行高等教育改革的新举措——《21世纪COE计划》评述［J］.日本学刊，2003（5）：120—129.

80. 杨民. 日本教育的宏观决策、管理及对我们的启示［J］. 教育科学，2004（12）：41—44.

81. 杨武勋. 日本大学评价之发展与现况——以认证评价制度与评价团体为中心［J］.（台湾）高等教育，2007（6）：115—153.

82. 有本章. 社会学视角中的高等教育质量理论［J］. 冯典，译. 高等教育研究，2008（9）：23—32.

83. 于洪波. 新世纪日本国家与教育发展的战略选择［J］. 比较教育研究，2003（5）：33—37.

84. 袁本涛. 世界一流大学建设中的政府角色研究：以日本和韩国为例［J］. 清华大学教育研究，2006（2）：71—76.

85. 袁韶莹. 知识经济时代呼唤着中国的COE［J］. 电子科技大学学报（社会科学版），2000（1）：34—36.

86. 羽田贵史，叶林. 再论日本国立大学法人制度［J］. 复旦教育论坛，2009（5）：68—72.

87. 余薇. 日本高等教育第三方评价制度对于外国高等教育的启示［J］. 大众商务，2009（4）：170—171.

88. 早川操，沈晶晶. 市场原理对日本大学改革的影响——以日本国立大学为例［J］. 高校教育管理，2008（11）：5—10.

89. 张爱. 日本大学第三者评价的模式及特点［J］. 比较教育研究，2009（11）：67—70.

90. 张冰，李文中，朱晓群. 法人化后日本大学的发展策略与改革趋势［J］. 北京化工大学学报（社会科学版），2007（2）：50—55.

91. 张喜梅，蔡浩林. 政府在高等教育评价中的职能定位：日本的经验［J］. 煤炭高等教育，2008（1）：39—41.

92. 张晓鹏. “COE计划”引领日本大学迈一流［J］. 上海教育，2002（23）：44—46.

93. 张晓鹏. 日本的“大学结构改革”：进展、背景及意义［J］. 复旦教育论坛，2003（2）：62—70.

94. 张秀红. 1990年以来日本研究生教育改革与发展趋势［J］. 教育与考试，2008（5）：75—80.

95. 张学文. 跨学科发展与创新的组织形式——美日一流大学的成功经验与启示［J］. 中国软科学，2009（2）：51—58.

96. 张玉琴，李锦. 日本高等教育认证评价模式［J］. 高校教育管理，2008（1）：16—19.

97. 张玉琴，张继蓉. 日本高等教育外部评价体系特征［J］. 中国高等教育评价，2006（1）：56—59.

98. 赵景来. 新公共管理若干问题研究综述［J］. 国家行政学院学报，2001（5）：72—77.

99. 赵庆典. 日本、韩国高水平大学建设的启示与思考［J］. 国家教育行政学院学报，2008（2）：89—95.

100. 赵秀侠. 论20世纪90年代以来的日本大学改革［J］. 河海大学学报（哲学社会科学版），2006（1）：84—87.

101. 郑卫东. 加拿大、德国、日本高校的人才战略及其启示与建议［J］. 高等农业教育，2006（1）：90—92.

102. “中外重大教育发展战略与改革政策的比较研究”课题组. 日、德、印、俄四国“建设一流大学，培养创新人才”研究报告［J］. 教育史研究，2008（4）：1543—1545.

103. 周程. 日本创建世界一流的研究教育基地——启动“21世纪卓越基地”项目评述［J］. 科学学研究，2003（4）：185—190.

104. 朱相丽. 日本建设优秀研究中心的若干举措［J］. 全球科技经济瞭望，2009（1）：13—18.

（二）日文文献

著作：

1. 朝日新聞教育取材班. 大学激動—転機の高等教育［M］. 大阪：朝日新聞社，2003.

2. 天野郁夫. 大学改革：秩序の崩壊と再編［M］. 東京：東京大学出版会，2004.

3. 天野郁夫. 大学改革の社会学［M］. 東京：玉川大学出版部，2006.

4. 有本章，山本真一. 大学改革の現在［M］. 東京：東信堂，2003.

5. 馬越徹，江原武一. 大学院の改革［M］. 東京：東信堂，2004.

6. OECD. 日本の大学改革—OECD高等教育政策レビュー：日本［M］. 森利枝，訳. 米澤彰純，解説. 東京：明石書店，2009.

7. 草原克豪. 日本の大学制度—歴史と展望［M］. 東京：弘文堂，2008.

8. 高等教育研究会. 大学の多様な発展を目指してⅦ—21世紀の大学像と今後の改革方策について—［M］. 東京：株式会社ぎょうせい，1999.

9. デヴィッド・ハーヴェイ. 新自由主義その歴史的展開と現在［M］. 渡辺治，監訳. 東京：作品社，2007.

10. 日本高等教育学会. 高等教育研究第12集—変貌する大学像［M］. 東京：玉川大学出版部，2009.

11. 羽田貴史，米澤彰純，杉本和弘. 高等教育質保証の国際比較［M］. 東京：東信堂，2009.

12. 丸山高央. 大学改革と私立大学［M］. 東京：柏書房，1992：198.

13. 山本真一. 大学の構造転換と戦略［M］. 東京：ジアース教育新社，2002.

14. 山本真一. 大学の構造転換と戦略 <Part2>［M］. 東京：ジアース教育新社，2003.

15. T. J. Pempel. 日本の高等教育政策—決定のメカニズム［M］. 橋本鉱市，訳. 東京：玉川大学出版部，2004.

研究报告、学术论文与报纸社论：

1. 天野郁夫. 国立大学の法人化—現状と課題—［J］. 名古屋高等教育研究，2006（6）：147—169.

2. 有本章. 21世紀COEプログラム（平成14年度採択）研究教育拠点21世紀型高等教育システム構築と質的保証—COE最終報告書—第1部（上）［R］. 広島：広島大学高等教育研究開発センター，2007.

3. 有本章. 21世紀COEプログラム（平成14年度採択）研究教育拠点21世紀型高等教育システム構築と質的保証—COE最終報告書—第1部（下）［R］. 広島：広島大学高等教育研究開発センター，2007.

4. 有本章. 21世紀COEプログラム（平成14年度採択）研究教育拠点21世紀型高等教育システム構築と質的保証—COE最終報告書—第2部［R］. 広島：広島大学高等教育研究開発センター，2007.

5. 井上定彦. 現代日本の社会変動と高等教育改革：到達点と課題

—総合政策論による接近— ［J］. 総合政策論叢第11号，2006（3）：85—107.

6. 馬越徹. 高等教育研究センター創設雑感—大学改革と高等教育研究— ［J］. 名古屋高等教育研究，2001（1）：169—182.

7. 金子元久. 高等教育における市場化—国際比較からみた日本［J］. 比較教育学研究，2006（32）：51—63.

8. 黒沢惟昭. 教育における新自由主義—(1)はじまりとしての臨教審— ［J］. 社会主義，2009（9）：88—95.

9. 黒沢惟昭. 大学の個性化と総合化—公正な競争とコンソーシアム構想— ［J］. 長野大学紀要，2010（12）：47—61.

10. 小沢弘明. 国立大学の「選択と集中」—運営費交付金削減の現在［J］. 現代思想，2008（12）：379—387.

11. 小島恒久. 総選挙闘争勝利に立ち上がろう—新自由主義路線からの転換を— ［J］. 社会主義，2009（8）.

12. 潮木守一等. 21世紀の高等教育が直面する課題—教育のグローバリゼーションへの対応— ［R］. 東京：日本学術会議教育体系の再構築特別委員会，2002.

13. 芝田政之. 我が国の学費政策の論点(国立大学を中心に) ［J］. 大学財務経営研究，2007（8）：97—112.

14. 島一則. 国立大学における運営費交付金に関する実証的研究—効率化係数・経営改善係数がもたらす影響について— ［J］. 広島大学高等教育研究開発センター大学論集，第40集，2009（3）：87—105.

15. 社説.「トップ３０」. どこがいいのかわからない ［N］. 毎日新聞，2002-10-05.

16. 社説. トップ３０. これが起爆剤なのか ［N］. 朝日新聞，2002-10-04.

17. 社説. 研究業績評価 信頼獲得で大学改革につなげよ ［N］. 読売新聞，2002-10-04.

18. 社説. 国立大圧勝の「COE」選定 ［N］. 日経新聞，2002-10-04.

19. 社説. 卓越大学拠点 もっと透明でないと ［N］. 東京新聞，2002-10-04.

20. 社説.「審査に不透明さ」もれた大学に不満も ＣＯＥプロ 京滋

は京大・立命館大のみ［N］.京都新聞，2002-10-02.

21.社説.大学ＣＯＥ 研究意欲を促す制度に［N］.北海道新聞，2002-10-04.

22.社説.大学間競争激化も 東北の関係者 新たな序列化警戒［N］.河北新聞，2002-10-03.

23.社説.重点大学研究 基準明確にし過程の公表を［N］.北國新聞，2002-10-04.

24.社説.21世紀ＣＯＥ 示したい大学の存在感［N］.山陽新聞，2002-10-04.

25.社説.【ＣＯＥ】「集中」を促すだけか［N］.高知新聞，2002-10-04.

26.社説.大学研究評価・世界的拠点形成の“公約”果たせ［N］.読売新聞，2003-07-08.

27.鈴木敏之.高等教育への公的投資について—教育振興基本計画の策定をめぐる論考—［J］.広島大学高等教育研究センター『大学論集』第40集，2009（3）：127—144.

28.舘昭.国際的通用力を持つ大学評価システムの構築—「認証評価」制度の意義と課題［J］.大学評価・学位研究，2005（3）：333—347.

29.ダレル・ルイス，池田輝政，ハリル・ダンダー.日本の高等教育改革における実績指標の利用に関して［J］.名古屋高等教育研究，2001（1）：100—122.

30.日本私立大学協会附置私学高等教育研究所.研究と研究費［R］.東京：日本私立大学協会附置私学高等教育研究所，2005.

31.畠中祥.イノベーション政策と産学連携［J］.研究技術計画，2004（3・4）：309—319.

32.林隆之，富澤宏之.日本の研究パフォーマンスと研究実施構造の変遷［J］.大学評価・学位研究，2007，(5)：270—289.

33.濱名篤.大学評価の研究と実践の10年［J］.高等教育研究，2007（10）：350—360.

34.濱中淳子.<高等教育政策>の研究と<高等教育>の政策研究［J］.広島大学高等教育研究開発センター大学論集，第40集，2009

(3)：145—161.

35.マイケル・ペイジ.高等教育の国際化—評価およびパフォーマンス・インディケーター—［J］.青山佳代，訳.名古屋高等教育研究，2005（5)：123—142.

36.山崎敏光，原田宏.学術的基礎研究の意義とその先端技術開発における役割［J］.松尾学術振興財団『松尾研究会報』，1991（1)：1—12.

37.山本真一.政府と大学—大学改革進展の中での関係変化—［J］.広島大学高等教育研究開発センター大学論集，第40集，2009（3)：1—14.

38.吉武博通.国立大学の将来像と大学改革の方向性～企業と大学の改革実務経験を踏まえた考察～［J］.国立大学財務・経営センター『大学財務経営研究』第3号，2006（8)： 159—174.

政策文本、调查报告等：

1.『学校教育法』

2.『学校教育法施行令』

3.『学制百年史』

4.『学制百二十年史』

5.『学校基本調查—平成22年度』

6.文部科学省『平成7年版科学技術白書』

7.文部科学省『平成14年版科学技術白書』

8.文部科学省『平成9年度我が国の文教施策』

9.文部科学省『国の研究開発全般に共通する評価の実施方法の在り方についての大綱的指針』

10.文部科学省『平成22年度科学技術関連予算概算要求の概要』

11.大学審議会『21世紀の大学像と今後の改革方策について—競争的環境の中で個性が輝く大学—』

12.学術審議会『科学技術創造立国を目指すわが国の学術研究の総合的推進について：知の存在感のある国を目指して』

13.学術審議会『21世紀を展望した学術研究の総合的推進方策について』

14.内閣府『科学技術政策—第2期科学技術基本計画』

15.総務省『平成22年科学技術研究調査結果の概要』
16.総務省『統計でみる日本の科学技術研究』
网站：
1.日本文部科学省http：//www.mext.go.jp/
2.総務省 統計局・政策統括官・統計研修所http：//www.stat.go.jp/
3.日本内閣府http：//www.cao.go.jp/
4.独立行政法人日本学術振興会http：//www.jsps.go.jp/
5.独立行政法人大学評価・学位授与機構http：//www.niad.ac.jp/
6.財団法人大学基準協会http：//www.juaa.or.jp/
7.国立情報学研究所http：//www.nii.ac.jp/
8.国立教育政策研究所http：//www.nier.go.jp/
9.広島大学高等教育研究開発センターhttp：//rihe.hiroshima—u.ac.jp/
10.名古屋大学高等教育研究センターhttp：//www.cshe.nagoya—u.ac.jp/
11.CINII http：//ci.nii.ac.jp/

后　记

语言学专业出身的我与教育学结缘始于2001年。彼时，正带领三名学生在日本骏河台大学交换留学的我，经聊城师范学院日语系李大川老师介绍，认识了时任千叶大学教育学部部长的水内宏教授。出于自身继续求学并深造的愿望，我报考了千叶大学教育学研究科课程开发专业的硕士研究生，并有幸成为水内宏先生的关门弟子。我的硕士论文选择了《日本国情课程教育模式改革及其教材开发建设》为研究课题，并没有完全脱离与语言专业的联系。

自千叶大学学成回国后，到北京联合大学国际语言文化学院，依然从事日语教学工作。我除了要应对日常繁重的教学任务外，还面临着科研考核的巨大压力。当初跨专业考研的选择，导致现在空有一腔研究热情，却苦于找不到方向。出于研究专业连贯性的考虑，同时又能充分发挥自身语言方面的优势，我考取了北京师范大学教育学院国际与比较教育研究所的博士学位研究生，师从刘宝存教授，选择了日本创建大学卓越研究中心政策为研究课题，自此开始了与比较高等教育的不解之缘。

蓦然回首，博士毕业已7年。在职读博需要勇气和坚持。回顾在职读博这条苦乐参半之路，感慨良多。读博前，每每听到前辈讲“读博很苦”时，总是不以为然。亲身经历之后，于我心有戚戚焉。回顾那些“闭关”密集作业、挑灯夜战的日子，辛苦渗入骨髓，漫过心田。每每想要放弃，又心存不甘。一路跌跌撞撞走来，看着博士论文终于付梓成册，心中如释重负却又怅然若失。

本书是在我的博士论文《日本创建大学卓越研究中心政策研究》的基础上修改而成的。在本书即将出版之际，我要由衷地感谢许多人。

首先，我要感谢我的恩师刘宝存教授。刘老师不仅是我的博士生导师，也是我求学与科研道路上的引路人，在生活上也一直给予我无微不至的关怀。从提笔写作第一篇学术论文开始，我在学术研究道路上的每一点进步都离不开恩师细心严谨的点拨与指导。在博士论文写作期间，小到标点符号、错字病句、引文注释，大到论文的选题立意、框架设计、撰写、修改直至成稿的每一个环节，都倾注了恩师大量的心血。这本书能够出版，也离不开刘老师的提携与帮助。恩师是我此生学习的榜样。他严谨的治学精神、孜孜不倦的工作态度、为人处世的谦逊品格，都令我肃然起敬。并且，能够有幸成为恩师的第一个博士生，是我毕生的荣耀。在今后的治学道路上，我将谨遵恩师的教诲，身体力行回报社会，绝不辜负他对我的期望！

其次，还要感谢我硕士时期的导师——日本国立千叶大学名誉教授水内宏先生及其夫人水内町子女士。在日留学期间，无论是学业上，还是生活上都受到水内先生及其夫人无微不至的关怀和帮助。甚至后来博士在读时，水内先生仍然会热心地为我答疑解惑。

在读博士的三年学习期间，我还得到了顾明远教授、曲恒昌教授、肖甦教授、高益民教授、牛志魁副教授等给予的指导和帮助，借此机会向诸位老师表示最诚挚的感谢！感谢各位同门的师弟师妹，每周一聚的读书会为我们提供了一个互相学习交流的平台，感谢你们的“博学而不穷，笃行而不倦”给我带来的压力与动力。在此还要特别感谢曾与我“并肩作战”的师妹李函颖，感谢你与我分享论文写作中的“百思不得其解”的苦与“峰回路转”的乐，是你的鼓励使我能够坚持到今天。感谢师妹鲁妩媚帮助我处理学校的诸多事务，为我免去后顾之忧。感谢北京联合大学的我的同事郝金梅、杨俏村、程可等在工作、学业上对我的帮助与照顾。

我还要感谢我的家人。感谢我的先生董兵兵博士，感谢他给予我的无尽的关爱、体谅与包容。感谢他在兼顾工作、课业的同时，帮我承担家里的琐事；在我论文的写作过程中帮我理清思路；在我论文“卡壳”时，包容我的坏脾气；在我懈怠退缩时，给予我督促与鼓励。感谢我的双儿女，他们是我此生最完美的“成果”，我会陪伴他们每一天。他们的成长，我不缺席。还有我挚爱的父母与公婆，作为我坚强的后盾，没有他们时时刻刻的支持与鼓励，也就没有这本书的面世。

李润华

2018年6月